東アジア近現代通史　上

GendaIzensho
岩波現代全書
043

東アジア近現代通史 上

19世紀から現在まで

和田春樹 *Haruki Wada*
趙 景 達 *Kyeungdal Cho*
後藤乾一 *Ken'ichi Goto*
中野 聡 *Satoshi Nakano*
木畑洋一 *Yoichi Kibata*
川島 真 *Shin Kawashima*
山室信一 *Shinichi Yamamuro*

はじめに

岩波講座『東アジア近現代通史』は二〇一〇年一〇月から刊行をはじめ、第一〇巻を二〇一一年八月に刊行して、本編の完結をみた。編集委員は和田春樹、後藤乾一、木畑洋一、山室信一、趙景達、中野聡、川島真の七名である。第一巻から第九巻までは、各巻の巻頭に編集委員が分担して、その巻がカヴァーする時期の通史を書いて載せた。第一〇巻では一九九一年以後の二〇年間の状況を編集委員が討論した記録を載せた。その通史と討論をとりだして、ならべ、まさに『東アジア近現代通史』としたのが、本書である。

日本が近隣諸国とともに構成している地域世界はもっとも狭くは東北アジアと言われる。二〇〇三年からはじまった北朝鮮の核開発問題を考える六者協議は東北アジアの協議体と自らを認識している。六者とは中国、南北朝鮮、日本、ロシアそしてアメリカである。日本が属する地域世界は広くは東アジアと言われる。当然ながら東アジアの中核は、中国(台湾を含む)、韓国、日本だという意識が強い。ASEAN諸国が中国、日本、韓国を自分たちの首脳会議に招待して、ASEANプラス3の会議としたのは一九九七年のことである。その会議の席で二〇〇一年には東アジア共同体をめざすというアピールが出された。その経過に従えば、東南アジアが東北アジアとひとつになって、東アジアをつくるということになる。

人々の営みの歴史の中からうかびあがってきた東アジア、東北アジアと東南アジアからなるわれわれの地域世界は今日、危機的な状態にある。九〇年代からはじまった北朝鮮問題に加えて、歴史修正主義の反動が国の政治外交を混迷においこみ、対外硬に傾斜していく日本の問題、そしてますます巨大な力に上昇するとともに、米国との共同コントロールをめざしながら、近隣国との衝突を生み、内政的にも多くの問題をかかえる中国の問題、東アジアでの政治的・軍事的プレゼンスを維持し、経済的にもみずからの望む秩序を拡大しようとする米国の問題、米中日の葛藤のただ中にあり、米軍基地と住民の対立がますます深刻の度をくわえている沖縄問題、これらの諸問題の結節点に位置し、民主革命をなしとげた国民が期待されるヘゲモニーを発揮できずに悩んでいる韓国の問題、すべてが反響し合い、絡み合って、危機的な様相を呈している。その中で領土問題がいまや東シナ海と南シナ海の双方で軍事衝突をひきおこしかねない形勢である。

これはそもそもいかなる状況か。この現実はいかなる歴史の流れの結果としてつくり出されたのか。これからどのように進んで行きうるのか。選択肢はどれだけあって、そのどれをとるのがのぞましいのか。そういうことを考えるとき、人は歴史を見つめ直さなければならない。東アジアの危機にあたって、よき歴史のオリエンテーションをもつには、東アジアの歴史像をもつこと、自らが自分なりの歴史像を形成することが必須の要請となる。

一八世紀東アジアは繁栄と平和の中にあった。それが一九世紀に入ってイギリスを先頭に西洋諸国が進出して来る中で、社会変容が生じ、東南アジアは植民地化されていくことになる。そして、この大きな変化の最後に日清戦争がおこる。東北アジアの中の一国、日本が帝国主義国にのし上がった。この戦争により、それまで日本、清国、朝鮮のあいだに成立していた関係が決定的に変化し、新しい東アジア近現代史がはじまったのだ。ついで一〇年後には朝鮮と満洲をめぐって日露戦争がおこる。日本海対馬沖の海戦は日本海軍のロシア海軍に対する圧倒的な勝利となる。日本帝国主義の力はおしとどめがたく、日本は韓国を併合して、自らの植民地に変えた。そのすぐ後にヨーロッパではじまった世界戦争は世界史を変える巨大な現象であったが、その戦火につつまれなかった東アジアでは世界戦争それ自体の影響は希薄であった。しかし、世界戦争の中で生まれたロシアの社会主義革命はシベリアに及び、米国と日本は「シベリア戦争」によってロシア革命と対決した。

ロシア革命から生まれたソ連国家がつくった世界革命運動機関、コミンテルンはその最大の努力を中国に向け、さらに日本、朝鮮、インドシナなどに振り向けた。中国国民革命はコミンテルンの影響をうけ、中国共産党と合作する。かくして日本と革命中国が対峙する。シベリアから撤兵してからほぼ一〇年後、日本は今度は満洲に侵攻し、満洲国を建国する。さらに一〇年もたたないうちに、中国本土で戦争を開始する。朝鮮人と台湾人は皇国臣民化され、一億の戦士に繰り込まれた。しかし、日本の戦争は中国人の抵抗をうちくだくことはできなかった。日中戦争開始四年後には、日本は戦争を東南アジアの欧米植民地に拡大して、「大東亜戦争」を開始するにいたる。米英、オランダ、オーストラリアなどとの戦争である。日本は「大東亜共栄圏の建設」をスローガンにかかげたが、東南アジアの民衆も日本とはげしく闘った。このアジア太平洋戦争はついに大日本帝国の敗北、「大東亜共栄圏」の破産におわったのである。

日清戦争から一九四五年八月一五日までの五〇年間の歴史は日本の戦争が東アジアの人びとの生活に深刻な影響を与えた歴史だといっていい。日本の戦争とそれに対する抵抗・対抗が主軸となり、その中で各国、各地域は経済文化的に発展をとげ、人とモノの移動・往来が進んだ。

東アジアにおける戦争の主体であった日本は敗戦後、「平和国家」への転換を宣言し、戦争放棄、戦力不保持の新憲法をもって、出直すことにした。日本の戦後がはじまった。しかし、この地域には平和が到来しなかった。ヨーロッパからはじまった米国とソ連の体制的対抗、冷戦がこの地域にも影響を及ぼしたが、この地域では独自の利害から武力を行使する「熱戦」、本物の戦争がつづいたのである。解放された東アジア諸国の国造りを誰がになうのかをめぐって、共産主義的民族主義者と反共主義的民族主義者が争い、それに欧米諸国が介入して、新アジア戦争がはじまった。「アジア諸戦争の時代」の開始である。中国内戦とインドシナ戦争がはじまり、中国内戦が共産党軍の勝利におわると、朝鮮戦争がはじまった。この戦争にアメリカと革命中国が介入して、米中戦争となった。占領下の日本はアメリカの戦争を助けるが、憲法九条のもと、決して参戦せず、ただ戦争から経済的な利益を引き出すだけであった。その時代の最後にベトナム戦争がくる。アメリカはベトナムにおける共産主義的民族主義者の勝利を許さないとして、「残酷な戦争」をはじめ、韓国軍を参戦させた。しかし、全世界にわきおこる反戦の声の中、アメリカは一九七五年ついにベトナム人民に敗北する。

「アジア諸戦争の時代」にも東アジアでは、戦争を主軸としながら、各国の経済文化の発展があり、人とモノの移動・往来がすすんだ。しかし、日本の五〇年間の戦争の時代につづいて、「アジア諸戦争の時代」が三〇年間つづき、八〇年間も戦争が間欠的につづいた東アジアには、無数の死者と破壊された生活の記憶、損害と傷跡の痛み、深い怨恨と憎しみが堆積していた。ついにベトナムでアメリカが敗北したとき、人びとは希望と不安の中で未来をみた。こんどは戦争の終わりはゆるぎない平和の到来になるのか。日本につづいて、アメリカも生まれ変わるのか。八〇年間もつづいた戦争の時代をふり返り、すべての侵略と支配と犯罪に対して、謝罪をおこない、反省すべきすべての問題を語り合い、許しを請い、償いがなされ、赦しが与えられなければならない。そして和解に基づく平和的な地域協力の構造がつくり出されなければならないはずであった。

しかし、ベトナム戦争がおわったあとには、そのような幸せな戦後は訪れなかった。一五年目に米ソ冷戦がおわり、ソ連国家社会主義体制が終焉するという巨大な変化が生じた。東アジアの中では韓国・フィリピンの民主革命が達成され、日本では河野談話と村山談話によって過去の反省が進み、朝鮮半島では南北首脳会談が行われるなどの前進があった。中国とベトナムは共産党国家体制をてこに資本主義発展の道を進み、経済的成長に成功した。ＡＳＥＡＮは力をつけ、イニシアティヴを発揮している。だが、いまや戦争の歴史は選択的に忘却され、対抗的ナショナリズムの言説が横行している。政治の腐敗と開発の歪みがすべての国をとらえている。そして東アジアの中核である中国・韓国と日本が深刻な対立関係に陥っている。歴史が生み出した平和と和解のための稀有のチャンスをこの地域の民は生かせなかった。だから、東アジアは今日危機の中にあると言わなければならない。

この事態をのりこえるためにこそ、本書の著者たちが描いた東アジア近現代史像と問答し、そこから、自分の東アジア歴史像をつかみだし、それを導きの糸として、失われた歳月を前向きに突破してほしい。和解と平和の新しい東アジアをあなた方が創り出すために。

著者たちを代表して　和田　春樹

目次

〔下巻目次〕

第1章

東アジアの近代

19世紀

川島 真

清末に描かれた年画「上海駅」の手刷りの複製画

東アジアの一九世紀は、近世から近代への移行期にあたる。一八世紀、土地が希少で人口が多く、資本節約的、かつ労働集約的な発展形態をとった東北アジアでは、銀が流入して繁栄期を迎えた。人口が少なく、社会の流動性の高かった大陸部東南アジアでは、一八世紀後半から一九世紀にかけて新たな国家が形成され、東北アジアと同様に現在の諸国家の基礎となった。一九世紀を迎えると、たとえば清でのアヘンの流行のように、東アジアでは社会変容が際立つようになる。また、西洋の代表的工業国で貿易拡大を求めるイギリスは、中国市場を視野に入れつつ、海峡植民地など東南アジアでの拠点を築き、一八四〇年代初頭に清とのアヘン戦争に勝利した。またイギリスが世界で提供していた交通や通信、貿易管理、疫病管理、決済機能など、国際公共財は東アジアでも提供された。一九世紀中ごろ以後、特に東南アジアでは、西洋諸国が植民地を設定して領域支配をはじめた。一九世紀後半には、日本やシャムが西洋的な近代国家建設を開始し、とりわけ日本は軍事力を強化して、東アジアで最初の植民地保有国となり、また近代モデルを東アジアに提供するようになった。だが、宗教的な要素をはじめとする価値観や世界観を有する基層社会の磁場や、越境していく人の移動などによって、東アジアの共通体験としての近代は、それぞれの基層社会に包み込まれ、また域内で相互に影響しあいながら、多様で、複雑な様相を呈することになったのである。

はじめに──東アジアの「近世」

「商業の時代」の終焉と東アジア社会・経済の変容

一五世紀からはじまった世界的な大交易時代には、欧州商人が東アジアの交易圏に参入し、マカオやマラッカなどの拠点を築きつつ、交易を行った。彼らは、胡椒や陶磁器などの東アジア産品を欧州へと運ぶべく、多額のアメリカ大陸や日本の銀を、中国をはじめとするアジア交易圏に持ち込んだ。東アジアは、「商業の時代」を迎えたのである［Reid 1988, 1993］。だが、一七世紀には中国で明清交代がおき、日本や朝鮮などでもきびしい貿易統制がなされただけでなく、日本の銀生産が減少に転じた上、胡椒価格が暴落して、その商業の時代は一七世紀末から一八世紀初頭には収束した。また大陸部に目を転じれば、従来は中国に吸収された銀が北方の辺境地域に転送されていたが、一七世紀半ばの明清交代によってそれが不要になったという背景も商業の時代の収束にはあった［岸本一九九八ａ］。

この大交易時代の収束により、東アジアは新しい時代を迎えた。まず、東北アジアでは人口増にともなって小農経済化が進展し、そうした農業経済に基本的に依存した王朝、王権が力をもった。人口が一七世紀に増加し一八世紀にはほぼ三千万で安定した日本では、大量の家畜や大型農具を用いて生産性を向上させることにより農業人口を低下させて発展したイギリスとは異なり、家畜の効能を人力で補てんして労働比率を上げて高い生産性と一人当たりの生産性を向上させ、生活水準をあげた。これが所謂「勤勉革命」であり[速水二〇〇三]、このような小農経済を支えたのは、世帯主の経営能力や家族間の協力、副業への従事などであった。朝鮮でも小農経済化が進行し、商品作物の栽培が盛んになって、各地に定期市があらわれ、褓負商《ほふしょう》と呼ばれる行商人が全国を巡回していた。

このような、資本節約的で労働集約的な発展形態が、土地が希少で人口が多い東北アジアに共通する形態だと考えられている[杉原二〇〇四]。確かに、中国でも一八世紀には人口が(少なくとも)三億人へと増加したが、インヴォリューションとして特徴づけられるように[Huang 1990]、人口密度が増す中で、土地の開発とともに一人当たりの耕地面積が限界線まで極小化していった。だが、それでも中国経済の先進地たる江南地域の生活水準は、西欧や日本とも変わらなかったとされる[Pomeranz 2000]。

東北アジアに比べて人口が圧倒的に少なかった上に、流動性の高かった東南アジア農村部では、東北アジアと異なり、所与の環境に沿うかたちで焼畑や低地の水田耕作などが見られ、それぞれ世帯の構成者が農作から狩猟採集、織物、あるいはプランテーションで扱われがちなコーヒーやゴムなどに至るまで多様な営みを行い、リーダーたちは必要に応じて上級者や王権からの信認を得た。また、この地域では、生産力の向上にともなって、人口が増加すれば人口希薄地域への人口移動が東北アジアよりは容易になされていたであろう。

他方、従来交易を独占して巨利を得ていたオランダ東インド会社などは、商業の時代の収束を受けて、砂糖、コーヒー、タバコなど需要の拡大した物資の生産地を領域支配する方針を採るようになった。同社は、一八世紀半ばにはジャワ島の大部分を征服して、会社の直轄領とし、サトウキビの義務供出制度を導入して、農民から低価格で買い上げた。その後、同社の領土経営を継承したオランダ政庁は、義務供出制度をさらに厳格にした強制栽培制度を一九世紀前半に導入し、サトウキビだけでなく、コーヒーや藍などを農民に栽培させた。一九世紀初頭の、ヨーロッパでナポレオン戦争が起きていた時期には、ジャワの支配者はオランダからイギリス、そして再びオランダへと切り替わり、一八二五年から三〇年にかけて、ジャワの王族がオランダ側に抵抗するジャワ戦争が発生した。この戦争終了後、オランダは強制栽培制度などによって支配を強化したのであった。

東北アジアの繁栄と平和

中国史では、商業の時代の収束後の一八世紀の乾隆帝の時代がしばしば最盛期だとされる。上述のように一八世紀の中国の人口は三億にまで増加した［岸本一九九八b］。昨今、少なくとも一八世紀半ばまではアジアがヨーロッパに対して経済的に発展していたのであり、西欧のその後の発展も自立的なものというよりも、アジア経済の収縮を利用した結果だとし、現在はまた世界経済の中心がアジアに回帰してきている、という指摘もある［フランク二〇〇〇］。イギリスの使節マカートニーらが清に来て貿易の拡大を求めた際の、清の〝横柄な〟態度には相応の根拠があったということになるかもしれないし、またそのような繁栄を切り崩していったものがまさにアヘンという麻薬であったということにも留意しておく必要があろう［川島・服部編二〇〇七］。

一八世紀の東北アジアを鎖国の時代とする向きもあるが、清に限ってみた場合、それは正しくない。清は確かに厳しい海禁を実施して、自由な交易を禁止し、朝貢ベースの交易のみを認めていたが、それは一六八三年に台湾を版図に組み込む以前のことである。以後は、互市と言われる商業ベースの交易が内陸でも沿岸部でも行われていたのである。清は対外交易に消極的であったわけではない。だが、たとえば一七五七年に欧米諸国との交易を広州に限定したように、交易に対する管理は行おうとしていた。交易全体から見れば、互市は朝貢よりも量的に多く、内陸よりも沿岸部での帆船交易や欧米との交易が中心であったと推測されるが判然としない。また一八世紀後半には茶などの対欧米貿易を中心に交易量が激増したが、清の圧倒的な出超であり、多量の銀が中国に流入した。乾隆期の繁栄を支えた背景のひとつがこの対外交易の活発化であったのである。

清以外の国々、たとえば東北アジアの日本・朝鮮・琉球などは、強い海禁政策を採用して対外貿易を独占した。これは清と大きく異なる。他方で、東南アジアに眼を転じれば、清の互市のように一定の規則と納税だけを課して行う交易をみとめる王権もあったであろう。東シナ海と南シナ海の双方を含めた海域では、華人を中心とした商人らが一定の商慣習に基づき、銀による交易を行っていた。銀は秤量貨幣であるが、含有量の安定した八レアル銀貨などのメキシコ銀が重用され、当初は鋳つぶして利用していたものが、中国の沿岸部では次第にそのままメキシコ銀が計数貨幣として流通するようになった。円形の銀貨に与えられた信用は、現在でも東北アジアで、円、元、ウォンなど、いずれも「円(形)」につながる単位が用いられる背景となった[岸本一九九八a]。

なお、この一八世紀という時代は、軍縮に裏打ちされた平和な時代でもあった。もちろん、清の内陸部への侵攻などもあったが、一七世紀に比べれば、総じて戦闘行為は減少していたと見てよかろう。また、沿岸部に海賊がいたものの、貿易が自由化されていた以上、いわゆる〝倭寇〟のような強力な武装集団には成長せず、清の側も取締に熱心ではなかった[村上二〇〇九]。そして、東北アジアでは武器の生産が続けられてはいたものの、技術革新は鈍化し、生産量も増加せず、火器の使用は抑制され、騎馬や弓矢、あるいは刀のほうが重視された。無論、尚武の気風はあったにしても、それは実用的な軍事力というよりも、より精神的、あるいは儀礼的なものとなっていたと考えられる。

1　一九世紀前半の秩序変容

清の沿岸支配の動揺

ナポレオンの侵略に対するスペイン独立戦争やスペインでの近代憲法の制定などの過程で、中南米での独立運動が高まり、一八二一年にメキシコがスペインから独立した。そのため、銀貨のデザインが鷹とサボテンに代わった。この新銀貨は清などでも鷹洋と言われて流通した。だが、世界的に見れば一九世紀初頭にはラテンアメリカでの銀生産は減産傾向となり、銀の供給不足となった。

一八世紀中ごろからイギリスなどが広州で行っていた茶などの交易は、その量を激増させていた。そして、その担い手も多様になり、東インド会社だけでなく、民間業者も加わり、清の側でも徴税を代行していた一部の商人だけでなく、各地のさまざまな商人が交易に従事するようになった。清は、欧米諸国との交易を一八世紀半ば以降、広州一港に限定していた。イギリスはマカートニーやアマーストを清に派遣し、貿易港の拡大、減税などを求めていた。清は、(少なくとも清の側から見れば)冊封や朝貢などの臣下の礼をともなう対外関係を周辺国と有していたが、対外交易に際して朝貢を必要としたわけではなく、朝貢を必要としない互市という交易が行われていた。イギリスなど欧米諸国は、朝貢に反発したのではなく、互市を広州に限定されていたことに反発したということになる。

他方、清では、一八世紀の人口増加にともなって辺地などでの開発が進んでいたが、経済成長が鈍化するにともない、一八世紀末にはそうした新開発区域や沿海地域にしわ寄せが行き、社会秩序や治安が不安定となった。いわば成長の限界線が訪れていたということでもあろう。貿易をめぐる情勢の変容と、清自身の統治能力の減退によって、一九世紀前半の沿岸の状況は大きく変容することになった［村上二〇〇九］。

このような状況であらわれたのがアヘンである。アヘンは銀不足のおり、イギリスがインドでそれを栽培し、対中貿易に利用したもので、各地の中国商人も交易に応じることで大量のアヘンが清にはいり、そして清からは大量の銀が外に流れ出すことになった。そしてその銀はインドからイギリスへと流れ、イギリスからは綿織物がインドに輸出された。これが一般に英印中の三角貿易と言われるものである。経済が不況となった清は、沿岸の交易をめぐる秩序の再編を企図し、アヘンも取り締まろうとする。だが、アヘンはもともと交易禁止品であり、徴税を代行する中国側の商人を通じて取り締まることは難しく、結局は外国商人の責任に帰し、それがアヘン戦争の原因となった。つまり、一八四〇年のアヘン戦争は、中国と西洋との戦争、西洋の中国における利権の獲得をめぐる争いとしての側面もあるのだが、実際には一八世紀末から始まっていた中国の沿岸部の交易をめぐる秩序変容のひとつの帰結としての側面をもっているのである［村上二〇〇九］。

そして、アヘン戦争の終結後も中国沿海の秩序は回復されず、外国商人の進出によって海賊となる者が増えた。この混乱は、太平天国の乱ともあいまって、一八五〇年代にピークを迎えた。清の権威は大きく揺らぎ、日本など周辺諸国でも「時代の変化」を感じ取る向きが強く、シャムは清との冊封・朝貢関係を停止するに至った。

東南アジア大陸部における国家形成

東南アジアの大陸部では、一八世紀後半から一九世紀にかけて現在のタイ、ベトナム、ミャンマーの土台ともなる国家が形成された。

一八世紀中ごろ、ビルマでは内陸のビルマ人が南下してコンバウン（アラウンパヤー）朝が成立し、現在のミャンマーとほぼ重なる領域を統治した。また、この王朝は、シンビューシンの治世下でタイに攻め込んでアユタヤ王国を滅ぼしただけでなく、ボードパヤーの治世ではインドのアッサム地方にも勢力を伸ばした。だが、このような拡大政策は、インドに拠点を形成しつつあったイギリスと衝突することになった。イギリスは一八二四年にビルマに宣戦布告し、以後、一九世紀を通じて三度にわたるイギリス・ビルマ戦争をおこした。

ベトナムでは、一八世紀末の農民反乱を経て、中部に勢力を有していた阮氏の阮福暎が全ベトナムを統一して、嘉隆帝としてフエを首都とするベトナムを建国した。阮は、清に対して南越を自称することを認めるよう求めたが、清は南越が両広（広東・広西）を含む地名だとして、これを認めず越南とさせたとされる。二代目の明命《ミンマン》帝は中央集権政策を推し進め、ベトナム北部や中部だけでなく南部も統治空間に組み込んで支配体制を確立し、「南の中華」として「大南国」と自称した。他方、キリスト教布教に対しては厳しい姿勢をとり、それがフランスなどに干渉の口実を与えることにもなり、その死後にはフランスの侵出が顕著となった。

タイでは、コンバウン朝によって、それまで対外交易で繁栄してきたアユタヤ朝が滅亡した。この後、トンブリー朝のタークシンによる支配を経て、一七八二年にバンコクを首都とするラタナコーシン朝が成立し、ほぼ現在のタイに均しい領域を支配した。シャムでは一八世紀以来、清との南シナ海交易が盛んであったが、この王朝も一八三〇年代初頭まで清との交易を特に重視した。

このように、大陸部東南アジアでは一八世紀後半から一九世紀初頭に、空間的にほぼ現在の国家の原型をなす国家が形成された。東北アジアにおいても、一七世紀以来の近世国家がさまざまな問題に直面しながらも二〇世紀初頭まで存続した。東南アジア島嶼部を除き、東アジアでは一九世紀初頭までに形成されていた諸国家が、ほぼ近代国家や現在の国家の原型をなしている点に特徴がある。

イギリスとロシア

一八世紀にイギリスに訪れた技術革新により、生産の中心が農業から工業へと移行した。このような工業化はイギリスに次いで、一八三〇年代のフランスやベルギー、そしてアメリカ、ドイツ、日本などへと広がり、その社会生活を変化させた。また、一部地域での工業化の進展は、アジアなどの多くの地域を、原料や食糧の供給地、または市場として位置づけようとした。イギリスでも、日常生活の面で、中国の茶をカリブ海の砂糖とともに飲み、アルゼンチン小麦で作ったパンを味わうようになっていった［水島二〇一〇］。

軽工業の代表的製品である綿織物では、綿花をアメリカ大陸から買い付け、綿製品をアフリカに売り、アフリカとアメリカとの間には奴隷貿易があるという、大西洋三角貿易が形成された。そして、ロンドンのシティから振りだされた手形は、アメリカと中国との茶貿易でも用いられ、それが上述の英印中三角貿易に乗り、中国からインド経由でロンドンへと還流した。二つの三角貿易は接点をもち、それがロンドンのシティの持つプレセンスを高めた面がある［川島・服部編二〇〇七］。

重工業の面では、鉄鋼業や蒸気機関による交通輸送手段の変容が生じた。これは、イギリスの商船を世界各地に送りだすとともに、強力な軍事力の背景となった。一八世紀を通じて戦争を行い、また一九世紀初頭にはナポレオン戦争を体験した欧州の軍事技術は、平和な一八世紀を過ごした東アジアに対して圧倒的に優位であった。アヘン戦争に際しては、イギリス海軍には蒸気船が含まれ、その蒸気船に引かれた小舟の上に配された砲の射程や精確さにも格段の差があったと思われる。また日本を訪れたペリーの艦隊も艦船の半数が蒸気船であった。蒸気船は一九世紀後半にいっそう一般的になっていく。

イギリスをはじめとする欧州諸国は、その軍事力を背景として、貿易のルールや、条約などの主権国家の外交の技法を用いながら、非キリスト教世界と新たな関係を築いていった。それまで繁栄を背景に自立的な交易圏を育んできた東アジアもまた、（西欧から見た）〝周辺〟として西欧中心の近代世界システムに関連づけられるようになったのである。イギリスは、中国市場を視野に入れつつ、東南アジアでの拠点建設を模索し、オランダとの間でマラッカ方面での抗争の末、一八一九年にシンガポールを領有し、ここに近代的な港市を建設した。そして、一八二四年には英蘭条約を締結してマラッカ海峡を境界とする勢力圏を設定した。これによってイギリスのマラッカ領有が確定し、一八三二年にはシンガポール、マラッカ、ペナンなどからなる海峡植民地が形成された。とりわけシンガポールは、アヘン戦争の結果イギリスが領有した香港とともに東アジアにおける重要な拠点となった。その後、イギリスは、マレー半島では領域支配を進め、錫鉱山などを開発した。だが、イギリスは、東北アジアでは植民地を拡大させたわけではなく、基本的に現地政権を維持して、それへの影響力を行使しつつ、通商的利益を最大化しようとした。

イギリスは西欧の工業国の代表的存在であり、交通や通信、貿易管理、疫病管理、あるいはシティでの決済機能など、国際公共財を提供し、まさに世界帝国となった。だが、東アジアでは、イギリスのほか、フランス、オランダ、アメリカ、ポルトガル、スペインなども、強力な軍事力を背景に原料供給地と市場を求める〝列強〟であった。

他方、ロシアは陸路と海路の双方から東アジアに迫り、清との間に一七世紀末のネルチンスク条約、一八世紀のキャフタ条約などを締結し、境界と交易のルールを定めた。ロシアは、一八世紀後半のエカチェリーナ二世の治世には、ベーリング海峡を越えてアラスカに進出し、日本にも使節としてラクスマンを派遣した。また、一九世紀半ばには黒龍江から沿海州へと進出し、中央アジアではウズベク系のブハラ、ヒヴァ、コーカンドの三ハン国を支配下におき、タシュケントに置かれたトルキスタン総督府を通じてロシア人の入植を進め、東西トルキスタンへの浸透をはかった［小松編二〇〇〇］。ロシアの東漸は、東北アジア諸国にとっては、領土の危機を喚起させる契機となり、そこから満洲問題という国際政治の焦点が生み出されただけでなく、イギリスがそのロシアの南下に対抗するという国際政治の基本的枠組みが次第に形成された。このロシア要素の有無は、東北アジアと東南アジアの大きな相異である。

2　不平等条約の同時代的意味

互市と通商

清と周辺諸国の冊封・朝貢と互市との関係は前述のとおりであるが、一八世紀後半に対清貿易を増加させ、出超の続くイギリスは、貿易港を広州以外にも広げること、また交易上の諸規制を撤廃することなどを求めた。これは言わば、清の「互市」をめぐる英清間の問題であって、少なくともこの段階では、冊封や朝貢をめぐる欧米とアジアの国際秩序間の衝突を意味していたとはいいがたい。アヘン戦争の結果として締結された南京条約および一連の協定は、後に不平等条約として列強の侵略の象徴のように位置づけられるが、果たして同時代人にとって不平等だと思われていたのだろうか。これらの条約や協定はあくまでも広州での交易、あるいは互市をめぐる問題の中で生まれたものであった。従って、この条約などにおいてイギリスが要求したものは、通商上およびそれに関連する権利が中心であった。

南京条約などにより、開港場を五港にまでに拡大したこと、また香港島の割譲などは、従来ポルトガルに租借されていた澳門《マカオ》に居住し、定められた方法で広州に赴いて交易することしかできなかったイギリス商人には大きな成果であった。だが、新たに開港した寧波、福州、厦門、上海、澳門のうち、澳門は広州貿易に関連付けられた外国人居住地であり、寧波、厦門(漳州)は(西洋人には認められていなかった)互市の交易港でもあった。

治外法権については、清における外国人の法的問題処理を属人主義で行う点で、それまでの通例にかなうことであった。また、アヘン戦争前にイギリス人を清の律で裁いたことが問題となった経緯もあり、この治外法権が強調された面もあろう。他方、清の人びとの海外渡航が認められていないことから、イギリスやその植民地での清の人びとの法的地位は考慮する必要がなかった。そのため、当時、清の側が不平等性を強く感じたわけではなかろう。

協定関税についても、当時の価格の五分程度を目安として額が設定され、それを固定した上で基本的に量に応じて徴収されることとなった。そして、清は単独で関税率の変更を行えず、イギリスと調整することが義務付けられた。だが、もともとアヘン戦争以前の広州貿易においても、関税(船鈔・貨税)は二分また四分で、このほかに付加税や手数料がかけられていた。この付加税や手数料を考慮すれば五分という税率は低いが、関税だけで比べれば決して低すぎるわけではなかった[坂野一九七三]。無論、税率の変更が自由にできないということは不自由であった。

最恵国待遇については、皇帝から与えられる恩恵を「夷狄」が均霑すると考えれば、王朝の論理から考えても矛盾はなかった。清以外の国々でも、その手法や考え方に相違があるにせよ、それぞれの既存の秩序観や対外貿易のあり方に即しながら、西洋諸国と締結した条約を位置づけた面があるであろう。

中国や朝鮮に見られた租界については、治外法権を有する外国人を言わば現地人社会と隔離するために設けられた居住地と見ることができる。横浜の居留地の絵図面が長崎の出島に類似しているように、外国人居住区をつくるということも、条約締結当初は、近世以来の対外関係の中にその前例を見出し得ることであったと考えられる。また、租界には、現地国の司法権は原則として及ばなかった。上海や天津の租界は西洋近代の発信地として知られるが、実は設定された租界のうち、発展、繁栄したところは決して多くなく、放置されて廃れていったところも少なくない。そして、上海などの繁栄した租界は、西洋の建設したインフラや、西洋との結びつきもさることながら、実のところ現地人たちがそこに住み込み、その土地をめぐる借地権を担保として資金を調達し経済活動を行ったことや、現地国の司法権から逃れるべく、多くの中国の人材が集まったなども、成長の要因であった。

このように、アヘン戦争によって結ばれた諸条約・協定は、それまで行われていた広州貿易に変更を迫るものであったが、新たな交易の諸ルールは、それまでの規則の延長上で理解できるものも少なくなかった。また、アヘン戦争における清の敗北は日本も含めて周辺諸国に大きな衝撃を与えるなど、清の威信を大きく損ねたことは確かであるが、イギリスと問題になったのはあくまでも互市の枠内のことだったので、冊封・朝貢について直ちに大きな変革が加えられることにはならなかった。こうした点で、アヘン戦争以来の一連のできごとを、近代条約システムと伝統的な朝貢システムの衝突と摩擦と見る従来の観点は、一定の修正を迫られることになる。

不平等条約

イギリスなど列強は、非キリスト教世界との往来や交渉、戦争の過程で、主権国家間の平等原則には馴染まない、一定の型に基づく条約を締結するようになった。それは戦争における勝敗だけでなく、(西洋型)文明国家と非文明国家間に成立しうるものとして正当化された。具体的には、治外法権(および領事裁判権)、協定関税、最恵国待遇を片務的に西洋側に与えるというものであった。このような条約の型は、理由が戦争であれ交渉であれ、西アジア諸国だけでなく、シャム(タイ)、清、日本、朝鮮などに共通して適用されることとなった。治外法権は、アジア諸国の司法への不信や制度的な相違に裏付けられ、また協定関税は通商上の権利を維持拡大するために設けられ、最恵国待遇は欧米諸国間の制度的特権の均質化と衝突回避などとともに、条約改正を困難にするものであった。

これらの不平等条約が改正せねばならない対象として認識されるようになる過程は国ごとに異なる。清のように、冊封・朝貢と互市を分けているところでは条約締結は対外関係全般の変容には結びつかなかった。儀礼に基づく冊封・朝貢という関係と、互市の延長上の想定された条約に基づく西洋との関係という二つのスタンダードが並立しえたのである。だが、日本などのように比較的厳格な海禁を実施していた国では、西洋諸国との条約締結が直ちに対外関係全体の変化をともなった。それだけに、条約に基づく関係が、対外関係全体の中心をなすようになり、その条約の改正が強く課題として認識された可能性もある。

改正の手法については、大枠から見れば西洋側の論理に対応して文明国化すること、また戦争に勝利できるように強国となることなどが想定されていた。また、革命によって前政権の締結していた諸条約をすべて破棄するという手法もあった。条約改正を目指す国々は、それぞれの手法に応じて条約改正を実現した。日本やシャムは文明国化と強国化であり、中国は革命を志向しつつ、強国化と文明国化により改正を実現することになった。また、交渉に際しては、条約そのものを司法権の観点から修正しようとする司法権回収と、条約を背景にして成立していた慣習を含めた諸特権を回収しようとする行政権回収という側面があった。他方、東アジアでは、欧米諸国や日本の植民地となることで、結果的に不平等条約が破棄されることもあった。その植民地の人びとが海外に出る場合、植民地臣民として欧米諸国民と同等の特権が（中国などで）享受できることがあった［川島・服部編二〇〇七］。

なお、一九世紀に締結された欧米諸国と東アジア諸国の諸条約については、そもそも正文とされた欧文の条約と、現地語に訳され国内向けに示された約定との間に大きな乖離があることがしばしばであった。欧米側の〝外交〟史としての理解と、現地社会における理解や認識、また記憶の形成は異なることがあったであろう［早瀬二〇〇三］。だが、近代国家建設を進めたり、植民地統治下での独立運動などが生じると、そうした条約は欧米的な理解に即しながら改正させていったり、または克服すべき対象となった。そうした意味では、不平等条約改正や、独立運動は、欧米への抵抗でありながら、その抵抗もまた欧米的な価値観や論理をとらねばならない、〝近代〟の受容のひとつの所作であったと見ることもできよう。

砲艦外交(ガンボート・ディプロマシー)

イギリスをはじめとする欧州列強は、東アジア諸国に条約の内容を守らせようとした。そのために、相手国の対外交渉権利が分散している状況を批判的に捉えて、中央で一元的な外交権を担うように求めたり、また砲艦《ガンボート》を用いて開港場の領事たちが地方の官憲に威圧的に条約履行を迫ったりした。たとえば、清では一八四六年に各開港場にそれぞれ一隻の砲艦を配する権利を獲得していたイギリスが、一八四八年に上海郊外の青浦県で三名の宣教師が失業していた水夫らに襲撃された事件に関し、この砲艦を用いた外交で事態を処理したことが知られている。イギリスの上海領事は日本にも駐在したオールコックであった。このように各開港場で個別的に領事が砲艦を用いて問題を解決した一つの背景には、一九世紀中ごろの交通通信手段の不便があった。電報往来の電線が開通していなかった当時、上海と香港の通信に片道六日かかっていた。香港からロンドンともなれば、片道二カ月弱かかった。これでは、上司や本国の意向を尋ねたり、軍艦の派遣を依頼したりする余裕はない。いま一つの背景として、イギリス側の軍事力の圧倒的優位と、それを証明して見せたアヘン戦争などの記憶が清の側にあったことがある。だからこそ、(最低限の)軍事力たる砲艦一隻によって威圧効果が得られたのである。この砲艦外交を、より広い意味でとれば、ペリーが軍艦を背景に条約締結を迫ったことも、その一例だと見ることもできるだろう[坂野一九七三]。

しかし、イギリスの砲艦をとりまく環境を単純に領事の用いる威圧という側面だけから捉えることはできない。清では、地方官憲が一面で砲艦からの威圧を受けつつ、一面でその砲艦を利用して海賊討伐を行ったのである。一九世紀の中ごろの沿岸部では、福建、広東系だけでなく、香港開港後に急速に交易拠点としての地位を失った澳門のポルトガル商人たちが海賊行為を行ったため、沿岸貿易、とりわけ開港場貿易の秩序に問題が生じていたのである。そこで、清の側も開港場に停泊しているイギリスの砲艦に海賊の鎮圧を求めた。そしてジャンク船を操る福建や広東の商人の中にも、武装した西洋人に護送を依頼する者もいた。砲艦の存在を単に「侵略」という論点だけで捉えるのは一面的であろう。当時、〝海の安全〟のための軍事力を極東にまで展開できたのはイギリスであり、そのイギリスの提供する軍事力という国際公共財を、清が「無償」で調達したと見ることもできる。無論、清の側も次第に海軍力を強化し、自力で海の安全を確保しようとしていくが、交通・通信などをはじめ、イギリスの提供するさまざまな国際公共財を清の側が利用するという側面があった[村上二〇〇四]。

ミッショナリー

一九世紀になると、キリスト教の宣教師が東アジアで布教活動を行った。条約で布教権を獲得する前から布教活動を行い、開港場での布教権を得てからはむしろ、現地の服装をし、現地語を操りながら内地での布教を行おうとした。「宣教師は帝国主義の先兵」とされることもあるが、イギリスやフランスの領事たちにとって、宣教師は現地国、地域のさまざまな情報をもたらし、また時には戦争などの口実をつくってくれる肯定的存在でありながら、同時に面倒を引き起こして仕事を増やすだけでなく、現地社会からの排外運動を引き起こし、通商を妨げる否定的存在でもあった。

キリスト教布教の過程で、現地社会とのさまざまなトラブルが発生した。清ではこれを教案と呼んでいるが、そのトラブルの背景は、反帝国主義とか反西洋という単純な言葉で括れるものではない［佐藤二〇一〇］。たとえば、現地社会では、その庇護下に入ることで不平等条約特権を享受できると考えられることがあった。そのような場合、農村などの基層社会が、教会の側に属そうとする人びとと、既存の信仰や秩序の下に残る人びとに引き裂かれた。教会を破壊したり、宣教師を襲う行為には、そうした在地社会の秩序再編の問題が背景にあった。そして、キリスト教布教をめぐるトラブルをいぶかしく思っていた欧米諸国の内、たとえばドイツやアメリカが強硬外交を展開して現地国を屈服させることもあった。これは単に現地国の威信を貶めるだけでなく、基層社会にも大きなストレスを残すことになる。清での義和団事件は、宣教師の活動を保護しようとするドイツの強硬外交に清が有効に対抗できない過程で蓄積された現地社会のストレスが露呈したものだとも言える。

他方、宣教師たちは辞書の作成、翻訳活動などを行ったり、ミッション・スクールを設けたりするなど、さまざまな文化活動を行った。西洋の知識が翻訳されて東アジアにもたらされる過程でも、またアジアの諸情報が西洋言語で欧米にもたらされる過程においても、宣教師は大きな役割を果たした。こうした宣教師たちは、帰国後も執筆活動を行ったり、大学の研究者になるなど、一九世紀の欧米のアジア学を支える存在でもあった。

3　開港場ネットワークの形成

東アジア諸国間関係の変容

東アジア諸国が西洋と条約を締結すると東アジア諸国間の関係や、東アジアの域内の交易秩序にも変容が見られた。アヘン戦争での清の敗北は、東アジア各国に西洋に対する軍事技術の立ち遅れを認識させ、日本でも西洋的砲術の採用が決まり、また世界認識を広げるべく魏源の『海国図志』などの地理書が各国の知識人に広まった。

一九世紀半ばには、冊封・朝貢関係にあった国々と清の関係に大きな変化は見られなかった。シャムは清への朝貢使節派遣を停止したものの、琉球が一八六六年に尚泰を冊封する冊封使の乗る冠船を那覇に迎えたように、朝鮮などの国々も清との関係を崩してはいない。だが、たとえば日本と清の間の交易などについては、日本の欧米との条約締結によって、従来の対外関係に大きな変容が加えられると、新たな秩序が十分に形成される前に、むしろ清の商人が長崎から神戸、横浜、あるいは海産物を求めて函館に拠点を築くようになった。しばしば用いられる「開港」についても、それは条約を締結した西洋諸国に向けた開港だけではなく、東アジア域内の国々や無条約諸国に対する開港をも意味することがあったのである。日本も一八六〇年代になって、長崎奉行や函館奉行が使節を上海に派遣し、日本側が欧米諸国や清の商人を介さずに、直接に日本の産品を上海に持ち込むことを模索していた（千歳丸、健順丸）。これもまた、開港場の設置に伴う、東アジア域内の交易の再編過程の一コマであろう［川島二〇〇四］。

他方、欧米諸国の対アジア貿易も、不平等条約を締結すれば順調に伸びるというものではなかった。マルクスの中国観に大きな影響を与えたとして知られる、一八五二年のミッチェル報告書（一八五九年に公表）が指摘したように、四億人の民の市場として期待された中国市場も、決して簡単にイギリス綿布の市場とはならなかった。イギリスの福州領事であったシンクレアは、一八五〇年の本国への報告の中で、中国市場での販路が伸び悩んでいることを前提とした上で、琉球からの朝貢船に注目し、琉球が朝貢にともなう貿易を拡大させ、イギリス商人が産品を琉球商人に売りつければ販路拡大になるとしている[岡本二〇〇八a]。この事例は、イギリス商品の販売の不調とともに、儀礼に基づく冊封・朝貢と条約に基づく通商関係の二つのスタンダードが、まったく別個に接点をもちえず存在するのではなく、接点を持ちながら交錯する国際関係が育まれる契機があったことを示している。

日本が明治維新を迎えると、一八七一年に日本は清と日清修好条規を締結した。これは両国にとって最初に締結した平等な条約とされる。だが、交渉過程は清が主導し、以後の往来や交渉なども原則漢文(中国語)で行われることになっていた[岡本・川島編二〇〇九]。また、一八七六年に日本は朝鮮と不平等条約である日朝修好条規を締結、清も一八八二年に朝鮮と(実質的に)不平等条約である中国朝鮮商民水陸貿易章程を締結した(冊封関係は維持継続)。これにより、東北アジア諸国の関係は、条約ではなく「条規」と「章程」によって再編されることになった。

開港場ネットワーク

東アジアには、東南アジアの欧米の貿易拠点(シンガポール、香港など)や東北アジアの開港場(広州、上海、横浜、神戸など)などの間に経済活動を中心とするネットワークが形成され始めた。これらの港は、既存の交易ネットワークと重なりつつ、比較的遠浅の海を好むジャンク船の利用する港湾と異なり、次第に普及し始めた蒸気船向けの比較的深い港湾であることが多かった。そのため、たとえば澳門よりも香港、台南よりも高雄といったように、交易拠点の変動がおこった地域もあった。こうした開港場間では、蒸気船などによって物流が保たれていただけでなく、イギリスの海軍力によって安全が確保され、駐在している領事らによって現地国との交渉のチャネルが保たれていた。一九世紀後半になると、長崎と上海間に電線が敷かれたように、郵便だけでなく、電線網が開港場間の通信を支えるようになった。こうした通信網に支えられて、欧米と東アジアの間での情報伝達が次第に迅速になされるようになり、新聞や雑誌など開港場メディアが出現した。これらにおける言論は欧米諸国の対東アジア政策に影響を与えることもあり、日本や清などは、そこでの言論を自国に有利に進めるようにさまざまな宣伝活動を行ったほどだった。

また、こうした開港場での取引はロンドンのシティでの決済網に結び付けられていた。二つの三角貿易とシティの手形の流通については前述の通りである。イギリスをはじめとする欧米商人たちは、東南アジアでは植民地としての貿易拠点において、また東北アジアでは租界などの居留地において、治外法権を得るなどして、通商を行うに有利な条件を獲得していた。また、「清潔」な環境を保ち、通商を安定的に行うため衛生管理も徹底された。とりわけ、税関（海関）が貿易管理に果たした役割は大きく、関税徴収や衛生・防疫管理だけでなく、海図の作成、気象情報、郵便などの通信など、幅広い分野で貿易をめぐる秩序維持機能を果たしていた。

開港場知識人と翻訳

それぞれの開港場には一定の後背地があり、やがて敷設される鉄道などの交通網によって物資とともに、現地の人びともその開港場に関連付けられることになった。東アジア全体でも、次第に近代国家の首都や植民地政庁の間で、公式な「外交」が行われるようになるが、経済・社会における情報伝達や、新たな時代の人材養成は開港場を通じてなされていた面がある。

まず、開港場は現地社会と西洋社会、そして東アジア域内の情報伝達の窓口になった。そこでは、たとえば日本側が中国情報を漢文と欧文の双方で把握するのに対して、中国側は日本情報を欧文でしか得(ようとし)ないという「格差」は存在したものの、従来よりもはるかに多くの知的情報が東アジア域内で「流通」することになった。とりわけ、中国で漢訳された世界地理書などの海外情報は、一八世紀から既に翻訳されつつあった地理書などと相まって、漢字文化圏の知識人の世界観の変容に大きな影響を与えた。また、宣教師の開設したミッション・スクールや、欧米への留学などによって、言語能力や知識を身に付けた東アジアの知識人は、西洋の書籍を翻訳し始めた。東北アジアでは明治維新後の日本が、ある意味での誤解も含みながら、また既存の社会通念や理念を土台としながら、大量の西洋の書籍を翻訳した。そこでの概念規定や訳語は現在に至るまで漢字文化圏に影響を与えている。

清では、開港場知識人は、科挙官僚というよりも、李鴻章らの幕僚としてその専門的知識を生かして活動した。彼らは軍事改革、教育改革、実業振興などとともに政治改革も提唱したが、「天朝の定制」を維持しようとする勢力も官界では強く、結局、軍事面や工業面での変革が先に実行された。これが後世になって洋務運動などと呼ばれるものである。また、一九世紀末の変法運動などと呼ばれる動きについても、それはそうした知識人や一部の官僚によってすでに提唱されていた政治改革論が、一定のコンセンサスを得つつ政策にのせられていく過程として見るのが妥当だと考えられる。

このようにして、ある意味で共通の知的空間を共有する知識人が漢字文化圏にあらわれ、新聞や雑誌で空間を超えて議論を戦わせることになった。また、植民地となった地域では、宗主国の知的制度の下で、そうした翻訳などがなされ、宗主国に留学した知識人がその視線で自らの出身地社会をとらえたり、あるいはそこに伝統を再発見したりするなど、さまざまな反応を引き起こした。このような、西洋に接した東アジアの知識人に内在するオリエンタリズム的な思考の問題は、東アジアの近代にも共通する問題であった。

4　東南アジア諸国の植民地化

大陸部の植民地化

一九世紀の中ごろから、西洋諸国は貿易拠点だけでなく、植民地を設定して領域支配をはじめた。それは、軍事力を背景とした西洋諸国が、清や現地国と交渉して条約を締結して進められた。これらの条約は、多くの場合、欧文を正文としながらも、漢文や現地語の表現は欧文のものとは必ずしも合致していなかった。しかし、それでも植民地化は進行し、それまでの国家の境界を一定程度踏襲しつつも新たな境界がしかれ、プランテーションをはじめとして、宗主国の経済構造の一部に組み込まれることになった。また、政治的に自立するには、〈近代〉国家として独立しなければならないことになった。東南アジア諸国もまた、植民地(的)近代を体験することになった。

ビルマは、第一次イギリス＝ビルマ戦争で敗れ、アラカン、テナセリムをイギリスに割譲していた。一八五〇年代初頭、ラングーンのイギリス人が殺人等でビルマ側に逮捕されたことを原因として、インド総督ダルフージー伯がビルマに遠征軍を派遣し、沿岸部を占領した。そして、ペグー地方の併合を宣言し、アラカンなどとあわせてイギリス領ビルマとした。これによって、イギリスはインドから海峡植民地に至る海岸線を領有することとなり、ベンガル湾を内海化した。沿岸部を喪失したコンバウン朝は、ミンドン王が改革を実施し、雲南経由での清との貿易を承認するなど、内陸国家としての存続を目指した。しかし、次のティーボー王は雲南侵出をねらうフランスと結んでイギリスに対抗しようとし、それをきらうイギリスは一八八五年に第三次戦争をおこしてコンバウン朝を滅ぼし、ビルマを併合してインド帝国の一州とした。だが、以後一〇年に亘り、さまざまな集団がイギリスの支配への抵抗運動をおこすが、結局「平定」されることになった。

ベトナムでは、明命帝の死後、フランスの圧力が強まり、とりわけナポレオン三世の時代になると、フランスはメコン川下流域を占領し、二度にわたるサイゴン条約でコーチシナ全土がフランスの直轄植民地となった。一八八〇年代になると、フランスは、サイゴンからカンボジア、ラオスへと進出して保護国化し、二度にわたるフエ条約でベトナムも保護国化しようとした。ベトナムは清に救援を求め、清は軍隊を派遣した。この戦争じたいは、ランソンでのフランスの敗北のように、決してフランスの圧勝というわけではなかったが、戦争後の天津条約でベトナムの保護国化が決まった。フランスは、保護国化していたカンボジアをあわせて仏領インドシナ連邦を形成し、九九年にラオスを加えた。これに対してベトナム知識人の反対運動がおきたが、一九世紀末までにほぼ鎮圧された。

シャムのチャクリ改革

イギリスとフランスによる大陸部東南アジア植民地化が進む中、両者の勢力圏の中間に位置するシャムは植民地化されなかった。また、モンクット王（ラーマ四世）は、イギリスとのボーリング条約など、一八五〇年代に英仏などと不平等条約である修好通商条約を締結した。また、アヘン戦争以後に威信の低下していた清との冊封・朝貢関係を停止した。だが、それ以前も、シャムとしては、漢文史料にあるように自らが清に臣下の礼をとっていると認識していたわけではなかろう。

植民地化の危機の下、チュラロンコーン王（ラーマ五世）は、外国人顧問を積極的に登用して、軍事、行政、財政、司法などの面での改革（チャクリ改革）を実施し、文明国、近代主権国家となることによって独立を維持しようとした。この路線は、明治日本と類似している面もあり、実際に日本とシャムは比較的良好な関係を維持したが、シャムにおける立憲君主制度の採用は一九三二年の立憲革命を待たねばならなかった。なお、一九世紀後半にアメリカ南北戦争の影響などもあって米価が高騰すると、チャオプラヤ川、メコン川などの下流域では水田開発が進み、米作プランテーションがつくられて、タイは世界のコメ生産の中心となった。米の流通や貿易などには華人商人が多くかかわった。また、南部の錫鉱山などでも華人企業家が活躍した。シャムは、冊封・朝貢の停止以来、中国との国交を樹立せず、国内の華人をシャム国民として同化、統合していくことに成功した。タイと中国が国交を成立させるのは、第二次世界大戦終結以後のことである。

島嶼部の植民地化

オランダ領インドでは、強制栽培制度が実施されるなど、いち早く領域的支配が確立していたが、その空間がジャワから次第に拡大していった。その過程で、植民地から経済的な利益を得るだけでなく、キリスト教的な倫理を重視し、教育や衛生の面に適用する「倫理的な」植民地政策が採用された。西洋教育を受けたジャワ人女性であるカルティニが注目されたのもこの時期である[斎藤照子二〇〇八]。しかし、強制栽培制度をはじめとした経済政策に大きな変更が加えられたわけではない。また、オランダの領域支配が空間的に拡大を示す中で、マラッカ海峡におけるイギリスとオランダの支配を嫌う商人の拠点となっていた、スマトラ北端のアチェが争点となった。英蘭両国は、一八七二年にスマトラ条約を締結して、アチェをオランダの管轄下に置くこととしたが、アチェはこれに反発した。オランダは、一八七三年にアチェ王国に宣戦布告し、翌年には首都バンダアチェを占領した。だが、それ以後も「聖戦《ジハード》」としてのムスリムらの抵抗運動が続き、オランダの支配が最終的に確立したのは二〇世紀初頭であった。

マレー半島では、ベンガル湾と南シナ海の結節点としての海峡植民地がイギリスにより形成されていたが、半島のムラユ人の諸政権に対しては不干渉主義をとっていた。ところが、一八七四年のパンコール条約で、ペラクのムラユ人の首長八名はイギリスの派遣する行政官を受け入れることとした。これは、この地域がイギリスの保護領となることを認めたものであった。以後、マレー半島の領域的植民地支配が進行した。イギリスが不干渉主義を転換させた背景には、マレー半島で錫などの鉱山が生産量を増し、人口希薄であったこの地域に多くの華人労働者が入り込むことで、現地の社会秩序が動揺していたということがあった。だが、イギリス人行政官の派遣は、ムラユ人社会からの反発を受けた。特に、徴税権をめぐってムラユ人首長らがイギリス人行政官を殺害するという事件が起き、イギリスは既存のスルタンを頂点とするムラユ人の秩序を維持して統治する方針へと転換した。マレー半島における植民地は、既存の秩序を組み込んだ、いわば間接統治の形態をとったのである。

フィリピンでは、一六世紀以来スペインの植民地支配の下にあった。一九世紀後半には、フィリピン人知識人の間からプロパガンダ運動といわれる、植民地体制に対する平和的改革、啓蒙運動がおきた。ホセ・リサールは、マドリード中央大学で学ぶ過程で多くの留学生や亡命者と交流し、次第にプロパガンダ運動のリーダーへと成長した。リサールは、スペインの植民地政策およびカトリック教会の問題を糾弾した。その後、フィリピン革命が起きると、リハーサルは一八九六年に首謀者として逮捕され処刑された。フィリピン革命はアメリカの介入もあって挫折したが、カティプナンなどの運動が継続した。一八九八年の米西戦争でスペインが敗北すると、フィリピンはアメリカに譲渡され、アメリカは種々の抵抗を鎮圧し、南部のムスリムの居住地域にまで統治を拡大し、一八九九年にはスールー島にまでその主権を認めさせた[早瀬二〇〇九]。

清の宗主権問題

東南アジア諸国が欧米諸国に植民地化されていく過程で、清の冊封・朝貢関係は変容を迫られた。それは、冊封関係にある(と清が考えている)国が減少したことだけではない。欧米諸国が、東南アジア諸国を植民地化するに際して、清を宗主国として交渉相手と見做したため、従来は内政不干渉を原則とし、冊封や朝貢関係にあった国と他の国との関係に、それほど立ち入らなかった状態に変化が生じたのである。すなわち、冊封や朝貢関係にある国との関係を、国際法的な保護国や属国などの論理を用いつつ、再定位、あるいは強化する契機がそこに生まれたのである。

清は、すでに冊封や朝貢などの従来の儀礼に基づく関係と、条約に基づく欧米諸国との関係の二つのスタンダードに基づいて対外関係を築いていたが、その両者はまったく別個に存在していたわけではなく、清は冊封などの関係を強化するために、万国公法の論理を援用したりした。一八八〇年代になると、清と冊封・朝貢関係を維持している国がいっそう減少し、最終的には主要国では朝鮮を残すのみとなった。清は朝鮮半島に対し、清との冊封関係を維持したままで欧米諸国と条約を締結するように勧め、朝鮮は実際にアメリカと条約を締結した。そして、一八八二年には中国朝鮮商民水陸貿易章程を締結して、朝貢にともなう貿易や国境地帯での互市だけに限定されていた交易をいわば自由化した。だが、清の商務委員に領事裁判権が認められるなど、事実上清に有利な不平等条約であった。また、清は朝鮮半島に三カ所の専管租界を有していたのである。このほか、朝鮮半島に駐兵しただけでなく、袁世凱を総理交渉通商事宜として派遣し、政治や外交全般に対する影響力を強化した。袁は、自らの立場を英語で公使 Minister などの外交官ではなく、Resident と名乗った。これは、インド帝国においてインド総督が藩王国に派遣した官吏の名称であった［岡本二〇〇八b］。

一八九五年の下関条約で清は朝鮮との冊封関係を解消することとし、清は以後、条約に基づく諸関係へと対外関係を一本化していくことになった。朝鮮は、日清戦争以前から中立化を目指し、さまざまな改革を実施するが、清、露、日本の傷出の中でそれを実現できなかった。

5　一九世紀の社会変容――移民・宗教・軍事化

移民の時代

一八世紀には清の人口は二倍近くに増加し、辺縁部の開発が進められた。一九世紀前半になっても、人口増加率は低下したものの人口圧力は依然として高かった。一九世紀半ばになると、世界的に奴隷貿易や奴隷制度が次第に廃止されたために、東南アジアや中南米のプランテーション農場、世界各地の鉱山において、黒人奴隷の代わりになる労働力が期待された。それに応じたのが中国人とインド人であった。

中国では、以前から存在した華南から東南アジアへの移民がいっそう活発になったが、一九世紀として特徴的だったのは欧米商人が香港や澳門、また開港場において労働者を募集し、ハワイ経由でアメリカ大陸に送りだしたことである。太平洋航路が開かれたことは一九世紀の東アジアにとっては大きな変化であったろう。その東アジアを横断した中国人労働者たちは「苦力《クーリー》」などと言われたが、この苦力貿易においては、募集条件と現実のギャップをめぐるトラブルや移送条件の劣悪さなどが、中国の開港場や香港で次第に問題視されるようになった。そのひとつの現れが、一八七〇年代初頭に横浜でおきたマリア・ルス号事件である。これは、澳門からペルーに向かう途中に修理のために横浜に寄港した同船に二百人を超える苦力がいたところ、イギリスからの要請もあって、人道的見地から日本政府が彼らを解放させた事件である。だが、一八七四年には最後の拠点であった澳門でも苦力貿易が「制度的には」禁止されるに至った。

その後、一八八〇年代になり、下層白人(プア・ホワイト)と対立などのために、アメリカで中国人移民を禁じる法律ができると、移民先としては東南アジアが中心になった。清は、元来海外への移民を禁じていたが、一八六〇年の北京条約でそれを認め、一八九〇年代前半には国内法的にもそれを容認した。この過程で、清は一八七〇年代半ばから東南アジアなどで華人保護のための領事館設置を検討し始める。これは、近代国家における国民保護の論理に基づく側面もあるが、同時に皇帝の徳威が拡大していく現象と捉えられた面もあった。移民の面でも、西洋近代的な論理が、既存の論理に接合するかたちで受容されていったのである[岡本・川島編二〇〇九]。

東南アジアなどに移民した中国人たちは、労働に従事しながら、本国に対して送金を行った(僑《きょう》滙《わい》)。それは、華南地域の経済を支えるほどの額になっていたが、その外にも東南アジアの植民地(的)近代の産物たる建築様式や食生活など生活習慣も中国の沿岸部に流入した。そのため、中国の沿岸部には、上海などの西洋による近代や、中国の中央・地方政府が直接推進した近代建設とは異なる意味でのコロニアルな「近代」的な光景が見られたのである。

また、移民たちは当初は出稼ぎ的な短期居住者であったが、定住する者も現れ、やがて彼らは同郷・同姓組織を作るなどして本国からの移民を斡旋するようになった。東南アジアが人口希薄地域であるとはいえ、移住者の激増により、社会秩序の再調整が行われた。そこには、中国人を排斥する動きもあれば、取り込もうとする動きもあった。他方、東南アジア社会各地に華人社会が形成されると、中国本国の政治状況が東南アジアに波及する側面もあり、シンガポール華僑で、プランテーションなどで成功した陳嘉庚《タンカンキー》のように本国の革命運動を支援する者もいた。また、東南アジアの華僑たちの中には、現地の植民地臣民の資格を得たり、登録民となったりして、本国に帰国して不平等条約の条約特権を享受する者もあらわれた。治外法権を外国に与えつつも、外国人を租界などに居住させて自由な移動を禁じる清の外国人管理体制に対して、彼らの存在は大きな脅威となった。

なお、漢族の移民の流れは太平洋方面や東南アジアに限定されたことではなかった。一九世紀には内モンゴルなどへの移住が進んだだけでなく、山東など華北から満洲、朝鮮半島、シベリアへの移民も多く見られたのだった。

宗教と信仰

一九世紀の東アジア史を考える時、宗教や民間信仰について考慮しないわけにはいかない。現在では「迷信」とされるようなことが数多く信じられ、それが人びとを突き動かす面があったのである。宗教や信仰という西洋近代伝来の用語の訳語を使用することで説明することが相応しいかわからないが、中国であれ、イスラーム圏であれ、そのような傾向がみられた。キリスト教の浸透も、そうした社会的風潮を前提にして、既存の宗教に関連付けられることによって生じたことであると考えられる。

ジャワ中部では、一八八〇年代からある農民が始め、その名にちなんで名づけられたサミン運動と呼ばれる運動が生まれていた。文盲のサミンは、苦行を重ねてアダム教を説き始め、「うそをつくな」などといった日常的な生活規範を説いたが、納税や労役の拒否を主張した点で、植民地支配に対する非暴力的な抵抗という側面を有していたので、植民地政庁もこれに注目して取り締まった[歴史学研究会編二〇〇八]。

中国では、一九世紀後半には世界が破滅に向かっているという末劫論が流行し、それは個々人が善行を積むことによって回避できるという言説とともに、救世主が降臨して危機を救うという期待論もまた存在した。また、中秋節にその末劫が到来し、その日に救世主が降臨するという考え方も見られた。そのため、革命運動などを起こす側は中秋節に合わせてその活動をし、官憲側も中秋節前後は特に警戒を強化したのであった[飯島・久保・村田編二〇〇九]。

朝鮮でも、一八世紀末に清への朝貢使節に随行していた李承薫が北京でカトリックの洗礼を受けて帰国してから、南人時派を中心にカトリックが広まった。朝鮮王朝の態度は硬軟一定ではなかったが、最終的には衛正斥邪の観点からカトリックが朱子学にそぐわないとされて、李はもとより、中国人の神父であった周文謨も処刑された。このような「異端」はキリスト教だけではなく、一九世紀中ごろに崔済愚によって立てられた東学も同様であった。だが、東学も「開化」や「西学」などによる社会秩序の動揺に対して、あるべき日常生活の規範をあらためて説くことで、南部農民の間に急速に広まっていった[歴史学研究会編二〇〇八]。

基層社会の武装化と反乱

東アジア各地では一九世紀を通じて統治が弛緩し、キリスト教の布教の影響などもあって、各地で反乱が起きていた。そのため、たとえば清などでは、治安維持のために基層社会において武装化が見られ、王朝もまたそうした基層社会の軍事力を統率する指導者に反乱の鎮圧などを委託するようになった。軍事力は指導者となる上での必要条件のひとつとなっていった。このような地域の軍事勢力は、一九世紀の後半に近代的な軍隊が育成される過程で、一部は正規軍に編入されたが、基層社会の武装化の傾向に変化はなく、清末に至って中央政府がそうした地域社会への委託方式から強力な中央集権政策へと転換すると、むしろ武装化した集団が中央政府に反発するようになった。これが辛亥革命へと至るひとつの流れとなった。

他方、台湾のような移民社会での武装化は顕著で、械闘《かいとう》という武器を手にしたさまざまな社会紛争が生じていた。その台湾では、一八七四年に日本軍が南部に上陸して現地のパイワン族と交戦して日本側がかろうじて勝利をおさめたが、以後、清の内部で海防論が起き、清が積極的に台湾経営に乗り出した。一八八〇年代には劉銘伝が鉄道敷設など積極的な開発を行い、台湾にも省がおかれた。そして、日清戦争の結果、台湾は日本に割譲されたのだが、日本軍は台湾に上陸してから約半年をかけてようやく西部の平野部を平定した。日本統治を避けるための張之洞らの意向により、清から派遣されていた官僚が台湾社会の実力者を巻き込んで建てた台湾民主国が日本に反発したこともあるが、台湾の地域社会内部で武器をとって日本の統治開始に抵抗しようとする動きがあった。

実際に、日本の台湾領有に合わせて、清から台湾にそれほど多くの武器が送られていたわけではなく、台湾社会内部にもともと日本軍への抵抗を試みるだけの武器があったと見ることができる。一八九五年に統治を始めた日本軍は、台湾社会の武装解除を行っていったが、山間部まで「平定」するにはなお一〇年前後の時間を要したのであった。

一九世紀の朝鮮半島でも、安東金氏の世道政治の下で、田政(地税)、軍政(軍役)、還政(国家による穀物貸し付けと利息回収)の三政をめぐる負担に反発した人びとがさまざまな反乱をおこしていた。清では、白蓮教徒の反乱、太平天国の乱等が起き、それへの自衛などから基層社会の武装化が見られたが、義和団事件の後には、引き続き「正義」のための暴力は肯定され、暗殺などのテロリズムなども増加したが、他方で武器を用いない「文明的な」運動が模索され、ボイコット運動などが見られるようになった。

6　内陸アジアの変容

露清によるトルキスタン分割

東西トルキスタンをはじめとする内陸アジアは、一九世紀初頭まで多様な人的集団がそれぞれの宗教や社会規範を育みつつ、定住農耕や遊牧、あるいは商業活動を行った。そこは、言語的、文化的に多様な空間であったろう。清は、一八世紀に乾隆帝がジュンガル遠征を行って、新たな版図としての新疆を築いたが、そこには省は置かれず、現地のムスリムやモンゴル人、チベット人の有力者に統治をゆだねていた。そのため、この地域の多様性は維持されたものと思われる。

だが、ロシアが東漸し、またイギリスがインド支配を確固たるものにしてロシアの南下を警戒し、清の統治が弛緩し始めると、内陸アジアは国際政治の焦点となった。一八六二年、陝西で回民(漢人ムスリム)の反乱がおき、それが新疆のトルコ系ムスリムにも拡大した。コーカンド・ハン国の実力者であるヤークブ・ベグは、これに乗じてカシュガル方面に攻め込み、イリを除く新疆全域をほぼ支配し、東トルキスタンにおけるムスリムによる統治が回復された。この政権は、ロシアやイギリスと外交関係を樹立したが、太平天国の乱も含めて内政に多くの問題を抱える清は直ちに対応できなかった。その後、内政が比較的安定した清であったが、一八七四年の日本の台湾出兵への対応として海防を固めるべきだとする議論に対して、ロシアの脅威を説く左宗棠が反対して塞防論を唱え、その主導の下に清は大軍を東トルキスタンに派遣して、一八七七年にヤークブ・ベグは死亡した。財政難に直面していた清は、ロシアの脅威への対応とともに、現地収入に基づく統治を行おうとして一八八四年に新疆省を設置した。左らは、漢族農民の移民を奨励して財政基盤としようとしたが、これには成功しなかった[歴史学研究会編二〇〇八]。

西トルキスタンでは、一八七六年にコーカンド・ハン国が滅亡してフェルガナもロシア領に編入された。ロシアは西トルキスタン全域を支配下に入れたが、この地域のムスリムの統治が課題となった。ロシアの支配に対する反対運動も少なからず見られたが、クリミア・タタール出身のガスプリンスキーは、ムスリム知識人として教育改革などをとなえ、トルコ系のムスリムの共通言語であったクリミア・タタール語による新聞なども刊行して、改革運動を行った(ジャーディッド運動)。

この運動は、ロシア人とムスリムの共存をはかろうとする側面とともに、ロシア統治下のムスリムの民族運動の基礎をなす側面もあった［歴史学研究会編二〇〇八］。

なお、一八八一年のイリ条約により、東西トルキスタンの境界が露清間で確定された。これにより、ロシアの東トルキスタン侵出は一面で挫折したが、一面でこの条約によってロシアが東トルキスタンにおける免税特権を獲得したので、西トルキスタンのムスリムたちも多く「東」を訪れるようになり、また「東」のムスリムも「西」の居住民たる資格を得て、特権を享受しようとした。このような交流の中で、ジャーディッド運動も東トルキスタンに伝えられるようになった。

モンゴル・チベットと清

内陸アジアでは西がムスリム、東はチベット仏教が優勢であり、清は一七世紀の形成期に大ハーン直系のモンゴルのチャハル部を従えたので、清の皇帝がモンゴルの大ハーン位を継承した。また、パミール高原の東側に広まっていたチベット仏教の指導者たるチベットのダライ・ラマの宗教権威についても、清が一七世紀後半にジュンガルと争うことによりその最大の庇護者となり、一八世紀にはラサに軍隊を派遣していた。だが、清の統治は比較的緩やかなものであり、とりわけモンゴル人は八旗制にも組み込まれ、さまざまな優遇措置がとられていた。また、漢人とモンゴル人の通婚やモンゴル地域への漢族の入植は禁じられていた。

一九世紀になると、モンゴルはロシアの、チベットはイギリスの侵出に直面することになった。また、一八世紀に人口が激増した清では、各省の辺縁や、内モンゴルなど藩部での開墾が実質的に進行した。清は、二〇世紀初頭になると移民政策を奨励するようになり、また光緒新政をモンゴルなどにも適用して、実質的な内地化を図ろうとした。先の清による新疆省の設置をはじめ、このような藩部への直接統治の展開は、主権国家形成という観点から見れば肯定的に評価されがちであるが、現地の側から見れば、従来認められていた統治の緩やかな部分、認められていた現地社会・文化に対する寛容さが次第に失われ、(たとえ満人の王朝とはいえ)漢人の論理がモンゴルやチベットにも適用されていく側面があった。弱肉強食のような社会進化論の議論も中国の危機感をあおった半面、漢人知識人や官僚は版図内では自らを「優者」として、国内のモンゴルやチベットなどに「劣者」を見出していった面があろう。こうした動きが、チベットやモンゴルなどを「辺境」化させ、彼らを「少数民族」と位置づけていったのである。

7　近代国家と万国公法

国境画定と近代国家

東北アジアや東南アジア大陸部の、現在の諸国家の輪郭が近世に形成されたとはいえ、明確な国境線は一九世紀に欧米との交渉の過程で引かれた。元来、東アジアの各国家間では、軍事境界線や道路管理、徴税対象の確定などのために、必要に応じて、必要なところに国境線が引かれてきたが、欧米との交渉の過程で、国境はひとつの線として引かれることになった。日本は、江戸時代の幕府の統治領域から拡大するかたちで、オホーツク海方面(樺太・千島)や琉球、さらに小笠原諸島なども国境線内に含みこもうとしたが、清などではロシアにより沿海州などが奪われた結果、従来の版図よりも縮小したかたちで国境線を画定することになった。東南アジア諸国でも、シャムが条約改正の過程で国境線を縮小させた。植民地となった地域では、近世国家の領域を基礎としているとはいえ、統治の必要性から境界線が引かれなおし、その境界により囲まれた地域が独立運動の単位ともなり、またその境界により居住空間を分断された民族は、そうした境界そのものを否定する運動を起こすことになった。

国境線で囲まれた領域に居住する人びとは、近代国家建設において国民として認識されるようになった。無論、ヒトの移動が活発な当時、国民の確定は困難であった。また、不平等条約が存在していたことから、東アジアに生きる人びとは自らに有利な立場を入手すべく、多重国籍や登録などを通じて新たな身分を得るなど、さまざまな地位を購入することも稀ではなかったのである。ナショナリズムは、国家への忠誠心を強調し、こうした状況に一定程度の歯止めをかけようとする動きでもあり、一九世紀末から二〇世紀初頭には国民の確定と、自国民保護のために国籍法を定める国もあったが、日本が台湾や朝鮮を植民地化し、台湾や朝鮮半島の人びとが日本国臣民となると、台湾籍民や満洲の朝鮮系住民の国籍問題などが発生し、情勢はいっそう流動的になった。

東南アジアの植民地で植民地臣民とされた人びとは、宗主国本国の国民とは異なる地位に置かれつつも、中国などでは条約特権を享受でき、また同じ宗主国をもつ植民地間での移動や宗主国への留学など、地域を超える新たな関係が育まれる機会を得た面もあった。

伝統から近代へ？

このような国境や国民の確定にともなって、各国は従来「緩やかな」統治が行われていた辺縁地域に対する統治を強化し、直轄地にしていった。日本も沖縄県や北海道を設け、小笠原諸島を東京都に編入した。また、対馬や長崎、鹿児島などの対外交渉権を奪い中央政府に一元化させた。清でも、新疆や台湾に省を設けて、従来の統治の濃淡をなくし、制度的に同一色で塗っていくような、まさに国土をひとしなみに統治する主権国家原則が適用されたかのようであった。また、近代的な学校制度を設け国語教育をはじめとして国民養成を行い、また徴兵制を施行するなどして国民としての一体感を涵養したり、あるいは海外の自国民を保護したりする姿は、まさに近世国家から近代主権国家への転換であると映るであろう。

だが、たとえば清では辺縁部への省の建設は、皇帝の徳威が版図にくまなく及ぶという解釈も可能であったし、華人の海外移民の拡大とその保護も同様であった。すなわち、前述の冊封・朝貢が万国公法の論理をかりながら補強されたように、既存の秩序観の下で現状が説明されうる状態であった。日本も外交の現場で天皇に皇帝称号を用いようとしたように、近世の漢字文化圏の論理を援用する面もあったが、基本的に自らが万国公法を理解、援用できる近代的な文明国家であることを強調しようとしていた。一八七〇年代の台湾出兵に際しての説明や、日清戦争後の陸奥宗光の『蹇《けん》蹇録《けんろく》』のように、清を頑迷固陋な伝統王朝として批判することもあわせて見られた。無論、清が万国公法を理解していないわけではないが、清としては、それは欧米などと交渉のための、あるいは自国の主張に根拠を与えるための論理の一つと看做しているにすぎなかった。日本は、日清戦争に際して、清と朝鮮の間の冊封関係を批判し、朝鮮が独立国となることを求める、という論理を用いた。その結果、下関条約第一条は、清が朝鮮を完全無欠の独立国家であることを認めるという内容となった。日本は自らを近代、清を伝統と位置づけることで、自己正当化をはかったのである。下関条約後の一八九七年、朝鮮は国号を大韓帝国と改め、国王は皇帝を名乗るようになった。漢字文化圏における帝国は、まさに清と対等であることを示す語であった。一八九九年、清と朝鮮は条約を締結して基本的に平等な関係となるが、清の朝鮮での租界などは維持されたのであった。

なお、辺縁への統治の強化も、国民の保護も、社会の側から見れば、国家あるいは中央政府からの干渉が強化され、裁量が失われることを示す面があった。近代国家建設にしても徳威の強化にしても、それは新たな反発を生みだす契機となる可能性を孕んでいた。東アジアの「近代」はかように複雑な様相を呈していたのである。

8　日本の台頭と東アジア

明治維新

一九世紀にロシアをはじめ欧米諸国から「開国」の圧力を受けていた日本であったが、一八五三年にアメリカのペリー艦隊が江戸湾に現れると、条約締結へと向かい、五〇年代の諸条約で長崎、神戸、横浜など五港を開港することとした。このような対外関係の転換は、国内政治における江戸幕府の影響力の低下とも相まって、政権の交代をうながし、一八六八年に天皇をいただく新政権が成立した(明治維新)。

明治政府は、一八七〇年代初頭に琉球に琉球藩を設置し、清との冊封関係を断絶させた上で、一八七九年に沖縄県を置いて国土に編入した。また、一八七五年にロシアと千島樺太交換条約を締結して北の国境線を画定した。国内では、富国強兵・殖産興業を掲げ、学制や徴兵制を施行して、近代的な統一国家を樹立しようとした。また、清や朝鮮とも上述のような条約を締結して、関係を再定義した。一八八九年、日本は大日本帝国憲法を発布し、その後に議会を開設した。議会開設は、条約特権を有する欧米諸国にとって圧力となり、一八九四年には治外法権が撤廃されることになった。

明治維新はアジアの成功例として後に評価されるようになるが、それは日本が日清・日露戦争に勝利して世界の大国になってからのことで、一八八〇年代などには、果たして日本のように西洋的な国家建設を進めることが正しいのか、まだ決着がついていない感があった。特に一八七〇年代の後半の西南戦争など国内の各方面からの反発や、その鎮圧のための戦費支出で財政が厳しい状態になると、清や朝鮮からも明治維新への疑義が呈されるようになった。だが、日本が日清戦争に勝利すると、清の若手官僚の中には日本モデルの立憲君主制の採用を唱える向きも強くなった。やがてアジアからの多くの留学生や視察団が日本を訪れるようになる。だが、彼らが学ぼうとしたのは「日本」それじたいというよりも、日本の摂取した「西洋近代」であったし、また清などでは皇帝制を維持して強国化するためのモデルとして天皇制のある立憲君主制の日本が参考にされるという側面もあった。だが、それでも日本が「アジアの近代」の一つのモデルを提供したことは確かであろう。

「アジア」の輪郭

一九世紀後半、一八六九年にスエズ運河が開通し、一八九一年にシベリア鉄道の建設が開始されるなど、東アジアは急速に世界との結びつきを強めていった。もともと、東アジア諸国がアジアという地域枠組みを意識していたわけではない。これはあくまでも欧米から与えられたものであり、一九世紀の地理書などで「亜細亜」「亜洲」などが漸く紹介されたところであった。

だが、一九世紀後半には東アジア内部からも「亜細亜」を論じる向きが出てくる。一八八一年、ハワイのカラカウア国王は世界一周旅行の途上、清と日本を訪れた。国王は、李鴻章らに対して、一八七九年の沖縄県設置で悪化していた日清関係の修復を求め、ハワイも含めたアジア諸国の団結を唱えたのであった。ハワイに対する東のアメリカからの圧力が強まる中で、西の日清に頼ろうとした行為と思われるが、アジア人の連帯を唱える点で一種のアジア主義であったと見ることもできる[歴史学研究会編二〇〇八]。

日本でも、一九世紀後半にさまざまなアジア連帯論が現れた。興亜会、玄洋社の活動や、樽井藤吉の『大東合邦論』(一八九三年)、一八九八年に発足した東亜同文会の活動などがその例である。西洋からの圧迫感を前提としつつ、琉球をめぐる日清対立を解消しようとする試みなどを契機とする初期アジア主義は、後のアジア主義に比べれば、日本・清・朝鮮のあいだの関係を比較的対等に視ようとする点で特徴がある。だが、そのアジアの範囲については、日清韓である場合と、より広い空間を想定する場合もあり、一定でなかった。

清でも、社会進化論や、白色人種と黄色人種の対決論や黄禍論を背景に、日本との連帯論などが見られた。たとえば章炳麟は、ロシアからの脅威を前提として、興亜会の活動に言及しながら日本との連帯を唱えていたのだった。

9　日清戦争と東アジア

日清戦争の意義

一八九四年から九五年に発生した日清戦争は、東アジアの小国が清という大国に勝利したという点で、清の威信に大きな影響を与えた。内政面では、清の内部で「救国」への意識が高まり、戊戌変法や光緒新政につながる立憲君主制度採用への模索が始まる。康有為もまた、敗北に刺激されて政治改革（変法）のための意見書を提出したのだった。そして、対外関係の面でも、列強による租借地獲得、勢力範囲設定などにより、所謂「分割」が進行した。これは、社会進化論もあいまって、清の官僚や知識人に「瓜分《かぶん》の危機」、存亡の危機を強く感じさせるようになった。清と朝鮮の間の冊封関係も、下関条約で事実上消滅することになり、清の対外関係は条約に基づく関係に一元化されることになり、以後、清は条約改正などに取り組むことになる。そして、たとえ三国干渉によって遼東半島を返還したとはいえ、下関条約によって日本が、清において列強と同様の特権を享受するようになり、東北アジアの日清韓三国間に成立していた条規や章程に基づく関係が終焉を迎えたことは、東アジア国際関係史にとって大きな変化だった。一八九七年に大韓帝国となった朝鮮と清も、一八九九年に通商条約を締結したのであった。

だが、このような結果を招来した清の敗北を、前述の陸奥の『蹇蹇録』のように、単に近代的な日本が伝統的な中国に〝当然の帰結として〟勝利したと考えることには慎重であるべきだろう。確かに日本は清と朝鮮の宗藩関係に反対し、その独立を求めてはいたが、情勢はそれほど単純ではなかった。一八八〇年代以来の朝鮮をめぐる日清対立の経緯を見れば、中立化を志向する朝鮮の意向をよそに、清は前述のように中朝商民水陸貿易章程を締結し、また総理交渉通商事宜を派遣するなどして朝鮮の内外政への影響力を行使していた。軍事面でも、清は一八七〇―八〇年代に陸海軍を増強し、東洋一の北洋艦隊を保有するに至った。一八八六年の長崎清国水兵事件に見られるように、軍事的に日本は清に対して優勢ではなかった。日本が軍備増強のために大型予算を組むのは、一八九〇年代に入ってからである。

だが、北京にいたアメリカ公使のデンビーが述べているように、日清戦争は同時代人にとっても必至とは思われていなかったようである〔歴史学研究会編二〇〇八〕。実際、一八九四年に朝鮮半島で発生した東学党の乱にともなう両国の出兵をきっかけに戦争が起きるが、両国の兵が朝鮮に到着した段階では乱は収まっており、朝鮮から撤兵を要求されていた。この後、日本が朝鮮政府に内政改革を要求し、それを朝鮮政府が断ると、軍事力を用いて朝鮮政府に迫って清との水陸貿易章程などを破棄させると同時に、豊島沖などで清と戦争状態に入ったのであった。これは清にとっても予期せざる戦争であったかもしれない。

植民地帝国日本

下関条約で台湾を領有した日本は東アジアで最初の植民地を有する植民地帝国となった。琉球を一八七〇年代に国土に編入した上、下関条約締結交渉開始直前に尖閣列島の領有を事実上宣言し、また澎湖諸島を占領するなどして、日本は台湾・澎湖領有を条約締結の条件としたのだった。清は、遼東半島については三国干渉を予期しながら条約を締結したが、台湾については万国公法に基づいた現地住民による統治拒否を表現するために　台湾の士紳をまじえた台湾民主国を建てた。日本軍が台湾に上陸してからは、武器を手にした住民の抵抗が強かったものの、ほぼ半年で収束した。治外法権を撤廃しつつあった日本は、台湾を憲法が適用されない特殊な法域として本土と切り離して統治し、台湾総督に大きな権限を与えることとした。これ以後、台湾は中国本土とは異なる近代史を歩むことになる。

清で不平等条約に基づく特権を享受するようになった日本は清に対して優勢となるが、それでもなお清は「救国」意識に基づく諸改革を実施し、強国化を進めようとした。一九世紀末の段階での日本の優勢はそれほど確定的なものではなかったと考えていいだろう。清は、一八九六年にロシアと日本を仮想敵とする露清密約を締結したのであった。

おわりに――東アジアの「近代」

共通体験としての近代

一九世紀後半には、交通・通信の技術革新があり、世界の一体化が急速に進んだとされている。

確かに、一九世紀中ごろから普及した鋼鉄製の蒸気船が世界各地を結び、原料や製品を運び、イギリスやフランス、ドイツなどから海外への投資が活発になされた。世界各地の取引は世界の銀行となったイギリスの首都ロンドンのシティに主に集約された。また、各地で鉄道の敷設が進み、アメリカは西部のフロンティアに、ロシアは東部のシベリアへと鉄道を通じて開発を進めた。東アジアは、イギリスだけでなく、このロシアとアメリカの膨張にも直面したのである。通信の面では、一九世紀後半に電信網が世界的に整備された。中国もまた、海外とだけでなく国内各省から北京を結ぶ電信網を一九世紀末までに整備した。このような交通と通信の革新、また金融や貿易などの経済活動の活発化により、世界はいっそう強く結び付けられていた。

また、イギリスの海軍をはじめとする欧米の強力な軍事力に直面し敗北を喫したこと、そして近代的軍隊の建設が急務として認識されたこともまた、東アジアに共通した体験であったと言えるかもしれない。欧米諸国が軍事力を用いて行った侵略や植民地支配は、多くの国が侵略され、植民地化された東アジア史にとって重要な論点である。だが、他方でイギリスの砲艦が清の開港場の安全維持に貢献したように、軍事力もまた国際公共財のひとつであった。軍事力のみならず、交通・通信、金融など、多くの分野でイギリスは国際公共財を提供したのであった。

そして、社会現象として「断髪」や「洋装化」が起きるなど、身体の西洋化が図られたことも一九世紀の特徴である。朝鮮でも一八九一年に断髪令が発布されていた。また、纏足などの習慣もまた、西洋人の眼線をかりて、「奇習」などと見做されるようになった。だが、多くの中国人留学生が中国人女性の纏足に違和感をもったのは西洋人女性を見てからではないのかもしれない。二〇世紀に留学生として日本に来た留学生たちは、若い日本人女性が、時に裸足で活発に働いているのを見て衝撃を覚えたという。東アジアの近代には、西洋と東アジアという二項対立的な関係だけでなく、東アジア域内の交流の活発化と諸関係の再編をもともない、それぞれが共通性とともに差異を見出していく過程でもあったのである。そのうち、共通性を強調する場合に、しばしば「亜細亜」が強調されたのであった。

それぞれの近代／複数の近代

東アジアでは、都市部や開港場を中心に「近代」というモード、ファッション、価値観が育まれ、共有されていった。しかし、東アジアの近代は相当に多様であった。それぞれの歴史的背景、具体的なプロセスなどに応じて、状況は多様であったのである。興味深いことに、本来なら欧米の近代自身も多様であるのだが、そちらは比較的一元化されて認識されやすかった。東北アジアでは、日本がその「欧米」から思想や制度を受容する主たるフィルターになり、主に漢字文化圏に提供したが、東南アジアでは、シャムを除いて、それぞれの宗主国の影響が大きかったものと考えられる。一元化されがちな西洋近代であっても、制度や思想、あるいは軍事であれ、東アジアの受容の仕方は多元的であった。また、その受容に際しては基層社会の価値観や言説が動員されたために、さらに複雑化することになった。そして、その東アジアの多様な近代が、域内の相互交流の中で、さらに絡みあったのであった。

中国の場合、それぞれの租界や租借地では、列強のそれぞれがそのスタイルを持ち込んで近代都市建設を試みた。だが、上海租界が、中国人たちが居住して発展したように、都市を活用するのは西洋人だけではなかった。また、中国の中央政府や地方政府が主導して行った事業や都市建設では租界や租借地とは異なる姿を呈したであろう。そして、東南の沿岸部では、華僑からの送金と東南アジアなどからもたらされる情報で、コロニアル・モダン風の意匠をこらした建築に住みながら、コーヒーを飲んで、比較的辛いものを食べるような食生活が次第に定着していった。このような、それぞれの近代が基層社会の土台の上に育まれ始めたのが一九世紀の東アジアであった。

第2章

日露戦争と韓国併合

19世紀末-1900年代

和田春樹

日露戦争の遼陽戦(1905年の絵葉書)

日清戦争は東アジアに帝国主義の時代をもたらした。三国干渉によって日本の力がおさえられたが、独、露、英三国は清国から租借地を獲得する方向に進んだ。米国はフィリピンを獲得した。危機を感じた清朝皇帝は変法改革にのり出すが、挫折する。一九〇〇年義和団の運動が爆発すると、列国軍は北京を占領し、ロシア軍は満洲を占領した。このとき、日本は全朝鮮をにぎり、南満洲への進出を策した。ロシアは満洲を制しつつ、中立国たることを願う韓国皇帝を支持しようとした。日露両国は一九〇三年夏から交渉を開始したが、この対立を明るみに出しただけだった。一九〇四年二月、日本は日英同盟の後ろ盾をもって開戦に踏み切った。韓国の戦時中立宣言は無視され、まず鎮海湾、ソウルが占領された。旅順と奉天の戦闘で日本は勝利し、日本海海戦で完勝した。ポーツマス講和会議で、日本は朝鮮の保護国化を認めさせるとともに、南満洲を手中におさめた。日露戦争を軸に、桂・タフト協定、英仏協商が結ばれ、戦後のアメリカとの対立の中で、日露、英露の協商が進んだ。しかし、高宗はなお日本の支配に抵抗し、義兵運動が拡大した。ついに日本は高宗を退位させ、一九一〇年八月併合を実現した。東アジアの帝国主義的分割が完成した。

1　日清戦争後の東北アジア

帝国主義の新時代

日清戦争に勝利した日本は、下関講和会議で、清国が朝鮮の独立をみとめることを要求するだけでなく、賠償金三億両、さらには台湾、澎湖諸島および遼東半島をふくむ南満洲の割譲を要求した。清国全権李鴻章は抵抗したが、ついに屈服せざるをえず、一八九五年四月一七日日本の要求を基本的に認めた条約に調印した。この条約の内容を一〇年前の清仏戦争後の天津条約のそれと比較してみれば、日本の要求が帝国主義のそれまでの基準からしても、あまりに強奪的であったことがわかる。日清戦争は東アジアにおける帝国主義の新時代を開くものであった。

この講和条件にロシアが反発した。蔵相ウィッテは「日本による南満洲の占領を許すことができない」と強く主張し、軍事行動の決意をにじませて、日本に警告することを政府の立場とさせた。ロシアの意見にドイツ、フランスが同調し、四月二三日三国の公使がそれぞれ書簡をもって、遼東半島の獲得の放棄を日本政府に要求した。いわゆる三国干渉である。日本は屈服せざるをえず、遼東還付を強いられた。五月一三日、講和条約が遼東還付の詔勅とともに発表された。この挫折は日本が行き方を変える契機となりうるものであったが、戦勝に熱狂した日本国民の反応はそのような方向には進まず、ロシアに対して屈辱をはらすための「臥薪嘗胆」の気分となった。その気分を基礎に日本は以後、陸軍六個師団増設、海軍六・六艦隊案の軍備増強の道を進むことになるのである。

日清戦争によって示された日本国家の力はロシアの軍人たちの中に脅威の意識、警戒感を生んだ。清国、日本の駐在武官ヴォーガクは日本軍の力を評価した。ロシア帝国内の被圧迫民族の中には日本の力に期待する考えも生まれた。のちに明石元二郎のパートナーとなるフィンランド人シリアクスがそうであった。

ロシアと朝鮮

他方で、朝鮮と清国からすれば、列強間の対立によって、日本の野望が抑えられたという結果は喜ばしいものであった。日本の力に対するバランサーとしてのロシアに対する期待感が急速に高まった。清国は、対日賠償支払いのための四億フラン外債募集の保証をロシア政府にもとめた。そこから露清銀行の設立が進むことになった。朝鮮では、一層影響はストレートに現れた。国王高宗《コジョン》と閔妃《ミンビ》はロシアの力を頼んで、日本の干渉を押し戻す方向に動いた。衝撃をうけた日本の対外硬派の活動家柴四朗や参謀本部の川上操六らは戦争で獲得した朝鮮に対する支配権と利権をあくまでも確保しようとした。それが三浦梧楼新公使の主導した閔妃殺害クーデターとなった。

一八九五年一〇月八日未明、閔妃は乾清宮の中で日本人によって殺され、近くの松林の中で焼かれた。これはあまりに許されざる暴挙であり、日本の国際的体面は完全に失われた。現場でこの暴挙を告発したのはロシア人の建築家セレジーン＝サバーチンとロシア公使ヴェーベルである。妃を殺され、その上で妃を非難し、庶民におとすという勅令を発させられた国王高宗は怒りにふるえていた。翌年二月一一日、高宗と皇太子は王宮を脱出し、ロシア公使館に逃れた。そして国王の逆クーデターを宣言した。これまでの閣僚は罷免され、総理金弘集《キムホンジップ》は警官と民衆に惨殺された。事態収拾のために朝鮮に派遣された小村寿太郎が嘆いたように、このとき日本は「天子を奪われて万事休す」という状態に陥ったのである。

こうなれば日本国家としては、ロシア政府となんとか交渉して、協定をむすび、朝鮮に対する自らの影響力と利権をいくぶんでも確保することをめざすほかなかった。そのための最初の成果が一八九六年五月一四日調印された小村・ヴェーベル覚書である。その上で構想されたのが山県有朋の日露勢力圏分割案である。山県はこの案をもってこの年六月のニコライ二世の戴冠式に出かけた。

だが戴冠式外交の主役は李鴻章だった。五月のはじめにペテルブルクに到着した彼はウィッテと交渉をつづけ、ついに六月三日、露清秘密同盟条約を結ぶにいたった。秘密同盟条約は日本がロシア、清国、朝鮮を攻撃すれば、露清両国は相互に援助し合って、これと戦うという内容であり、そのために清国はロシアにすべての港を開放し、満洲横断の東清鉄道の敷設を許可することとなった。

それより先、山県の方は、五月二四日、朝鮮を南北で日露勢力圏に分ける彼の構想をロバノフ＝ロストフスキー外相にぶつけた。山県が出した協定案の第五条は「日露両国政府協議ノ上、……巳《すで》ニ同国ニ駐屯スル軍隊ノ外《ほか》ニ、更ニ其《そ》ノ軍隊ヲ派遣シ、以テ同国ヲ扶助スルノ必要アリト認ムルトキハ、日露両国ハ両国軍隊ノ衝突ヲ避ケンカ為《た》メ、各其ノ軍隊派遣ノ地ヲ分割シ、一方ハ其ノ軍隊ヲ同国南部ノ地ヘ派遣シ、一方ハ北部ノ地ヘ派遣シ、且《かつ》予防ノ為メ両国軍隊ノ間ニ相当ノ距離ヲ設クベシ」となっていた(『日本外交文書』二九、八一二―八一三頁)。六月六日、山県は南北とは大同江のあたり、つまり平壌の南であると答えている。ほぼ北緯三九度線のあたりである。朝鮮の独立を前提として、朝鮮の南と北に日本とロシアがそれぞれ影響力を行使するという案だった。

日本とロシアが共同で独立朝鮮への援助に関わることで協定を結べば、朝鮮の独立は当分の間脅かされずにすむ。日本がこれでは不満だとして、やがてはロシアの影響力を北部朝鮮から追い出すために戦争に向かうということも想像できないことではないが、朝鮮には国際保障によって中立国となっていく可能性もひらけたかもしれない。初代の日本駐在の武官で、清国駐在武官として、東北アジア情勢に通暁していたヴォーガクはのちに一九〇三年にこのときのことを振り返り、朝鮮問題で日本と本格的な協定を結ぶ希有のチャンスがあったと指摘している。

だが、山県の提案を聞いたロバノフ＝ロストフスキー外相はこの案に真剣に対処しなかった。ロシアは一八九六年に朝鮮では日本よりも明らかに有利な立場にあった。山県のあとには朝鮮の使節閔泳煥《ミンヨンファン》が交渉を求めていた。彼が求めるのはロシアによる朝鮮の保護であり、露朝同盟の締結であった。

結局南北に勢力圏を分けるという山県の提案は拒絶され、秩序が乱れたときは、両国は合意の上、軍隊を派遣することができるという、内容のない協定が結ばれた。一八九六年六月九日の山県・ロバノフ協定である。

重要なことは、ロシアは今後朝鮮との関わりをどうするのか、日本との関わりをどうするのか、考え抜いた方針をもっていなかったことである。ロシア外相が皇帝との協議の上で、山県の提案を拒否したとき、日本の駐露公使西徳二郎は重大な分析をおこない、判断を下した。一八九六年七月彼が本省におくった報告の中で、彼は、ロシアには、日本と共同であれ、単独であれ、朝鮮を保護国としていく「意ナキコト」、さらに「現今ノ状態ニテ日本ト共ニ朝鮮ヲ南北ニ分割スルノ意ナシ」と書いている。だから日本が力をつけて押していけば、衝突なしに、ロシアは後退して、朝鮮は日本のものとなるというのが西の結論だった（『日本外交文書』三一、一、一一一―一一二頁）。

2　世紀末の帝国主義的アジア分割

列強の侵略

抑制されたとはいえ、日本の行動はヨーロッパ列強に刺激を与えた。日本が清国を軍事的に敗北させ、台湾を獲得したことは、列強が清国の領土めざして殺到することに道を開いたのである。清国の内部では、外国人の浸透に対する民衆の反発が暴力事件となって現れていた。列強は事件を侵略の口実に利用した。

山東半島ではドイツ・カトリック教会が布教活動を行っていた。ここにはドイツ人宣教師が六六人も入り込んでいた。一八九七年一一月一日山東半島張家荘にあるカトリック教会が中国人に襲撃され、二人の宣教師が殺害された。これが口実として利用され、ドイツは海軍基地としてかねてねらっていた膠州湾を一一月一四日占領したのである。ドイツ側はこの行動に対してロシア政府の承認をとりつけようとして早くから働きかけてきた。そのためロシア皇帝ニコライ二世は強い刺激をうけていた。野心家の新外務大臣ムラヴィヨフは皇帝の気持ちを汲んで、ロシア海軍が望んでもいない旅順の獲得という冒険策に乗り出した。この案は一時はウィッテらの反対で見合わされたが、結局皇帝と外相によって実行に移され、一二月一五日ロシアの小艦隊が長崎を出て、旅順に入港した。

一八九八年三月六日ドイツは清国に膠州湾租借を認めさせた。ロシアでは、当初は強く反対していたウィッテが、ひとたび既定方針になると、もっとも熱心に旅順、大連の獲得を利用するようになった。三月二七日ロシアも、旅順大連を租借し、あわせてハルビンから大連までの南満洲鉄道敷設の権利をえた。ウィッテはハルビンと大連という二つの中心都市をもつ満洲鉄道王国をつくりだす方向にむかった。旅順には関東州がおかれ、海軍中将アレクセーエフが長官となった。

亡国の危機にさらされた清国では、康有為らの建議で、光緒帝は、九八年六月一二日、変法維新の上諭を発し、改革にのり出した。しかし、西大后はこれに反対し、九月二一日には、戊戌政変をおこして、改革派を弾圧した。

一方朝鮮からは、ロシアに対する批判の運動がつよく起こった。一八九六年七月に生まれた独立協会が主役となった。独立協会は高宗がロシア公使館に滞在していることを批判し、九七年二月に王宮に戻らせた。高宗は積極的になり、八月には年号を光武とあらため、一〇月には国号を大韓帝国とし、自ら皇帝となった。改革の柱はロシアとの結びつきであった。すでに活動しているロシア人軍事教官に加えて、一一月にはロシア人財政顧問が任命された。露韓銀行が設立され、ロシア側が各地の港に石炭庫をつくる計画を立てていることも明らかとなった。ここにいたって、一八九八年年初より独立協会がロシアの勢力に反対する運動を展開しはじめた。たまりかねた公使シペイエルは三月七日皇帝と韓国政府に対してロシアからの援助を受ける気があるのかないのか、二四時間のうちに回答せよとせまった。韓国政府は三月一二日、以後は兵制と財務は外国人の助けをうけないと回答した。ロシアは韓国から要員を撤収せざるをえなくなった。

日本はロシアの遼東半島租借に対しても当初は慎重な態度であった。ロシアが南満洲をとったなら、日本に朝鮮を全面的にわたしてくれという満韓交換論がそのときはじめて西外相から示されたが、ロシアが拒絶すると、その提案はあっさり引っ込められ、朝鮮における日本の商工業活動の活動を認めるということだけをもりこんだ議定書を結ぶことにしたのである。その西・ローゼン議定書は一八九八年四月二五日に結ばれた。

他方でドイツとロシアにつづいたのはイギリスであった。イギリスは一八九八年七月一日威海衛を租借した。黄海を取り囲んで、ロシア、イギリス、ドイツ、日本がにらみあう情勢となった。北京、天津を控えた直隷省の緊張が高まったのは当然のことであった。義和団などの団体の活動がこの地の民衆の中に支持をひろげていくのである。

アメリカ・東南アジア

このとき、アメリカは古い帝国主義国スペインと戦争を開始していた。一八九八年二月一五日ハヴァナ港でメイン号の爆沈事件がおこり、これをきっかけに米国とスペインの対立が激化し、四月一八日米西戦争がはじまったのである。この戦争はアジアに波及した。米国艦隊は五月一日スペイン領フィリピンの要衝マニラ湾に侵入して、スペイン艦隊をうち破った。さらにアメリカは、スペインの支配と闘っていたフィリピン独立運動を自らの戦争目的に利用しようとして、独立指導者アギナルドを支持して、六月一二日にフィリピンの独立を宣言させたのである。しかし、すべてはアメリカの利益のためであった。この宣言の三日後には、米下院はハワイ併合決議案を可決し、上院の賛成をえて、七月七日、マッキンリー大統領は併合決議に最終的に署名したのである。一八九三年アメリカ人砂糖農園主とアメリカ公使と米海軍兵士によって転覆されたハワイ王国はついに復活することはなく、アメリカはその不法な行動を承認して、ハワイを米国に併合したのである。

一二月一〇日米国は米西戦争に勝利し、パリで講和条約がむすばれた。米国はスペイン領であったキューバとフィリピンを併合した。アギナルドの独立軍はこんどはアメリカに対して戦闘を開始し、以後一年余のあいだ戦闘がつづいた。アメリカの国内では「帝国主義論争」が繰り広げられてきた。副大統領のセオドア・ローズヴェルトが「帝国主義者」の陣営で頭角をあらわしていた。論争の帰結は、国務長官ジョン・ヘイが一八九九年九月六日に列国に向けて、中国の市場の開放を求めて出した門戸開放の通牒であった。それがアメリカがそなえるにいたった新しい帝国主義者の相貌であった。

東南アジアでは、すでにフランスとイギリスによる東南アジア大陸部の分割が終わろうとしていた。フランスは一八九三年一〇月三日のシャムとの条約でメコン川左岸、ラオスを獲得した。さらにフランスはシャムに住むフランス領からの移住民にもフランス臣民の資格を拡大して治外法権を及ぼさせた。一八九六年一月一五日にフランスとイギリスはアフリカと極東における植民地拡張に関して最初の協定を結んだ。シャムをイギリス領とフランス領との間の緩衝国とすることが原則合意された。シャムは独立を守ろうと必死の努力をはらった。そのさいロシアとの関係に注意が払われた。チュラーロンコーン王、ラーマ五世は一八九七年に訪欧したさい、最初の訪問国としてロシアをえらんだ。ロシア側は王子チャクラボンの留学を受け入れると提案した。王はフランスとの取りなしを求めた。シャムとロシアの国交が樹立され、九八年五月にバンコックにロシア公使館が開設された。シャムは九九年五月にハーグで開かれた万国平和会議に代表を参加させている(Politika kapitalisticheskikh derzhav, II, pp. 147, 151, 193–194, 433)。

3　義和団事件と露清戦争

義和団事件

清国の民衆の中に浸透してきた義和拳という武術集団が中核となって、「扶清滅洋」をスローガンとする組織的な民衆運動がおこった。それは一九〇〇年には激烈なものとなった。一八九九年最後の日におこったイギリス人牧師ブルックスの殺害があらためて衝撃を与えた。イギリスの公使は清朝政府に強く抗議し、犯人の取り締まりを要求した。

清朝政府は一九〇〇年一月四日上諭(勅令)を出して、事件に遺憾の意をあらわし、外国人排斥を戒めた。しかし、一週間後に出した二度目の勅令で、地方官に対して出した指令が義和団に保護を与えるものと受け取られ、問題となった。ロシアをのぞく英米仏独伊の五カ国公使は連名で三月一〇日には清朝政府に騒擾の速やかなる鎮圧をもとめ、さもなければ、居留民保護のために必要な措置をとると申し入れていた。

四月に入ると、事態は急激に悪化した。天津、北京地区で義和団の騒擾が本格化した。列国は競って、各国の艦船から陸戦隊を続々上陸させた。五月末第一次派遣隊の兵三三四名が鉄道で天津を出発し、北京へ向かった。六月に入ると、本格的な兵力の派遣が必要となった。六月九日、大沽沖の艦上で開かれた列国軍代表者会議で、シーモア将軍を司令官として国際部隊を編成することが決定された。翌日、総勢二〇五五人の国際部隊が天津をへて、北京へ進撃した。このような大部隊の進撃に対して清朝政府は明らかに強く反発していた。シーモア部隊は義和団軍の妨害によって進路を遮断され、北京の手前で立ち往生した。それで、列国軍は六月太沽砲台の武装解除に向かい、六月一七日これを占領した。この事態に憤激した清朝政府は六月二一日「宣戦上諭」を発するにいたった。「我は人心を恃《たの》む。我が国の忠信の甲冑、礼儀の干櫓《かんろ》は論ぜざるも、人人敢死するときは、即ち土地は広く二十余省あり、人民は多く四百余兆に至る。何ぞ彼の兇燄《きょうえん》を翦《た》ち、我が国威を張るに難《かた》からん」[佐藤一九九九、七四二―七四四頁]。

連合国軍と清国軍の戦闘は天津ではじまった。戦闘は断続的に、一カ月近く続くことになった。この時期はロシア軍が中心になり、被害も多くでた。七月に入ると、日本軍が前面に出て、激しい戦闘が行われ、七月一四日、天津城は陥落した。連合国軍の死者は八〇〇人にのぼった。天津は連合国の共同管理のもとに置かれた。

ロシアの満洲支配

ロシアは義和団の騒擾が満洲の鉄道地帯に波及するとは思わず、当初楽観視していた。だが、五月にはすでにロシアの鉄道警備隊は襲撃をうけはじめ、六月になると、吉林、その他の都市にひろがった。そこで、ウィッテの要請に基づき、七月九日皇帝は東清鉄道防衛のためにハバロフスク、ニコリスク＝ウスリースキー、関東州の三方から満洲に進撃せよとの命令を発した。

実際には、七月半ばから末にかけて、ロシア軍は六つの方面から、一斉に満洲に侵入することになる。最初の火の手はブラゴヴェシチェンスク方面で発生した。七月一五日の夕方、アムール河の北岸の都市ブラゴヴェシチェンスクに対して猛烈な砲撃が清国側の南岸からはじまり、三時間続いたといわれる。黒龍江省将軍寿山の命令に基づく予防戦闘行為であったのだろう。清国軍のこの砲撃が満洲戦争、露清戦争の火蓋を切ったのである。この砲撃でパニックに陥った地元ブラゴヴェシチェンスクの当局は蛮行に向かった。市内と周辺の中国人住民三五〇〇人を集め、郊外でアムール河の中に追い込み、泳いで対岸に渡れと命じたのである。人々が入水を拒むと、岸辺で虐殺が行われた。

八月八日連合国軍は北京への前進を開始した。総兵力一万三五〇〇人のうち、日本軍が六五〇〇人、ロシア軍が四五〇〇人、英国軍が一五〇〇人、アメリカ軍が一〇〇〇人であった。八月一四日連合国軍はついに北京を制圧した。西太后は宮廷とともに西安に脱出した。北京に入った連合国が掠奪のかぎりをつくしたことは知られている。

他方で、満洲に入ったロシア軍も進撃をつづけ、各地で清国軍をうち破った。八月には海拉爾《ハイラル》、斉斉哈爾《チチハル》が陥落し、黒龍江省全体がロシア軍の手に落ちた。九月二三日には吉林を占領し、奉天に向かって進軍した。九月二七日遼陽が陥落し、一〇月二日ついにスボーチチ中将の率いる部隊が奉に入ったのである。
天を占領した。奉天の将軍増祺は逃亡した。いまや満洲全土がロシア軍一七万三〇〇〇人の制圧下に入ったのである。

これをどう管理するかという問題がただちに発生した。ひとたび逃亡した奉天の将軍とアレクセーエフのあいだで接触がはじまり、一一月九日、仮調印された秘密協定は、満洲には清国軍を入れず、ロシア軍が駐屯すること、奉天将軍のもとにロシア人コミッサールをおくことなどを定めていた。これが報道されると、ロシアは満洲支配を恒常化せんとしているとして、大変なさわぎとなった。

日露戦争への道

日本はロシアの満洲全面占領にいたって、ついに満韓交換論を正面に持ち出すことになった。ロシアが満洲をおさえるなら、韓国は全体が日本のものだと認めよとはっきり主張してもかまわないという考えになったのである。他方民間世論は一斉に満洲に対するロシアの占領を非難しはじめた。軍部もこれにつづいた。

このとき韓国皇帝は韓国は中立国たることをのぞむという路線をはじめて打ち出し、日本政府に要請を行った。一九〇〇年八月趙秉式《チョビョンシク》が公使として日本に派遣された。これに対してロシアの駐日公使イズヴォリスキーが強く支持し、彼の説得で、ロシア外務省もこの案を支持することになった。ソウルのパヴロフ公使も独自の判断で同調する。一九〇一年一月イズヴォリスキーが正式に日本政府に申し入れを行うと、加藤外相は小村駐清国公使の意見も聞いて、断固この提案を拒絶した。小村の意見はすでに単純な満韓交換論ではなく、韓国の確保はロシアの満洲支配を牽制する拠点だと変化をみせはじめている。かくして朝鮮をめぐる日露の主張は完全に食い違うにいたった。このときから日露対立が決定的になったとみることができる。

年のはじめから露清密約が非難され、その後ロシアと清国が正式交渉をはじめると、日本の世論はさらにいきりたった。日本での反露感情の噴出はロシア公使や駐在武官に戦争の恐怖を与えた。外相ラムスドルフが極東兵力は十分かと陸海軍省に質問したほどである。

一九〇一年六月ついに伊藤博文は総理大臣の座を桂太郎に譲った。桂は小村寿太郎を外相に迎えた。この小村外相の登場で日本は日露戦争へ向かって進むことになる。韓国をふりだしに、アメリカ、ロシア、清国とこの地域のすべての国の公使を歴任してきた彼は日本外務省のエースであった。その政治力、戦略的な構想力は傑出していた。その思考は朝鮮を完全に日本のものとし、併せて南満洲に進出することをいかに実現していくか、その戦略を立案し、実行することに向けられていた。

4 日英同盟の締結から日露戦争開戦へ

日露協商から日英同盟へ

首相を退任した伊藤博文は一九〇一年九月日本を出発した。米国を経由して、ロシアへ向かい、日露協商の可能性をさぐるつもりであった。ところが、桂内閣成立直後からイギリスより日英同盟の打診が始められており、伊藤がパリについた一一月には、すでに日英政府は交渉に入っていたのである。

イギリスが日英同盟を求めたのは、三国干渉により日本に獲得物を拋棄させるという事業にイギリスがいかなる役割も演じることなく終わったことへの反省からであった。イギリスは「極東において日本と良好な関係を保つことが極度に重要である」という立場をとって、東アジアで影響力を発揮しようと考えた。日本の中では、小村の前任の外務大臣加藤高明がロシアに対抗するために日英同盟をはやくから提唱していた。桂と小村はイギリスの提案を受け入れ、交渉を進めることにした。

一一月六日イギリスは自らの提案を提示した。「東亜ニ於ケル現状」と「全局ノ平和」の維持、「韓国ガ如何ナル外国ニモ併呑セラレザルコト」、「清国ノ独立ト領土保全」の維持と清国における商工業上の「各国均等ノ企業権」享受に関心をもって、日英両国の一方が「上記利益ヲ防護スル」ため第三国と戦争するさいは、他方は「厳正中立」を守り、さらに他の国が戦争にくわわるのを妨げる、他の国がこの戦争にくわわるときは、同盟国は戦争にくわわる、という内容であった。別に海軍の平時における協力がうたわれていた（『日本外交文書』三四、三九―四〇頁）。

この案に対して、林公使は、「韓国ニ於ケル日本ノ利益ノ卓越ナルヲ」英国に承認させ、その保護のため日本が措置をとることを承認させるべきだと主張した。一一月二八日、閣議は英国案に対する修正案を決定した。もっとも修正はごくわずかにとどめられた。前文での韓国関連の文言に「併呑」に加えて、「其《その》領土ノ一部ヲ占領スルヲ妨グルコト」と入れるように直したが、これはロシアが韓国への侵入を策しているとみて、対露開戦を可能にするためであった。それ以上の日本の権益をイギリスに認めさせることは見合わせられた。この上で元老会議を一二月七日に召集し、これの承認を求めることにしたのである。

伊藤は日英同盟交渉の進展に驚きながら、一一月二五日にペテルブルクに入り、控えめな満韓交換論で、日露協定を結ぶことをラムスドルフ外相に提案した。「控えめ」というのは、朝鮮の領土を「軍略的目的で使用しない」ことと朝鮮沿岸に軍事措置を講じないという条項をうけいれるとしたからである。それを条件に日本に朝鮮への「助言と援助」の「排他的権利」をみとめるように要求したのである。伊藤の案はすでに桂、小村がうけいれないものとなっていたと考えられる。

伊藤はこの案に対するロシア側の正式回答を待たずに、ロシアを離れたが、一二月六日自分の案をロシアはのむと東京に打電した。しかし、その電報が届く前に、東京では一二月七日元老会議が開かれ、小村外相が名高い意見書を提出していた。

「露ノ満洲ニ於ケル地歩ハ益々固ク、縦令《たとい》今回ハ撤兵スルニ於テモ、尚彼レハ鉄道ヲ有シ、之《こ》レガ護衛ナル名義ノ下ニ駐兵ノ権ヲ有ス。故ニ若《も》シ時勢ノ推移ニ一任セバ、満洲ハ遂ニ露ノ事実的占領ニ帰スベキコト疑《うたがい》ヲ容レズ。満洲既ニ露ノ有トナラバ、韓国亦《また》自ラ全フスル能ハズ。故ニ我邦《わがくに》ハ今ニ於テ速《すみやか》ニ之ニ処スルノ途ヲ講ゼンコト極メテ緊要ニ属ス。」

英国との同盟の利点として、「一、東洋ノ平和ヲ比較的恒久ニ維持シ得ルコト」、「二、列国ノ非難ヲ受クル恐レナク、帝国ノ主義ニ於テモ一貫スベキコト」、「三、清国ニ於ケル我邦ノ勢力ヲ増進スルコト」、「四、韓国問題ノ解決ヲ資スルコト」、「五、財政上ノ便益ヲ得ルコト」、「六、通商上ノ利益少ナカラザルべキコト」、「七、露国ト海軍力ノ権衡ヲ保テバ可ナルコト」が挙げられた（『日本外交文書』三四、六六—六九頁）。元老会議はこの結論を承認し、日英同盟妥結を決めた。

一九〇二年一月三〇日日英同盟協約は調印された。もっとも問題となった韓国条項は、「日本国ニ取リテハ……韓国ニ在テ政治上幷《ならび》ニ商業上格別ナル程度ニ於テ有スル利益ニ鑑ミ……我ノ利益ニシテ別国ノ侵略的行動ニヨリ……侵迫セラレタル場合ニハ……之ヲ擁護スル為メ必要欠クベカラザル措置ヲ採リ得ベキ事ヲ承認ス」ということになった(『日本外交文書』三五、一九―二〇頁)。イギリスにとっては清国における利益を守る措置がみとめられるということになる。

この条約によって、日本が朝鮮の権益をめぐってロシアと戦争をするとき、イギリスは中立を守るが、もしも第三国、たとえばフランス、ドイツがロシアの側に参戦する場合には、イギリスは日本の側に立って戦うということになったのである。

ロシアの「新路線」

かくして日露同盟をめざした伊藤の立場は否定されたが、伊藤提案に対するロシア政府の正式回答は一二月一四日発送されていた。日本の韓国にもつ権利は、伊藤案では「排他的権利」であったものが、「優越的権利」と弱められ、ロシアと国境を接する清国領土にはロシアが「優越的権利」をもつことを認めるように求めていた。ここにおいても日露の主張の対立は非和解的であることが明らかであった。

もっともロシアはさすがに日英同盟に衝撃をうけて、四月八日、清国と満洲撤兵協定を結んだ。六カ月毎に、段階的に、一年半で全満洲から撤兵すると約束したのである。

日露の主張の非和解性がはっきりしたということは、戦争の危機があらわれたということである。ロシアにとってどうする道があったであろうか。日本の要求をのんで交渉を妥結にみちびくことができるか。ロシアとしては、日本による朝鮮の完全保護国化を認める条約を結ぶことはできなかった。ロシアの大国としてのプライドからしても、韓国国王からの援助要請に前向きの回答をしつづけてきた立場からしても、それはできないのである。他方一九〇二年四月の露清協定で約束した第二次撤兵期限が一九〇三年四月八日に来たが、見返り、補償を取らないでは撤兵はできない。見返りについて、露清で話をまとめようとすると、日本とイギリスが清国を威嚇して、妥協させない。このことが四月にも起こった。

だとすれば、ロシアとしては極東の軍備を強化して、日本に警告する。攻撃すれば、反撃し、手痛い打撃を与えると威嚇する。そのためには極東政策を一本化し、中央と直結する体制をつくる。極東兵力を増強する。それによって戦争を回避するという道が唯一の道だということになる。もちろん、それは危険な道でもあった。ロシアが極東で軍備を増強すると、侵略を準備していると日本にうけとられる可能性があったからである。

ともあれ、そのような構想が「新路線」とよばれるものの核心で、ベゾブラーゾフとヴォーガクの極東での出会いから生まれたのである。ベゾブラーゾフは元近衛騎兵士官で、一八九八年以来鴨緑江沿岸の林業利権をめぐって政治的な事業に乗り出した人物であったが、一九〇二年末皇帝の委任で極東視察に来て、日清戦争の前夜から清国、日本に駐在していた武官ヴォーガクに会い、その分析と判断、提案を受け入れたのである。ベゾブラーゾフはそれまでの山師的な思いつきを棄てて、ヴォーガクの経験と知識に基づく現実的見解を皇帝に伝えるようになった。

新路線を皇帝ニコライは受け入れたかにみえた。ウィッテ蔵相が解任され、極東太守が設置され、アレクセーエフがその職に任命された。しかし、ベゾブラーゾフが極東の軍事力は十分だ、心配ないとするクロパトキン陸相に挑戦し、極東の軍事力が不安だ、大増強が必要だと強力に主張すると、皇帝は聞きたがらなかった。皇帝のお気に入りの大臣クロパトキンの解任は論外だった。結局クロパトキンがこの時期に陸軍の責任者でありつづけ、ベゾブラーゾフの新路線はそのかぎりでは退けられたのであった。

極東太守となったアレクセーエフについては、日本でも欧米でも最悪の侵略主義者、戦争派とされているが、これは『タイムズ』の記者などの知ったかぶりの評の影響であろう。アレクセーエフはそもそも極東太守にもなりたくなかった弱気の人である。彼が満洲に兵力をのこすことに執着したのは、旅順地区の責任者だからである。

戦争のための準備

日本側では一九〇三年四月二一日、桂、小村と伊藤、山県の四者会談が行われた。いわゆる無隣庵会議である。日本の要求をロシアに認めさせる日露交渉を行うことが合意された。それが認められなければ、どうするかということは話されなかったのであろうが、桂と小村は一戦を覚悟していた。つまり、小村がはじめようとしている日露交渉は戦争のための準備であった。それは、日本とロシアが交渉して、争点を解決し、戦争を回避するためのものではない。参謀本部の開戦論が大いに高まった後、一九〇三年六月二三日の御前会議で対露交渉開始が最終的に決められた。このとき、参謀総長大山巌意見書と外相小村寿太郎意見書の二つが政権中枢に提出されていた。二つの意見書は同じ判断を表している。すなわち、ロシアが満洲占領を継続して、満洲の実権をにぎっている、このままいけば、ロシアは早晩朝鮮をその勢力下におくことになる、だから、いま外交交渉の場で朝鮮は日本のものだ、日本が保護国とするということを認めるようにロシアに求める、ロシアがそれを拒否すれば、戦争をはじめて、日本の主張をロシアにのませる、戦争するのはシベリア鉄道が完成していないいまが最後のチャンスだ、これが交渉をはじめるときの外相と参謀本部の判断であった。ロシアがすでに表明している立場からすれば、ロシアが日本の要求を拒否することは間違いのないことであった。とすれば、戦争して、緒戦の勝利をおさめて、講和会議にもちこみ、講和条約において日本の要求を認めさせるしかない。交渉は開戦のための条件づくりのために行われると構想されたのである。もとよりそれは国内的には開戦に消極的な人々を説得するため、国際的には同盟国イギリスに交渉で十分努力したと認められ、開戦が承認されるようにするためでもある。

高宗は日露交渉の開始は開戦の接近だと考え、八月戦時中立を認めるように動きはじめた。その中でロシアに対しては、日本と戦うロシアの側を支援するという決意を表明した密書を送っている。「清野之策」（焦土作戦）についても語ったこの密書はたしかに空約束にすぎなかったが、高宗の心情をよく表している。

一般に高宗について列国外交官の評判は極度にわるい。おそらく彼に人間的なシンパシーを感じたのはロシアの公使ヴェーベル一人であったろう。しかし、一八八〇年代の半ばから一九一九年に死ぬときまで、高宗は彼の国に対する日本の干渉、支配、侵略に対して一貫して抗いつづけた。その抵抗の仕方にはいろいろな批評があるだろうが、その一貫した抵抗の事実は歴史の重要な要素であり、それを知らなければ、この時代の東北アジアの歴史はわからない。

日露交渉

日露交渉は、八月一二日にはじまる。日本側の第一次提案がこの日にロシア側に渡された。ロシア側が第一次回答を出すのは一〇月三日、ほぼ五〇日後である。日本側が一〇月三〇日第二次提案を出すと、ロシアはまたもや四〇日後の一二月一一日に第二次回答を渡した。日本側が一二月二一日に第三次提案をおくると、さすがにロシア側が今度ははやく、一六日後の一月六日に第三次回答をよこした。日本側は最後の案を一月一三日にロシア側に渡した。これに対するロシアの最終回答はほぼ二〇日後の二月二日に外相から旅順のアレクセーエフに送られた。これが東京のローゼン公使のもとに届いたのは、二月七日のことであり、日本側には渡されることはなかったのである。

日本側提案の眼目は、ロシア側が韓国における日本の「優越ナル利益」をみとめること、日本が韓国に軍隊派遣を行うことをみとめること、韓国政府への助言援助をあたえるのは「日本ノ専権」だとみとめることであった。

これに対して、ロシア側は韓国における日本の「優越ナル利益」を認めるとしたが、韓国領土のどの一部も軍略上の目的に使用してはいけないという制限規定をつけた。この制限規定をロシアは最後まで固執し、日本側は最後まで認めなかった。ロシア側が出した韓国沿岸に軍事施設をつくってはならないという要求は日本側は認めている。そして、いまひとつ三九度線以北を中立地帯とするというロシア側の要求は日本側は最後まで認めなかったが、ロシア側ではこの要求を撤回しようという努力がぎりぎりまでなされた。だから、日露交渉における対立の根幹は、日本による完全な韓国支配、韓国保護国化を外交文書の上で認めよという日本側の主張に対して、ロシア側は韓国領土の軍略目的使用は認めないという要求を出し、日本による完全な韓国支配、韓国保護国化を外交文書上認めることはできないという立場をとったことにあったのである。

極東太守のアレクセーエフのもとには韓国皇帝からしばしば訴えがきており、ニコライ二世も高宗から親書を受け取っていた。ロシアは日本が韓国を軍事占領するのであれば、受け入れるほかないと考えていたが、韓国を日本のものと認めるような条約を日本と結ぶことは、韓国との信義からも、大国としてのプライドからも考えられないことであった。

ベゾブラーゾフの新路線がクロパトキンをおしのけることに成功せず、中途半端に終わった結果は、日本に開戦を早めさせることに他ならなかった。

開戦が迫ったとき、ラムスドルフ外相が最後のロシア提案のとりまとめに努力したことはよく知られている。その譲歩案が日本に手遅れにならぬうちにとどかなかったことを残念がる見方がある。しかし、この外相は危機の時代に政治決断ができる人間ではなかった。中立地帯要求をはずした彼の最後の回答案は、秘密協定でこの条項を獲得せよという皇帝の恣意的な命令で、無意味になっていた。そもそもラムスドルフ案通り日本政府に届いたとして、日本政府には受け入れられないものだったのである。

それよりは、ベゾブラーゾフが栗野公使に接近して提示した日露同盟案の方が内容があったとみるべきである。開戦前夜にベゾブラーゾフは朝鮮と満洲の独立領土保全を前提にロシアは満洲、日本は朝鮮の経済開発を協力して進めよう、そういう同盟を結ぶことで戦争を回避しようと提案した。それを明治天皇とニコライ二世の直接連絡で実現しようと持ちかけたのである。栗野は心を動かした。栗野がベゾブラーゾフは日露同盟を模索していると最初の報告を東京にしたのが一九〇四年一月一日、完成した意見書の内容を送ったのが一月一二日と一四日である。日本政府が小村の提案で開戦含みの最終回答を決めたのが一月一二日の御前会議であった。栗野の電報をみた小村は写しをソウルの林公使に送っている。日本政府の開戦決定は二月四日に出される。小村はロシア皇帝を支配している「戦争党」の中心人物が戦争回避を真剣に望んでいるとの情報を受け取り、それを確認さえしていた。彼が戦争を回避しようと思えば、踏みとどまるに十分な余裕があったのである。しかし、小村にとってベゾブラーゾフはあくまでも「戦争党」でなければならなかった。

5　日露戦争と東アジア

開戦

一九〇四年二月四日、日本政府は閣議と御前会議において、軍事行動の開始を決定した。ロシア政府に対して交渉を断絶し、自国の「既得権及正当利益」を守るため「必要ト認ムル独立ノ行動」をとることを通告し、同行動をとることを決めたのである。陸海軍首脳は軍事行動の内容を決め、命令を下した。日本側の通告は二月六日午後四時に小村外相からローゼン公使に伝えられ、日本時間で午後一一時にペテルブルクで栗野公使からラムスドルフ外相に伝えられた。ラムスドルフはこの通告文の中の文言、「独立ノ行動」をとるということの意味が理解できず、皇帝とすべての大臣とアレクセーエフを誤らせた。

二月六日、日本連合艦隊は韓国鎮海湾制圧、仁川上陸作戦、旅順艦隊攻撃の三方面に出撃した。鎮海湾はこの日夕刻には制圧され、馬山の電信局が占領された。仁川に向かった艦隊は二月八日夕刻出港してきたロシア砲艦を攻撃し、そのまま追撃し、入港して、陸軍兵士を上陸させた。旅順港外にいた艦隊への攻撃は八日夜になって行われ、ロシアの戦艦「ツェサレーヴィチ」、「レトヴィザン」、巡洋艦「パルラーダ」の三隻に重大な損害を与えた。仁川では二月九日、降伏を拒否したロシアの巡洋艦「ヴァリャーグ」と砲艦「コレーエッツ」の二艦を攻撃し、自沈、自爆においこんだ。仁川に上陸した部隊はこの日漢城（ソウル）に入城し、中立を宣言した大韓帝国の首都を占領した。

ここにおいてロシアは二月九日日本に対して宣戦布告し、日本は一〇日になって対露宣戦布告を行った。ロシアの宣戦布告は日本の交渉断絶と不意打ち攻撃を非難している。日本の宣戦布告は、日本は「韓国ノ保全」「韓国ノ存亡」を大事にしてきた、しかるにいまやロシアの行動により「韓国ノ安全ハ……危急ニ瀕シ、帝国ノ国利ハ……侵迫セラレムトス」、だからやむを得ず開戦すると述べられていた。

二月二三日日本はソウルを占領した日本軍の圧力で、韓国政府を屈服させ、日韓議定書に調印させた。韓国政府が日本政府を「確信」し、深く信頼し、内政について「忠告」をきくこと、日本政府が韓国皇室の「安全康寧」を守ること、韓国の「独立及び領土保全」を保証すること、そのため「臨機必要ノ措置」をとること、韓国政府はそのため日本に「便宜」を与えること、日本はそのため「軍略上必要ノ地点ヲ臨機収用する」ことができること、韓国はこれに反する条約を第三国と結ばないこと、その他のことは日本の代表者と韓国外相とが「臨機協定」することがもりこまれた(『日本外交文書』三七、一、三四五—三四六頁)。日本軍の占領下で韓国を日本の保護国にする第一歩が踏み出された。議定書調印に抵抗した高宗の側近は日本に連行された。三月平壌が日本軍の占領下におかれた。

五月一日、日本軍は鴨緑江を越えて、ロシア軍を攻撃し、九連城を占領した。朝鮮戦争が本格的に日露戦争に転化することになった。ロシアの満洲軍総司令官には陸相クロパトキンが任命されていた。開戦時に満洲軍は六万九五〇〇人であったので、部分的動員を行って、兵力の増強に着手した。海軍では、旅順での緒戦の敗北の直後、ロシア海軍の俊才と言われたマカロフ提督が太平洋艦隊司令官として派遣されたが、四月一三日旗艦が触雷して爆発、戦死していた。

戦争はいかに受け止められたか

戦争は日本とロシアの国内では対照的に迎えられた。日本では国民は戦争を受け入れた。大国ロシアとの戦争であるだけにこれは国難と考えられ、挙国一致の支持が生まれた。ロシアを野蛮国であり、自分たちを文明国であると考える意識が鼓吹された。他方、ロシアでは戦争は不人気であった。国内の反政府・専制批判の声は戦争批判に向けられた。

社会主義者は戦争反対、国際連帯を強調した。片山潜がフランスの新聞に書いた非戦論がすでに開戦前夜にメンシェヴィキの『イスクラ』にとりあげられた。「われわれは日本の同志たちに兄弟の挨拶を送る」、「共同の敵、……ロシアであろうと日本であろうと、専制とブルジョワジーに対する闘いに導くために、全力をつくすということを日本の同志は信じていただきたい」(一月一四日号)。エスエルの『革命ロシア』は、「狂気と破壊の躁宴の中で、両国に二つの相和する声がひびいている」として、日本の社会主義者の同志の声とロシアの社会主義者にして革命家の声だと指摘した(二月二八日号)。レーニンも社会民主党中央委員会宣言を二月三日に起草したが、「戦争に抗議する日本社会民主党万歳、強盗的な、恥べきツァーリ専制を打倒せよ」と結んだ〔和田一九七三、上、一九八—一九九頁〕。

だが、緒戦の敗北が専制権力の権威をよわめると、この戦争に日本が勝利すれば、ロシアの革命が近付くという考え、「敗戦主義」が急速に高まり始めた。

この戦争の特徴は戦争の大義が国際的に宣伝されたことである。ロシアは日本の宣戦布告を批判し、韓国の中立宣言を踏みにじる日本の行為を非難した。そのような趣旨の外務大臣ラムスドルフの回状が各国政府に送られたのは二月二三日のことである。だが、日本の同盟国イギリスと日本に期待するアメリカはこのようなロシアの批判を黙殺し、日本の支持にまわった。アメリカには、日本政府は政府と世論の工作のために金子堅太郎を特使として派遣した。アメリカの中ではイェール大学講師朝河貫一が五月と八月に「日露の衝突」について論文を発表し、この戦争は新旧二つの文明の戦いで、ロシアが勝てば、韓国、満洲、モンゴルがロシアの属国となり、世界の国々はこれらの地域から排除されるのに対して、日本が勝利すれば、清国も韓国も独立を保ち、その資源が開発され、国家体制も改革されるとうたいあげた〔矢吹編二〇〇二、五四—一四〇頁〕。このような主張はアメリカの利害と一致した。アメリカにはロシア帝政に対する反発も強く、この戦争を「自由のための戦争」とみる見方もひろまった。

フランスはロシアの同盟国だが、ロシアをたすけるよりはイギリスと接近し、帝国主義的権益の安定をはかる道に進んだ。その結果が、一九〇四年四月八日に結ばれた英仏協商である。この協商の中心はエジプトとモロッコにおける権益の相互尊重であったが、アジアでは、シャムをめぐる合意が含められた。両国はまず一八九六年一月一五日の宣言を再確認した。これはシャムを緩衝国としてのこすとの原則合意であった。そのさい、メナム川流域の西に位置する地域でのイギリスの勢力圏、東に位置する地域ではフランスの勢力圏をみとめること、上記の圏の東と南東にあるシャムの領地は今後はフランスの勢力下におかれ、上記の圏とマライ半島をふくむシャム湾の西にあるシャムの領地は今後はイギリスの勢力下におかれることが合意された。その上でこれ以上シャムの領土を併合する一切の考えを否定することが宣言された[Gooch and Temperley ed. 1927, pp. 396–397]。

日本海海戦

七月三〇日、ロシアの首都ペテルブルクで内相プレーヴェがエスエル党のテロリストによって暗殺された。この死は広く歓迎され、国内の反政府機運は一層高まりをみせた。満洲の戦場では、遼陽で日露両軍の最初の決定的な会戦が八月二八日からはじまった。日本軍は一三万の兵を集め、二二万のロシア軍に総攻撃を加えた。遼陽南方首山堡でのロシア軍の守りは堅く、日本軍は攻めあぐんだが、日本軍が遼陽東方にまわりこんで突出すると、クロパトキン総司令官は南方から主力を引き抜いて東方に振り向けるという作戦に出た。この大移動は失敗し、混乱の中でクロパトキンは九月三日総退却を命令せざるをえなくなった。九月四日日本軍は遼陽を占領した。日本軍の死傷者も二万三五〇〇人にのぼったが、ロシア軍の敗北という印象はぬぐえなかった。

この間八月一九日から日本軍は旅順要塞に対する攻撃を開始していた。クロパトキンは旅順の防衛戦を支援するため、遼陽北方三〇キロの沙河で日本軍への攻撃作戦をおこなうことを決意した。一〇月五日ロシア軍は動き出し、会戦がはじまった。日本側は部分的に先制攻撃もできたが、苦戦を強いられた。ロシア軍が積極的な作戦をとれば、日本軍は後退を余儀なくされた状況であった。しかし、クロパトキンは日本軍が迂回包囲に出てくるのではないかと恐れ、防衛戦に転じてしまった。結局この会戦は一〇月一四日の戦闘を最後に引き分けに終った。日本軍の損失は二万五〇〇〇人(うち戦死三九五一人)であったが、ロシア軍の損失は四万一四七三人(戦死者四八七〇人)にのぼった。

この直後、一〇月二八日ロシア政府は第二太平洋艦隊を極東へ出発させた。太平洋艦隊に増援艦隊をおくることは開戦前からの既定の方針であり、開戦直後の四月一七日には軍令部長ロジェストヴェンスキーが司令長官になって第二太平洋艦隊を出発させることが決定されていた。その準備が長くかかり、九月七日(ロシア暦八月二五日)に最終決定のための御前会議が開かれたのであった。この席でロジェストヴェンスキーは出発して極東到着までに一五〇日かかることを明らかにした。つまり九月一日に出発しても、年を越して翌年一月の末、二月のはじめにならないと到着しないのである。ロジェストヴェンスキーは、艦隊の到着前に旅順は陥落する可能性があるので、中国の芝罘に根拠地をおくことをみとめてほしいと提案したが、外相が反対して、否決された。サハロフ陸相は陸軍が攻勢に出るのは、一九〇五年の春であり、目下は海軍の援助は必要ないとそっ気ない態度であった。出席した海軍の将官、艦隊司令長官たちは、第二太平洋艦隊の派遣自体に反対した。第二艦隊は第一艦隊の敗北前にはつけない。他方、日本海軍は強力だ。実戦の経験をつみ、弾薬は豊富で、根拠地は近い。第二艦隊の方は航海の途中で、訓練できるのか。出発を急ぐ意見は第二太平洋艦隊の滅亡を急がせるものだ。このような意見に対して、ロジェストヴェンスキーは運搬船を傭入して集めた、これを解散すれば、二度と復活はできないと主張した。この意見をアヴェーラン海相が支持した。つまり、政治的な、総合的な判断が退けられ、準備がむだになるという官僚的判断が優先されたのである(露国海軍軍令部編纂『露日海戦史』七、三―四頁)。この席に出席していた皇帝の無責任な願望がロジェストヴェンスキーと海相の判断の前提にあった。

かくして、バルト海艦隊の総力を結集した第二太平洋艦隊がリバウ軍港から出発した。旗艦スヴォーロフをはじめ戦艦七隻、巡洋艦六隻、駆逐艦六隻などからなる大艦隊である。革命の気運が高まる中では、一層愚かで、無謀な艦隊派遣であった。

この間旅順への攻撃がつづいていた。乃木希典の第三軍が要塞正面からの突撃戦をくりかえしていた。八月一九日にはじまった総攻撃は死傷者一万五八〇〇人を出して、五日間で中止された。一〇月二六日から第二次総攻撃が行われたが、これまたロシア軍は防衛に成功した。日本軍は死傷者三八〇〇人を出した。

このような失敗のあとをうけて、日本軍の第三次総攻撃は一一月二六日からはじまった。このたびは二〇三高地を攻略して、そこから要塞に迫るという作戦が取られた。両軍はこの高地をめぐって死闘をつづけたが、ついに日本軍は一二月五日までにこの高地の二つの山頂を占領することに成功した。ここにすえられた二八センチ砲で旅順艦隊の主力は破壊された。日本軍は坑道を掘って、堡塁に迫った。ロシア軍は食料不足で悩み、チフス、壊血病が発生していた。それでも兵士たちは闘争心を発揮し、戦っていた。一二月一五日東鶏冠山北の第二堡塁で防衛戦の指導者コンドラチェンコが戦死したことは、大きな打撃であった。日本軍は二八日第三号堡塁(二竜山)を爆破し、占領した。

この時点で開かれた要塞防衛会議では出席者の多数は防衛継続を主張した。堡塁を失っても、市街地に入っても抵抗できるという意見であった。ステッセリ、フォーク両将軍もこれに同調したが、彼らはすでに降伏の交渉を主張した一人の意見に傾いていた。のこる松樹山堡塁が三一日に陥落したあと、ステッセリは翌日乃木将軍に降伏交渉を求める軍使を送った。一九〇五年一月二日水師営で交渉が行われ、降伏文書に調印が行われた。

かくして、ついに旅順は陥落した。のちにステッセリらは裏切り者として軍法会議にかけられることになる。ロシアの首都では、警察認可の労働者組織をつくっていた司祭ガポンが旅順陥落の決定的瞬間に首都十数万の労働者会員を動かして、皇帝の宮殿めざした行進を行うことを考えた。一九〇五年一月二二日(ロシア暦九日)、労働者たちは死を賭して、皇帝に「プラウダ」(真実と正義が実現される世)を請願する行進を行った。軍隊が発砲し、多数の死者を出した。「血の日曜日」事件は一九〇五年ロシア革命の発端となった。

日本軍は旅順陥落の余勢をかって、二五万の兵力を集めて、三月一日から奉天のロシア軍陣地に総攻撃を加えた。クロパトキンのロシア軍はまたもや退却した。総司令官の権威は地に落ちた。そしてついに世界を一周した第二太平洋艦隊が五月に日本海を北上した。東郷平八郎提督の率いる連合艦隊は五月二七—二八日対馬沖海戦でこの艦隊をほぼ全滅させる勝利をえた。「ツシマ」での壊滅の報は専制政府の威信を決定的に落とした。

講和

日本海海戦の結果が明らかになると、日本政府は講和のために動くべき時が来たと判断し、ローズヴェルト米大統領と連絡をとった。ローズヴェルトはロシア側と接触した。ロシア側もさすがに「ツシマ」の敗北の後では戦争継続が難しいと感じていた。ローズヴェルトの工作は実を結んだ。マイヤー米公使はニコライ二世より講和交渉受け入れの答えをえた。六月八日、ローズヴェルトは日露双方にポーツマス講和会議への招待状を送った。

日本の戦争を支持してきた米国政府も日本のこれ以上の勝利を抑えることが必要だった。その真意はタフトの訪問ではしなくも示された。ローズヴェルト大統領は七月タフト陸軍長官を訪日させ、日本政府と話し合いをさせた。タフトは桂首相と七月二七日長時間の秘密対話をおこない、その合意点はメモにまとめられ、桂・タフト了解としてのこされるにいたった。タフトはアメリカの親露派は日本の勝利はフィリピンへの侵略の序曲だと言っているが、自分はフィリピンが米国のような強力で友好的な国家に統治されていることが日本の願いだと考えていると述べた。これを桂は強く肯定し、日本はフィリピン侵略意図をもたないと述べた。桂は極東の平和の維持が日本の希望であり、それを達成するには日米英三国の理解が重要だと述べた。さらに桂は韓国問題の重要性を強調し、戦後には韓国が他の列国と協定を結んで、国際紛争の火種となることを日本は許さない、そのために決定的な措置をとることを余儀なくされていると述べた。タフトは日本が軍隊によって韓国に対する宗主権を確立し、外交権をうばうことは戦争の論理的帰結であり、東洋平和に貢献する、大統領も同意見だろうと述べた(『日本外交文書』三八、一、四五〇―四五二頁)。

これより先イギリスも日英同盟協約の継続改訂問題を日本政府に提起していた。四月八日の閣議決定により、ロンドンで本格的に交渉がはじまった。イギリス側の希望は、従来の防守同盟から攻守同盟に進むこと、適用地域を韓国と清国から極東ならびにインド以東に広げることであった。日本側は英国に対して、日本が韓国においてもつ特殊利益を守るために適宜必要と認める措置をとることを公然承認してくれること、秘密約款では、日本が韓国に保護権を確立することを認めてくれることを求めた。

八月一二日に調印された第二回日英同盟協約は「東亜及び印度」の地域での両国の領土権を保持し、かつこの地域での特殊利益を防衛することを目的とするものであった。一国ないし数国の攻撃を受け、上記目的のために戦うときは、応援にたち、協同戦闘を行う、日本が韓国にもつ「卓絶ナル利益」に鑑み、それを増進するために行動をとる権利を承認することを規定していた(『日本外交文書』三八、一、五九―六二頁)。

6　ポーツマス条約

焦点となった韓国の扱い

戦争が満洲で戦われるようになると、当然ながら、日本は予定されたように戦争目的を拡大していた。一九〇四年七月小村外相は首相に意見書を提出し、韓国は「我主権範囲」とし、「保護ノ実権ヲ確立シ」、満洲は「我利益範囲」とし、「利権ノ擁護伸張」をめざすべきだとしていた(『日本外交文書』三七・三八、別冊V、六〇頁)。

ポーツマス講和会議が実際に開催されたのは、一九〇五年八月のことであった。日本側の全権は小村寿太郎、ロシア側の全権はウィッテであった。

日本側がもってきた訓令には「絶対的必要条件」として、次の三項があげられている。「一、韓国ヲ全然我自由処分ニ委スルコトヲ露国ニ約諾セシムルコト、二、一定ノ期限内ニ露国軍隊ヲ満洲ヨリ撤退セシムルコト、三、遼東半島租借権及哈爾賓旅順間鉄道ヲ我方ニ譲与セシムルコト」(『日本外交文書』三七・三八、別冊V、一〇六頁)。

ロシア側の訓令でも、「何らかの合意に達しうる」要求として、一、旅順と大連、二、満洲における両国の相互関係の調整、三、朝鮮があげられていたが、朝鮮についての部分にはなお次のように書き加えられていた。

「われわれは講和条約に日本が朝鮮の完全な独立を認めるという条件を含め、さらにできるかぎりすみやかにこの国から撤退する義務を含めることが必要だと考える。」

講和会議は八月九日からはじまった。冒頭、小村は一二項目の講和条件を宣言した。第一項は「露西亜国ハ日本国ガ韓国ニ於テ政事上、軍事上及経済上ノ卓絶ナル利益ヲ有スルコトヲ承認シ、日本国ガ韓国ニ於テ必要ト認ムル指導、保護及監理ノ措置ヲ執ルニ方《あた》リ、之《これ》ヲ阻礙《そがい》シ、又ハ之ニ干渉セザルコトヲ約スルコト」であった。これに対して、ウィッテは一二日回答書を提出した。その第一項目で、韓国処分の自由について「何等ノ異議ヲ存セズ」とし、日本が韓国において「優越ナル利益」をもつことを認め、日本が執る「指導、保護及監理ノ措置ヲ阻礙セズ、又之ニ干渉セザルベキコトヲ約スルノ覚悟ナリ」と述べている。だが訓令にしたがって「前述日本国ノ措置実行ノ為メニ韓国皇帝ノ主権ヲ侵害スベカラザルコトト知ルベシ」とし、さらに「韓国ニ隣接セル露西亜国領土ノ安全ヲ侵迫ス可《べ》キ措置」をとってはならないと留保を加えた(同右、四〇〇、四〇四―四〇五頁)。

これに対してこの日の午後に激しいやりとりがあった。小村は、ロシアは「日本ガ韓国ニ於テ充分ニ自由行動ヲ取リ得ルコトヲ承認センコトヲ緊要トス」として、「韓国皇帝ノ主権云々ノ字句ハ之ヲ削除スルコトニ同意サレタシ」と主張した。ウィッテのいうように「韓国ノ主権ヲ全然其儘《そのまま》ニ保続スルガ如キ主意ニハ断然同意スルコト能ハズ。……抑《そもそ》モ韓国ノ主権ナルモノハ既ニ今日ト雖完全ナルモノニアラズ。日本ハ既ニ同国ト協約ヲ訂シ、同国主権ノ一部ハ日本ニ委《まか》セラレ、韓国ハ外交上日本ノ承諾ナクンバ、他国ト条約ヲ締結スルコト能ハザルノ地位ニ在《あ》リ」ときわめて露骨であった。結局ウィッテは小村の主張に押されて、日本の立場は了解した、今回の戦争はこのことから起こったのだから、韓国における行動は日本に一任する、われわれは関係しないと述べ、最後のよりどころとして新しい提案を行った。それは、今後の処置で韓国の主権に影響を及ぼす事柄は韓国の同意を経て行うという趣旨を入れようというものであった（同右、四一〇―四一一頁）。小村はその一句を会議録に留めておくことを提案し、条約本文に入れよと言うウィッテとの間に応酬があったが、結局、ウィッテが折れて、会議録に次の文章が入ることになった。

「日本国全権委員ハ日本国ガ将来韓国ニ於テ執ルコトヲ必要ト認ムル措置ニシテ同国ノ主権ヲ侵害スベキモノハ韓国政府ト合意ノ上之ヲ執ルベキコトヲ茲ニ声明ス」（同右、四一一―四一二頁）。

ウィッテとしては、これで朝鮮の独立を守ったつもりであったが、小村にしてみれば、韓国政府に協定を押しつけて、その主権を奪ってきている以上、このような文章をのこすことは全く無害であったのである。

韓国の保護国化

九月五日小村全権とウィッテ全権は講和条約に調印した。第二条に日本の第一の戦争目的が掲げられている。

「第二条　露西亜帝国政府ハ日本国ガ韓国ニ於テ政事上、軍事上及経済上ノ卓絶ナル利益ヲ有スルコトヲ承認シ、日本帝国政府ガ韓国ニ於テ必要ト認ムル指導、保護及監理ノ措置ヲ執ルニ方《あた》リ、之ヲ阻礙シ、又ハ之ニ干渉セザルコトヲ約ス」

ついに日本は交渉ではロシアにのませることができなかった韓国保護国化条項を戦場での優勢勝ちによって講和条約において受け入れさせたのである。

第五条には、ロシアが「清国政府ノ承諾ヲ以テ」旅順、大連の租借権を日本に移転譲渡すること、第六条には、ロシアが南満洲鉄道の一切の権利を「清国政府ノ承諾ヲ以テ」日本に移転譲渡することがうたわれた。第九条はロシアによるサハリン島南部の主権の譲与を決めている（同右、五三五―五三七頁）。

日本では、樺太全島がとれず、賠償金がとれなかったということで、小村全権の交渉を非難する声が高まった。九月五日、東京の日比谷公園内で講和成立反対の国民大会が開催されるに至った。群衆が扇動にのせられて、暴徒と化し、講和を支持した国民新聞社や内相官邸などを焼き討ちした。

ポーツマス条約は日本とロシアの合意だが、それが清国と韓国に関わることは清国、韓国と交渉することを必要とした。まず伊藤博文が全権として、一一月九日、ソウルに乗り込んだ。高宗と韓国政府の閣僚を占領軍の力で威嚇して、一一月一七日、第二次日韓協約、乙巳条約に調印させた。これによって、日本は韓国の外交権をうばった。ソウルには日本政府の代表として統監が駐在することになった。公式的には外交に関することのみを管理するための存在だということになっていたが、統監は韓国政府に対してあらゆる面で日本の保護、日本の圧力をくわえていく存在となったのは明らかであった。初代の統監となったのは伊藤博文である。かくして大韓帝国は日本の保護国となった。

清国には、小村外相が全権として北京へ赴いた。交渉は一一月一七日からはじまった。小村は、日本が戦争したのは、自衛のためだけではない、「東亜全局ノ康寧ヲ維持セン」との目的をもってしたのだと強調し、清国に譲歩を迫った。清国側はロシアが租借していた遼東半島と南満洲鉄道について日本が引き継ぐことは認めたが、日本側が付け加えようとする要求を受け入れようとしなかった。会談は二一回におよび、ようやく一二月二二日になって、条約が結ばれた。

7　日露戦争後の東アジア

日本へ向かう留学生

日露戦争での日本の勝利の印象は世界的に強い印象をつくり出した。日本に対する畏敬の念がアジア全域に高まった。留学生たちは日本に向かった。

義和団のころからふえはじめた清国留学生は日露戦争のころには数千人から一万人に達していた。その中で一九〇五年八月二〇日、孫文、黄興らが東京で中国革命同盟会を結成し、留学生の支持をえた。この組織は民族・民権・民生の三民主義を綱領とし、機関紙『民報』を創刊した。

アメリカに支配されたフィリピンでは、日本の勝利に白人に対するアジア人の勝利をみて、アメリカへの敵意をたかめる動きがあった。フランスに支配されていたベトナムでは、ファン・ボイ・チャウが組織した東遊《トンズー》運動が知られている。彼は一九〇五年に日本に渡り、日本に故国の青年たちをよびよせる運動を組織した。最盛期には二〇〇人ほどのベトナム青年が日本に来て、学んだ。しかし、この青年たちはその後日本に幻滅していく。

イギリスに支配されたインドでも、民族主義者は日本の勝利を歓迎した。親露的だったシャムでも親日的な気分が強まった。

保護国にされようとしていた韓国からも留学生が来た。韓国からの留学生は一八九五年に二〇〇名近く、九七年に六四名が来たあとは、ながらく絶えていたが、一九〇四年一一月に皇室特別留学生五〇人が日本に送られた。両班《ヤンバン》の子弟七〇〇人を募集して、試験により選抜した者たちであった。彼らは日本に対して批判的な眼をもち、母国が日本の支配下に入るのを防ぐために日本から学ぼうという姿勢であった。皇室留学生はほとんどが府立一中に入学したが、翌年一二月日韓第二次協約に憤激して、府立一中校長の韓国生徒に対する態度を侮蔑的として反発し、一斉同盟休校をおこした。生徒たちは威嚇に屈せず、闘い、多くの者が府立一中を去ることになった［阿倍一九七四］。同盟休校の指導者であった崔麟と帰国していて同盟休校には加わらなかった崔南善はのちに明治大学と早稲田大学に学び、三一運動の指導者となる。

日露戦争がもたらした変化

さて、日露戦争後動き出したのは、アメリカだった。アメリカは満洲の開放を求めていた。最も早く動き出したのは、鉄道王エドワード・ハリマンだった。彼は一九〇五年八月末に日本に来て、グリスコム公使の支援をうけて、南満洲鉄道の日米合弁会社による買い取り案を提案した。一〇月に再び来日して、桂首相と話し、一〇月一二日に桂・ハリマン覚書をとりまとめた。桂首相は南満洲鉄道の利権を米企業と折半することに同意したのである。小村がその動きを知ったのは、四日後、彼が乗った汽船が横浜沖に到着したときであった。小村は入国と同時にこの案を取り消すために桂を説得し、ついに白紙撤回させた。日露戦争はアメリカのためにロシアの勢力を満洲からおしのける戦争ではなく、日本のために満洲を確保するための戦争であったことが明らかになるにつれ、アメリカと日本との関係が急速に冷却した。

戦争に敗北し、革命が生じたロシアは、ストルイピン首相のもと、国の建て直しのために「内外における二〇年間の平静」をもとめた。一九〇六年四月二八日元日本公使イズヴォリスキーが外務大臣に任命された。一九〇〇―〇一年に日本公使として韓国中立国化案を執拗に支持した彼はいまや明確な対日関係正常化論者であり、韓国には一切の関心を棄てていた。大臣就任直後、日本との関係改善の可能性が打診され、七月には早くもマレフスキー＝マレーヴィチ次官と本野一郎公使とのあいだで交渉が始められた。この交渉は一一月には行き詰まり、一時は決裂かと懸念される状態であった。日本側には、ロシアに対する警戒心がなお存在した。山県が一〇月に、「我国防上主要ナル敵国ハ露西亜ト想定ス」とする「帝国国防方針案」を提案していた。

だがこの局面でも韓国皇帝高宗は抵抗をやめなかった。第二次日韓協約の無効をひそかに列国に訴える密使を次々と派遣した。その最後の努力が一九〇七年六月に開催された第二回ハーグ万国平和会議への三人の特使の派遣である。会議の議長はロシアの駐仏大使ネリドフであった。ネリドフは三人の特使を出席させることに傾いたが、イズヴォリスキー外相はきびしくこれを退けた。ネリドフは特使の会議参加を拒絶せざるをえなかった。

伊藤統監はこの特使派遣に激怒し、高宗一人の責任であり、日本に対する公然たる敵意の表明であり、日本は韓国に宣戦する権利があるということを総理大臣に伝えさせた。韓国政府内には高宗の退位で事態を収拾するもやむをえずという考えが現れた。日本の世論の中では併合案を主張する者、退位を当然とする者が現れた。幸徳ら社会主義者は「朝鮮人民ノ自由、独立、自治ノ権利」を尊重せよ、日本政府は朝鮮に対する独立保障の言質に忠実たれと決議を出している（『日本外交文書』四〇、四六四頁）。だが、山県もこのときは併合論をとらなかった。伊藤は韓国政府内部の処理で進めさせたが、皇帝は退位に同意しなかった。それでも皇帝はついに一九〇七年七月一九日、退位するにいたり、病弱な皇太子が純宗として即位した。韓国軍隊の中には憤激が高まり、ソウルは不穏な情勢となった。李完用総理の邸宅は放火された。伊藤は高宗が軍隊の力により復位をはからんとしているものとみて、日本軍の混成一個旅団の導入を要請しつつ、統監が韓国政府の内政すべてを指導する方向に進んだ。その旨を明記した第三次日韓協約が七月二四日に締結されたのである。いまや法令の制定も行政処分も、高等官吏の任免もすべて統監の同意、承認をえなければならなくなった。

東アジアの帝国主義的分割

この間列強間の協商の動きが活発におこなわれていた。まず韓国に対する日本の一層の支配確立の前夜の六月一〇日に日仏協約が結ばれた。両国は、清国の独立と領土保全、清国における各国の機会均等を尊重する、両国は両国が主権、保護権を有する地域、アジア大陸における地位と領土権を保持することを願う、それら地域に隣接する清国の地方の秩序と平和確保において相互支持しあうという内容であった。フランスのインドシナ半島支配と日本の韓国、南満洲での権益を相互に認めあうものであった。秘密文書では、福建省の平和維持への関心が強調されている。この協商の成立とともに、フランスは日本に三億フランの借款をあたえた。

つづいて、七月三〇日、日露協約が結ばれた。この交渉も難航したが、日仏協商の締結も日露協約の成立にプラスになっていると認められる。両国は清国との諸条約からくる権利とポーツマス条約より生ずる権利を尊重すること、清国の独立と領土保全、清国における機会均等を承認することを宣言した。秘密協約で、両国は南北満洲を分割し、ロシアは北、日本は南で鉄道敷設権、電信建設の権利を握り、両国はそれぞれの権利を尊重する、ロシアは日本が朝鮮でもつ「政事上利害共通ノ関係」を認め、その関係が「益々発展ヲ来《きた》スニ方《あた》リ、之ヲ妨礙《ぼうがい》シ、又ハ之ニ干渉セザルコトヲ」約束し、日本はロシアが外蒙古にもつ特殊利益を承認し、干渉しないことを約束した。いまやロシアは日本の朝鮮支配を完全に認めていた。このロシアの保障に力をえて、八月一日、ソウルで韓国軍隊解散式が強行された。

そして八月三一日ついに英露協商が締結された。内容はペルシア、アフガニスタン、チベットに関する協定である。ペルシアについては、英露双方の勢力圏を分け、アフガニスタンは英国の勢力範囲にあるものと認め、チベットについては双方が内政不干渉を定めた。これは一九世紀の半ば以来、アジアにおいても「グレイト・ゲイム」をつづけてきた二大帝国の和解の成立を意味し、大きな転換を生んだものである。

日本の韓国支配がかたまるのを中心にして、東アジアでの帝国主義的分割の現状が承認され、英仏露日の連携が生まれたと言っていい。それは日本の韓国支配をいっそう強固にする力学として作用した。この英仏露日の連携はアメリカをこの連携の外におき、東アジア以外の世界でのドイツ、オーストリア＝ハンガリーとの対抗に向かっていく傾向をみせた。

韓国軍の解散は、韓国軍将兵も参加して各地で義兵闘争が爆発的におこることにつながった。伊藤統監の進める統治はますます高宗とも、韓国の知識人民衆ともはなれていった。一九〇九年六月伊藤は統監を辞任した。七月六日日本政府は韓国併合を閣議決定した。しかし、併合の方式と時期はなお未定であった。

一九〇九年一〇月ロシアの蔵相ココフツォフが極東視察にきた。伊藤は日露の友好を深めるため、ココフツォフとの会談をしようと、ハルピンまで来た。そのハルピンの駅頭で、一〇月二六日韓国のカトリック教徒の民族主義者安重根《アンジュングン》が伊藤博文をピストルで狙撃した。三発の銃弾をうけて、伊藤は絶命した。六八歳であった。その場でロシア官憲に逮捕された安重根は日本側に身柄を渡され、旅順に送られた。取り調べに対して、安重根は韓国の独立のため、東洋平和のために、伊藤を殺害したと述べ、東洋平和論を書き上げるまでの時間をもとめたが、許されず、翌一九一〇年三月二六日旅順監獄で処刑された。三一歳であった。安は朝鮮民族の永遠の英雄となった。

8　韓国併合

併合条約

一九一〇年五月二五日日本の長野県明科の製材所機械工宮下太吉が逮捕された。彼は天皇暗殺のため爆裂弾をつくっていた。そして六月一日には日露戦争に反対した代表的な日本の社会主義者幸徳秋水がはやくも逮捕された。一二名の社会主義者を絞首台にあげる「大逆事件」のフレームアップのはじまりであった。

その時、五月三〇日寺内正毅陸相が韓国統監兼務を命令される。韓国併合実行がはじまったのである。六月三日には併合後の「施政方針」が閣議決定された。六月二四日には「韓国警察事務委託ニ関スル覚書」が調印されて、韓国の警察は日本の憲兵に従属することになった。

七月四日には、第二次日露協約が締結された。表向きは満洲での現状維持を約束するものにすぎなかったが、秘密協約があり、両国が南北満洲におけるそれぞれの「特殊利益ノ各地域ヲ画定セル」ものと承認し、それぞれ地域内での利益防衛のためにあらゆる必要な措置をとることをみとめ、両国が第三国から脅威を受けるときは相互に支持の方策について協議することを規定していた。交渉の開始のさい、イズヴォリスキー外相は日本が韓国の現状を変える措置をとることに不安を表明したが、それは日本側に一定の慎重さを求める以上のものではなかったのである。

寺内統監は日露協約の締結を待っていたかのように、七月二三日に仁川に上陸して、八月一六日に李完用首相と会談した。寺内は併合の承認をもとめ、韓国皇帝が「自ラ進ムデ」統治権を譲与する条約の締結を求める覚書を渡した。翌日、李完用が、国号と王称が維持されるなら、条約締結のために努力すると通知した。そこで、寺内は条約案文をおくった。

八月一八日、韓国閣議は寺内の提案を討議したが、意見が分かれ、決定が出なかった。その討議は何の意味ももたなかった。寺内は問題にすることなく、二二日に条約調印をおこなうことを決定し、東京に報告した。八月二二日、寺内は、午前中に曖昧の意見の二名と話し、統治権は日本「譲与ニ決シタリ」という内容の全権委任の勅書案を渡した。その日午後二時、御前会議が開かれ、寺内の提案が受け入れられ、純宗は、寺内がよこした寺内案による全権委任状に署名した。そして、その日の午後四時、統監公邸で寺内と李首相は交渉をしたというかたちをとって、併合条約に調印した。

アジア諸民族に冷水を浴びせた韓国併合

この条約前文には、日本と韓国の皇帝が両国の「親密ナル関係」を願い、「相互ノ幸福」と「東洋ノ平和」の永久確保のために、「韓国ヲ日本帝国ニ併合スルニ如《し》カザル」と確信して、本条約を結ぶと述べられている。第一条には「韓国皇帝陛下ハ韓国全部ニ関スル一切ノ統治権ヲ完全且ツ永久ニ日本国皇帝陛下ニ譲与ス」とあり、第二条には「日本国皇帝陛下ハ前条ニ掲ゲタル譲与ヲ受諾シ、且全然韓国ヲ日本帝国ニ併合スルコトヲ承諾ス」とある。この条約は、すでに韓国の主権のほとんどをわがものにした統監が併合を決定し、実施するのに、対等の立場で自由な意思で結ばれた条約で併合がなったと偽るものであった。

八月二九日、両国官報で併合条約が公表されるとともに、天皇の詔書と日本政府の宣言書が発表された。併合条約と宣言書は各国政府に通知された。天皇の詔書は、韓国を「帝国ノ保護ノ下ニ置キ」、さまざまに努力をしてきたが、「韓国ノ現制ハ尚《なお》未ダ治安ノ保持ヲ完《まっとう》スルニ足ラズ」、「革新ヲ現制ニ加フルノ避ク可《べか》ラザルコト」は明らかだとして、次のように宣言した。「朕ハ韓国皇帝陛下ト與《とも》ニ、此ノ事態ニ鑑ミ、韓国ヲ挙テ日本帝国ニ併合シ、以テ時勢ノ要求ニ応ズルノ已ムヲ得ザルモノアルヲ念ヒ、茲ニ永久ニ韓国ヲ帝国ニ併合スルコトトナセリ」。詔書において併合条約は言及されなかった。これはまぎれもない大韓帝国併合の宣言である。この宣言により、大韓帝国はこの地上から抹殺され、全朝鮮半島が日本の植民地となったのである。

韓国併合は日露戦争ののち日本の勝利に大きな鼓舞を感じたアジア諸民族の一部に冷水を浴びせた。列強は日本による韓国の併合をアジア分割の最終的完了と受け取った。帝国主義国の仲間入りをした日本とすでに満洲を失ったにひとしい老帝国清国の他、独立国として残ったのは東南アジアのシャム王国だけであった。

一〇月二三日シャム国王として改革を主導してきたチュラーロンコーン王、ラーマ五世が世を去った。皇太子ワチラウットが即位し、ラーマ六世となった。彼はイギリスに長期留学し、オックスフォード大学と士官学校を卒業して帰った人物である。ロシアに長く留学したチャクラボン王子はラーマ六世の下で陸軍参謀総長となった〔サヤマナン一九七七、二一四頁〕。

大韓帝国が独立を失ったとき、シャム王国が独立国として残ったことについては、日本の韓国支配意欲があまりに強かったのに対して、シャムには英仏の間の緩衝国の地位が与えられたことが決定的であったと考えられるが、韓国皇帝政府とシャム国王政府の違いもまた考慮に入れるべきであろう。

第3章

世界戦争と改造

1910年代

趙 景 達

1919年3月1日，独立宣言のためにソウル仁寺洞の泰和館に集った各宗教界の民族代表たち(画)

日本は「韓国併合」によって大陸国家化に成功すると、第一次大戦では連合国として参戦した。その間中国に対華二一カ条要求を突きつけた。また、ロシア革命が起きると、シベリア出兵を行った。日本の慢心はここに頂点に達するが、日本は三・一運動において朝鮮民衆から手ごわい抵抗を受けることになる。時代は、欺瞞的にせよ民族自決主義を呼号していた。「内に立憲主義、外に帝国主義」を標榜する大正デモクラシーの中にも、三・一運動に理解を示す論調があった。

中国では辛亥革命が勃発し、中華民国が誕生した。袁世凱の帝政運動がありはしたが、共和国創設の流れはもはや抑止しようがなかった。こうした中で五・四運動が起きるが、それは三・一運動同様にナショナリズムの噴出であった。しかし、中国は辺境が独立状態となり、省部でも孫文の大漢民族主義と連省自治運動が対立し、また軍閥支配も深刻になっていく。

第一次大戦期は、列強がヨーロッパで戦争に没入している間隙を縫って、アジアの民族産業が発展を遂げる時代であった。インドや東南アジアでは資本家や労働者、中間層が大きく成長し、彼らの動きは民族運動として各地域で展開された。これらの地域は宗主国の戦争に協力を強いられたため、大戦後は宗主国も民族自立の動きに何らかの形で応えざるを得なくなっていったのだが、そのことがまた各地域の民族運動を活性化していくことになる。

1　日本の大国化

大正デモクラシーの時代

「韓国併合」に際して石川啄木は、「地図の上朝鮮国にくろぐろと墨をぬりつ、秋風を聴く」と詠んだ。啄木は、時勢が「時代閉塞の現状」であることを鋭敏に感じ取ったのである。事実、韓国併合と同時期に起きた大逆事件は世を震撼させたが、それは全くの捏造でしかなかった。そのことを知らないマスコミは、幸徳秋水や管野スガら二六名の社会主義者を「極悪無道」とし、「六族を殲《ほろぼ》すも、尚ほ慊《あきた》らざるの思ひあり、万人等しく其の肉を喰《くら》ひ、其の死屍に鞭《むちう》たんと希《ねが》ふ所」（『東京日日新聞』一九一〇年一一月一一日）と喧伝した。ここに社会主義の「冬の時代」が始まる。

もっとも社会主義者の理想も、危うい帝国日本像を前提にしたものであった。当時、「韓国併合」は朝鮮を未開の国と見る「停滞論」によって合理化されていたが、社会主義者の認識もその枠を出るものではなかった。片山潜が出していた（『社会新聞』一九一〇年九月一五日付「日韓合併と我責任」）は、朝鮮を古い文明国だとしながらも、独立心がないがゆえに中国やロシアに屈していたが、今後は「非常なる誠意を以て朝鮮人を養成して立派なる日本帝国の臣民と為す」ことが日本人の使命だとした。そして、朝鮮人は「今尚お未開の人民」であり、日本の臣民＝文明人になることが朝鮮人の幸福なのだとして、何ら怪しむところがなかった。

世は大正デモクラシーの時代であった。大正デモクラシーは、「内に立憲主義、外に帝国主義」たることを内容としていたが、「韓国併合」に対する疑念は社会主義者においてすら生じ得ないような思潮があったということである。しかしそうであればこそ、国内的には立憲主義擁護の気運も旺盛であり、そのことを端的に示したのが大正政変である。当時は藩閥を背景とする桂太郎と政党を背景とする西園寺公望が交互に内閣を組織する、いわゆる桂園時代であった。大正政変は、一九一二年一二月五日第二次西園寺内閣が二個師団増設問題で倒れたことに端を発する。陸軍は中国への侵略をにらんで、朝鮮に駐留する軍隊の増設を要求したのだが、西園寺内閣がこれを拒否すると、陸相の上原勇作は辞表を出した。ここに、陸海軍大臣現役武官制によって後継が決まらないために、やむなく西園寺内閣は総辞職に追い込まれ、第三次桂内閣が成立する。しかし政界や世論、民衆の憤りはすさまじく、第一次憲政擁護運動が全国的に巻き起こった。運動は都市騒擾にまで発展し、一三年二月一一日桂内閣は短命の内に倒壊した。

立憲主義と帝国主義はまさに大正デモクラシーの両輪であった。そうであるがゆえに、立憲主義運動の後には帝国主義政策が矛盾なく推進されるのも不思議なことではない。第一次大戦が始まると、日本は日英同盟を根拠に一四年八月二三日対独戦に踏み切った。そして、局外中立を宣言している中国の立場を無視し、英軍とともにドイツの山東省膠州湾租借地を攻撃して青島を陥落させた。さらに、南洋諸島のドイツ領を占領して、地中海にも艦隊を派遣した。世論は、一部には当初参戦不可を唱える声もあったが、徐々に参戦を支持するものが大半となった。参戦後には戦争賛美の状況となり、青島陥落の際には提灯行列が行われた。日露戦争は多大な犠牲を国民に強い、重税と物価高をもたらして人心を荒廃させ、さまざまな民衆運動を誘発したが、第一次大戦は、そうした行き詰まりから脱出する絶好の機会となった。

大戦の最中、一五年一月一八日に突如日本が中国に突きつけたものが、悪名高い対華二一カ条要求である。要求は多岐にわたるが、主な内容は、①山東省におけるドイツ権益の継承、②南満洲地方の租借地・鉄道経営権の九九年間延長、及び南満・東部内蒙古における日本の優越的地位の承認、③中国最大の製鉄・鉱山会社漢冶萍公司《かんやひょうこうし》の日中合弁化、④沿岸・島嶼の他国への不割譲、となっている。ただしこれらは絶対要求で、他に政治・軍事・財政部門における日本人顧問の採用、必要地域における警察の日中合同活動、日本の兵器の買い入れ、揚子江流域の鉄道敷設権要求などが付け加わっていた(「対華要求に関する加藤外相訓令」外務省一九六五、三八一―三八四頁)。中国の時の大総統袁世凱はこの要求に対して大変苦慮し、日貨排斥の反日運動も展開されたが、米国を除き、他の列強はさしたる反対をせず、五月七日に日本が最後通牒を発すると、袁は九日にはそれに屈した。

日本の慢心はここに頂点に達する。国内的にも大戦景気によって繁栄を謳歌した。貿易収支について、大戦開始の一四年と終結の一八年を較べると、輸出は五億九一〇〇万円から一九億六二〇〇万円へ、輸入は五億九六〇〇万円から一六億六八〇〇万円へと大きく伸張し、貿易収支も五〇〇〇万円の赤字から二億九四〇〇万円の黒字に大転化した。正貨準備高も三億四一〇〇万円から一五億八八〇〇万円へと増大している[安藤一九七九、一〇〇頁]。

シベリア出兵と原内閣

こうした自信みなぎる状況の中で行われたのがシベリア出兵である。一七年三月ロシア革命（二月革命）が起きると、軍部や外務省の一部には派兵計画が持ち上がった。イギリスやフランスは派兵を容認するものの、アメリカは反対の姿勢を取った。しかし、チェコスロバキア軍団が反ボリシェビキの蜂起を行うと、一八年七月アメリカはチェコスロバキア軍団救出のための出兵を決定し、日本にも出兵が要請された。出兵はあくまでもウラジオストクに限定されたものであったが、日本は各国をはるかに上回る最大の七万二〇〇〇人（取り決め出兵数一万二〇〇〇人以下）を送り、バイカル湖以東にまで進出した。二〇年一月に各国がチェコスロバキア軍団の救出を達成したとして撤退した後も、日本は単独で駐留し続けた。朝鮮や満洲へのボリシェビキ勢力進出の防止やシベリア居留民保護などが名目であった。撤兵に応じたのは二一年一一月に開催されたワシントン条約後の二二年一〇月であり、北樺太の場合には二五年五月のことであった。この間戦費は一〇億円に上り、犠牲者は三五〇〇人にも及んだ。また、国論が分裂する一方で、ソ連の敵愾心を買い、列強からも領土的野心を疑われて、得るところは何もなかった。

しかもシベリア出兵は、国内的には一八年夏の米騒動をも誘発した。大戦景気はインフレーションをもたらしていたが、夏場の端境期であることと、シベリア出兵決定によって、米の買い占めや売り惜しみがなされたのである。米騒動は富山県の女性の運動に端を発するが、その状況について『東京朝日新聞』（一九一八年八月一二日）は、「三日午後七時漁夫町一帯の女房連二百名は海岸に集合して三隊に分れ、一は浜方有志、一は町有志、一は浜地の米や及び米所有者を襲い、所有米は他に売らざること及び此際《このさい》義侠的に米の廉売を嘆願し、之《これ》を聞かざれば家を焼払ひ一家を鏖殺《おうさつ》すべしと脅迫し事態頗《すこぶ》る穏やかならず」と伝えている。彼女たちの運動は、規律性のうえに脅迫的に行われ、あくまでも道徳的な基準において廉売を要求するところにその目的があった。ここには近世以来の百姓一揆・打毀《うちこわし》の伝統やモラルエコノミーの論理を読み取ることができる。米騒動は一道三府三八県に及び、朝鮮にも飛び火した。政府は外米を緊急輸入する一方、廉売政策を実施し、皇室も三〇〇万円の下賜を行い、三井・三菱などの財閥や富豪も多額の寄付を行った。米騒動は結果的に二万五〇〇〇人以上の検挙者を出したが、その中心は雑業層であった。それは日露戦争後にたびたび行われた都市騒擾などの大規模な社会運動の画期をなすとともに、大正デモクラシーがまさに民衆的うねりとともに展開されたことを象徴するものでもあった。そして、時の寺内正毅内閣は米騒動の最中に倒壊し、替わって近代日本史上初めての本格的な政党内閣が原敬によって組織されることになる。

政友会原内閣の誕生は、長きにわたって近代日本の政治を推進してきた藩閥官僚勢力の後退を意味するものであった。藩閥官僚勢力の頂点に立つ元老山県有朋は、日露の提携によって英米に対抗しつつ大陸進出を強化しようとしていたが、ロシア革命の勃発によってその外交政略は頓挫した。その結果、かねてより対華二一カ条要求に批判的で対英米協調を主張していた原への国政移譲がやむを得ざるものとなった。原は、軍事的に大陸権益を拡大していこうとする政策を軌道修正し、中国内政不干渉政策をとって国際協調路線に踏み出そうとした。そのことは経済的に英米などと競争していくことを通じて大陸進出を強化していくことを意味した。それゆえ原は、中国市場での国際競争力の強化を期すべく、①「教育施設の改善充実」、②「交通機関の整備」、③「産業及び通商貿易の振興」、④「国防の充実」からなる四大政綱を掲げるにいたった。ただし、「国防の充実」は将来の総力戦を視野に入れたものであることに注意しておく必要がある〔川田一九九八、一五五―一五八頁〕。「平民宰相」ともいわれた原による内閣の誕生は、大正デモクラシーの息吹をも感じさせるものであった。この時代は、「民衆」概念が自立化を遂げ、それまで国民ないしは臣民でしかなかった人々が国家を相対化しはじめる時期であった。日露戦争は多大な犠牲を民衆に強いながらも、戦後も民衆は収奪と統制の対象にされ続けた。国家と自らを一体化していた民衆がこれに苛立ちはじめ、様々な騒擾事件を起こしていく所以である。そして知識人もまた、そうした民衆に共感することで、「民衆」という言葉を多用するにいたった〔鹿野一九七五〕。

こうして時代は、吉野作造がいう民本主義の時代となり、「変革」や「改造」などが叫ばれていくようになる。とりわけ「改造」は、一九一九年四月に総合雑誌の『改造』が刊行されたこともあって、この時代の合い言葉となった。改造の潮流としては、①民本主義の継続的活動、②社会主義の復権による改革運動、③国家主義者の改造運動、④地域社会における社会の再編活動など、大きく四つがあった〔成田二〇〇七、一〇四頁〕。まさに百家争鳴の言論活動と社会運動が展開されたといえる。しかし繰り返すが、大正デモクラシーはあくまでも「内に立憲主義、外に帝国主義」を内容とする。植民地にあっては、その現実は苛酷を極めたものであった。そのことは何よりも新参の植民地となった朝鮮について見て取ることができる。

2　武断政治と三・一運動

植民地朝鮮の武断政治

日露戦争に際して日本は朝鮮に軍律体制を敷き、厳烈な統治と苛酷な労働・土地収奪を行った［趙二〇〇五］。戦後日本は軍律体制を解くが、義兵戦争に対して行った徹底した弾圧は、韓国併合後、武断政治に継承された。一九一〇年八月「併合」がなるや、朝鮮総督府は国内の民族運動を根こそぎにすべく、一〇年末に黄海道安岳郡で独立資金の調達活動を行っていた安明根《アンミョングン》（安重根《アンジュングン》の従弟）ら一六〇名余を逮捕し、うち一六名を無期懲役などの重刑に処した（安岳事件）。また、翌年九月には寺内正毅総督暗殺未遂事件なるものを捏造して、秘密結社新民会を一網打尽にして六〇〇名余を逮捕し、うち一〇五名に懲役五年から一〇年の重刑を課した（一〇五人事件）。

武断政治下にあっては、天皇直隷の朝鮮総督は、軍事・司法・行政・立法の四権を掌握し、小天皇のごとく君臨した。警察は憲兵警察が普通警察を兼務し、反日的な動きに対する情報収集・弾圧活動のみならず、民衆生活全般を管掌した。警察署長や憲兵隊長は犯罪即決例（一九一〇年一二月）に基づき微罪については即決裁判業務を行った。また、警察犯処罰規則（一九一二年三月）によって、民衆のさまざまな日常行為を取り締まった。その結果、民衆は「請願」や「陳情」の自由はおろか、貧困ゆえの「徘徊」＝流浪することや物乞いすることの自由も奪われた。さらに、狩猟規則（一九一一年四月）によって狩猟が許可制とされ、銃砲や爆薬・刀剣の所持などが規制された。その一方で、日本人は憲兵警察だけでなく一般の官吏や教師までもが制服の着用とサーベルの着剣を義務づけられた。

こうした状況は、さながら、「徒党」「強訴」「逃散」を禁止し、帯刀を武士の身分標識とした近世日本的な支配を彷彿とさせるものがある。しかし近世日本では、一方で「武威」を凍結し、仁政イデオロギーによる支配を目指そうとする政治文化が成熟していた。武断政治は近世日本以上の厳烈な支配を敢行したといえる。実際、武断政治下では憲兵警察が罪なき民衆を殴打するのはありふれた光景であり、民衆は憲兵を誰よりも恐れた。朝鮮人の憲兵補助員や巡査補の場合は、変装をして市場や村里を巡回し、密偵活動を行って人々を日常的に監視し、日本人以上に怨嗟を買った。こうした暴力は一般の日本人にも連鎖し、朝鮮には「拳固主義」〔中野一九一八、三六六―三六七頁〕が蔓延し、朝鮮はまさしく兵営半島化したのであった〔趙二〇一〇〕。

植民地的近代化政策

このような厳烈な武断政治の下、総督府はさまざまな植民地的近代化政策を行った。まず教育政策としては、朝鮮教育令(一九一一年八月)において「忠良なる国民」を育成することを本義とすると定めて同化教育を標榜した。そして、民族主義教育の撲滅を図るべく、私立学校規則(一九一一年一〇月)と同規則の改正(一九一五年三月)によって、民族主義的な私立学校を徐々に廃校に追い込んでいった。宗教政策としては、寺刹令(一九一一年六月)によって寺院を総督府の監督下に置き、経学院規定(一九一一年六月)では儒教の最高学府である成均館《ソンギュングァン》を廃して代わりに経学院を設置し、儒教の統制を図った。また、布教規則（一九一五年八月）を発布して、宗教を神道・仏教・キリスト教に限定し、その他の新興宗教などは「宗教類似ノ団体」とするか、ないしは弾圧した。

土地政策としては、何よりも土地調査事業が有名である。総督府は、大韓帝国の政策を継承して近代的土地所有を創出することによって地税の安定的徴収を図ったが、土地所有が明確化したことによって確実な増税となった。また、森林法（一九〇八年一月）を公布して林野調査事業に着手し、農民が共同利用していた「無主公山」の大半を国有林に編入した。さらに森林令（一九一一年六月）を公布して森林を任意に保安林とし、農民に樹木の自由な伐採を禁じ、火田農民も駆逐された。農業政策としては、朝鮮の工業原料供給地化を図るべく、陸地綿や養蚕のための桑の栽培が強制され、また共同販売制を通じてそれらの安価な調達を図ったことが重要である。交通産業政策としては、会社令（一九一〇年一二月）によって会社設立を許可制として制限したことが悪名高いが、民衆にとって最も迷惑きわまりない政策は、道路・鉄道・港湾などのインフラ整備であった。これらの事業を総督府は、ほとんど民衆の賦役と「寄付」という名の土地収奪を通じて行ったからである〔趙二〇一〇〕。

こうした中で民衆の不満は、完封に近く抑圧されていた。「請願」や「陳情」の自由を奪われた民衆は、朝鮮王朝時代に頻繁に行われた民乱も封ずるしかなかった。しかしそれに替わって、終末思想のささやきが人々の心を徐々に強く捉えていくようになる。やがて終末が訪れ、李《イ》氏朝鮮に替わって真人鄭《チョン》氏の王朝が開かれ、貧者や賢者は生き、富者や愚者は滅びるという『鄭監録』信仰が、朝鮮時代には民衆世界を席巻していた。それは、鄭氏ではなく寺内正毅が新たな朝鮮の支配者になったことによって、一時民衆の信仰を失っていたが、民衆は再び終末思想に自らの運命を託さざるを得なくなっていくのである［趙二〇〇二、第七章］。

国外の独立運動

一方、国外では独立運動は依然として継続していた。朝鮮人の独立運動は、義兵戦争の敗北以後、満洲の間島地方や沿海州のウラジオストクなどに拠点を移して独立軍運動として展開された。独立軍や自治政府的機関としては、重光団《チュングァンダン》(徐一《ソイル》、間島地方)、耕学社《キョンハクサ》(李相龍《イサンヨン》・李始栄《イシヨン》、間島地方)、大韓光復軍《テハンクァンボククン》(李相卨《イサンソル》・李東輝《イドンフィ》、ウラジオストク)などが著名なものである。間島地方やウラジオストクには一九世紀中葉以降より貧農民が徐々に移住し、植民地化はその動きを加速させていたが、独立軍運動はこうした朝鮮農民を基盤とした。日本のシベリア出兵は、まさにこうした勢力とボリシエビキの接触を封鎖しようとすることにその目的の一つがあったが、やがて独立軍運動は、ロシア革命に鼓舞されて闘争力を強めていく。

亡命政客が集まった活動拠点としては、他に北京と上海が重要である。韓国併合後、言論人の申《シン》采浩《チェホ》・朴殷植《パクウンシク》を始めとする多くの民族運動家が中国に活動の場を移した。三・一運動と関連しては、一八年八月に上海で呂運亨《ヨウニョン》や金奎植《キムギュシク》などが新韓青年党を結成したことが重要である。同党は、一九年一月に始まったパリ講和会議に金奎植を派遣し、独立請願書の提出工作を行った。列強はこれを無視したが、こうした動きの背景には、一八年一月に発表されたウィルソンの一四カ条の平和原則があった。朝鮮の独立運動家たちは、この原則中にある民族自決主義に期待をかけたのである。周知のように、ウィルソンの一四カ条は、ボリシェビキへの対抗から出されたものであり、そこにある民族自決主義は東欧に限定されるものであって、他の地域に適用されるものではなかった。しかし、それは一九年に三・一運動が起きる大きな要因となった。

三・一運動に先立って重要な運動を展開したのは、在東京の朝鮮人留学生たちである。彼らは一八年一二月末頃より独立運動の準備をし、ついに二月八日に決行した。独立宣言書（二・八独立宣言書）と民族大会招集請願書を各国大使・公使館、日本政府大臣、国会議員などに郵送する一方で、神田のＹＭＣＡにおいて約六〇〇名の集会を開き、独立宣言書と決議文を熱狂のうちに採択した。集会は警察によって解散が命じられ、二七名が逮捕されることによって終了した。しかし学生たちはその後も日比谷公園に集合し、帝国議会に独立請願を行おうとする動きを見せた。

三・一運動

こうした中で、朝鮮半島でも独立運動の計画が一八年一一月頃から徐々に進められていた。中心を担ったのは、東学《トンハク》の後身教団である天道教《チョンドギョ》で、その幹部崔麟《チェリン》が参謀長的な役割を務めた。天道教はキリスト教団と仏教団にも連名による独立宣言書の発表を呼びかけ、教祖孫秉煕《ソンビョンヒ》を筆頭とする天道教徒一五名、李《イ》昇薫《スンフン》を筆頭とするキリスト教徒一六名、韓龍雲《ハンヨンウン》を筆頭とする仏教徒二名の計三三名が、いわゆる民族代表を自称して、三月一日京城（現在のソウル）の料理店の明月館《ミョンウォルグァン》支店泰和館《テファグァン》に集まって独立宣言書を発表した。彼らは、非暴力主義を標榜して独立宣言書（三・一独立宣言書）を読み上げて祝杯をあげた後に、自首して逮捕された。

実は三月一―四日は、伊藤博文によって退位させられた悲劇の皇帝高宗《コジョン》の国葬の日に当たっていた。そのため、国葬に参加すべく地方からは多くの人々が京城に集まっていた。折しも、高宗は総督府によって毒殺されたとの風説が流れ、人々の哀悼の念には強いものがあった。民族代表は自首したが、しかし三・一運動はこれ以降にこそ本格化する。民族代表に代わって学生たちが、大衆が待機するパゴダ公園で独立宣言書を読み上げ、「独立万歳」の大示威運動が開始されたのである。

度肝を抜かれた総督府はただちに軍隊を出動させてこれを弾圧したが、しかし運動は三日と四日を除き継続的に行われ、地方にも燎原の火の如く広まっていった。運動は四月中旬頃までが絶頂で以後沈静化していったが、それでもその余波は一年ほどにも及んだ。全国二三二府郡島のうち実に二一二府郡島で示威運動が展開され、参加者はおよそ二〇〇万人で、死者は七五〇九人、負傷者は一万五八五〇人、逮捕者は四万六九四八人に及んでいる〔朴一九七二、一八三頁〕。

運動は演説会・示威運動のほかにも多様に行われ、都市部では労働ストライキや商人の撤市(閉店ストライキ)、学生の同盟休校など、農村部では憲兵警察機関や郡庁、面事務所、裁判所、郵便局などへの抗議などとして展開された。そして重要なことは、農村部を中心に民衆が棍棒や農具などをもって暴力を行使した点である〔趙二〇〇二、第七章〕。その結果、官憲の死者は八名、負傷者は一五八名、破壊された官公署は、警察署・警官駐在所八七カ所、憲兵駐在所七二カ所、郡庁・面事務所七七カ所、郵便局一五カ所、その他二七カ所、合計二七八カ所に及ぶにいたっている〔金二〇〇〇、八五頁〕。犠牲者が多く出たのも、民族代表の思惑を超えて、学生や民衆が過激化していったからにほかならない。

三・一運動は一般に非暴力運動として評価されるが、そうした評価は三三名の民族代表の側に身を寄せたものである。三・一運動を契機に上海では大韓臨時政府が設立され、中国を始めとして海外に散在していた民族運動家が集結するが、そこでは世界の公論に訴えて独立を達成しようとする戦略が基軸となった。のちに臨時政府大統領となる朴殷植は、当時臨時政府のスポークスマン的役割を果たしたが、彼は三・一運動がいかに非暴力主義的な運動であるかを訴えることに努めた［趙二〇〇九］。

この時期において、民族代表や亡命政客らにはウィルソンの民族自決主義や世界の人道主義に対する確信が強くあった。したがって、運動はあくまでも平和的であらねばならず、彼らにとって無知な民衆の運動は迷惑きわまりないものであった。そこにはなお朱子学的思惟に基づく伝統的な愚民思想が働いていた。実際、文学者にして歴史家の崔南善が書いた三・一独立宣言書は、「道義の時代」がやってきたことを高らかに謳い、朝鮮の独立は世界の人道主義によって達成されるとしたが、そこには朱子学的なオプティミズムの論理が垣間見える。のちに作家となる早稲田大学生の李《イ》光洙《グァンス》が書いた二・八独立宣言書とて、「永遠の血戦」の覚悟を表明しているとはいえ、その実は新しい平和的な世界秩序への確信において、朝鮮の独立を主張するものとなっている。臨時政府はのちに、依然として世界の公論を重視する外交準備路線派と、それを迷妄だとする武力独立路線派とに分裂するが、それは以上のような世界認識や愚民思想の問題と深く関わっていた。

3　大正デモクラシーと朝鮮

文化政治への転換

多くの犠牲者を出した三・一運動への同情が、世界において全くなかったわけではない。朝鮮在住の欧米の宣教師やジャーナリストを通じて、日本の非道が広く世界に訴えられた。そして何よりも、三・一運動が挙族的な規模で展開されたことは、朝鮮統治のあり方の変更を迫るに十分なものであった。原敬は四月には、「対朝鮮政策に付《つき》一考せざるべからず、今日までの成行《なりゆき》にては極めて不可なり」(『原敬日記』一九一九年四月二日)との考えから次のように言明している。

即ち余の考にては朝鮮人を内地同様に遇せんとするに在り、英米が人種、宗教、言語、歴史を異にする人民を治むるが如き主義を以て朝鮮を治むるは誤れるものなり、日本朝鮮は全く同一の国なれば同一の方針にて統治せんと欲す、但《ただし》文明の程度、生活の程度は今日直に一足飛《いっそくとび》に内地同様に取扱ふ事を得ざるは勿論なり、是れ余の方針にて既に地方官会議に於て簡単ながら其《その》趣旨を述べ置きたり。(『原敬日記』一九一九年五月一五日)

すなわち、ここでは内地延長主義が謳われており、来るべき将来において帝国憲法を完全施行する方針が示されている。原によれば、日本と朝鮮は本来同一人種同一民族なのであり、それゆえに欧米が行う植民地統治のようなものであってはならないというわけである。こうした議論の前提に、「韓国併合」を合理化した喜田貞吉などの「日鮮同祖論」があるのは容易に看取される。朝鮮民族の独自性を認めず、朝鮮の自治さえも決して認めようとしないのが、政治家原敬の朝鮮論の特徴であった。それは将来の差別完全撤廃を念頭に置いた善意の議論であるかに見えるが、朝鮮を絶対に手放すまいとする帝国主義者の狡猾さの表れでもあった。

このような内地延長主義の理念の結果打ち出された新たな統治方針が文化政治である。一九年八月、原は海軍大将の斎藤実を朝鮮総督に任命し、その方針を推進させた。思えば両人は岩手県出身で、原が盛岡藩、斎藤が水沢藩の士族出身で、賊軍の悲哀を味わい苦労も重ねた仲であった。そうした経験が懐柔的な文化政治を標榜する一因であったかもしれない。文化政治の下では憲兵警察が廃止され、民族的な言論活動が植民地支配に抵触しない限りにおいて認められた。その結果、実力養成運動が起こって啓蒙主義的な青年会運動が活発化し、労農運動・宗教運動・女性運動などの社会運動も展開されるにいたった。しかし文化政治期は、実は一府郡一警察署、一面一駐在所主義がとられ、武断政治期に比べて警察官署数と警察官数が数倍した時期である。文化政治の美名の下に、実は厳烈な警察支配が緩むことは決してなかった。

大正デモクラシーと三・一運動

ところで三・一運動は、大正デモクラシーを謳歌する言論界においてどのように受けとめられたのであろうか。端的にいえば、やはり「内に立憲主義、外に帝国主義」を標榜するだけあって、単に天道教徒の一部やアメリカ人宣教師の「陰謀」に過ぎないとし、それが巨大な独立運動の烽火であることを正しく認識しないものが一般的であった。しかしそうした中にあって、朝鮮ナショナリズムの憤激に正しく向き合おうとする議論が少なからずあったことも確認しておく必要がある。朝鮮の芸術と民衆への共感から朝鮮の独立に理解を示した人物としては、柳宗悦が有名である。ただし、朝鮮の美を「悲哀の美」に求める彼の朝鮮観は同情論に終始し、朝鮮を女性性として表象するような帝国主義の側からのものであった〔柳一九七二、一三八頁〕。しかも柳は、「吾々が剣によって貴方がたの皮膚を少しでも傷つけることが、絶対の罪悪である様に、貴方がたも血を流す道によって革命を起こして被下《くださ》ってはいけない」と言っており、朝鮮民族の自律的な解放の道を否定しようとする議論を展開していた。柳は日本の良心をどこまでも信じようとしたのである。

民本主義を基礎に置いて朝鮮への理解を示した人物としては、やはり吉野作造の存在が重要である。吉野を中心とする黎明会は、三・一運動勃発後まもなく朝鮮人民族運動家を招いてその志を聴き、講演会では軍閥の朝鮮支配や同化政策を批判した。吉野の影響下にある東京帝国大学法学部の急進学生が組織する新人会も、朝鮮の植民地化を「不可」とし、その独立を主張した。吉野の場合は、朝鮮の即時独立を説いたわけではなく、言論の自由や同化政策の放棄、差別の撤廃、武断政治の廃止などと合わせ、せいぜい自治の付与を唱えたに止まったが、朝鮮ナショナリズムへの前向きな応答の姿勢は、当時にあって十分に急進的であった〔松尾二〇〇一、三二四―三二六頁〕。

こうした吉野の朝鮮への思い入れは、彼が民本主義者であったばかりではなく、道義への強いこだわりをもっていたからでもある。日本政府は独立運動の懐柔のため、新韓青年党の呂運亨を上海より招き、各界要人と面会させたが、呂はかえって独立の志を強く訴え、その策謀は失敗に帰した。この時吉野も呂に会っているが、吉野は呂の訴えに応えて次のように言っている。

いかに彼が帝国に対して許すべからざる計画をして居ったにせよ、彼を道徳的に不逞の徒と蔑しむことは、どうしても予輩の良心が許さない。偏狭なる国家至上主義の道徳観を取るものは格別、最高善を国家に実現せしめんとするのが我々の理想であるとする以上、予輩は、彼の把持する一片の正義を包容し得るにあらずんば、日本の将来の道徳的生命は決して伸びるものでないと云う感を深うせざるを得なかった。〔中略〕彼等が一片の道義をとって独立を叫ぶ以上、我はそれ以上の高き道義的理想を掲ぐる事の外に、彼等を服せしむる途はない。〔「いわゆる呂運亨事件について」吉野一九七〇、二五一―二五二頁〕

吉野は道義を国家の上に定立しようとしたといえるのだが、それゆえに道義の下にある国家や民族はそれに平等に服さなければならず、朝鮮が一個の民族であることも、そのナショナリズムも理解できた。しかし吉野も、帝国日本の一員であった。優越的立場からする朝鮮自治論は、帝国日本を根本から突き崩すものとはならなかった。

これに対して『東洋経済新報』に依拠して議論を展開した石橋湛山の場合は、小日本主義という確固とした哲学の上に立って、朝鮮の独立を主張した。すなわち、「一民族」として独立してきたがゆえに、「鮮人は日本の統治の下にいかなる善政に浴しても、決して満足すべきはずはない」としたうえで、「鮮人のこの反抗を緩和し、無用の犠牲を回避する道ありとせば、畢竟鮮人を自治の民族たらしむるほかにない」と断言した〔「鮮人暴動に対する理解」石橋一九八四、八六―八九頁〕。そして湛山は、次のように吉野以上の道義論をも展開している。

朝鮮・台湾・樺太・満州という如き、わずかばかりの土地を棄つることにより広大なる支那の全土を我が友とし、進んで東洋の全体、否、世界の弱小国全体を我が道徳的支持者とすることは、いかばかりの利益であるか計り知れない。もしその時においてなお、米国が横暴であり、あるいは英国が驕慢であって、東洋の諸民族ないしは世界の弱小国民を虐《しいた》ぐるが如きことあらば、我が国は宜しくその虐げらるる者の盟主となって、英米を膺懲《ようちょう》すべし。〔「大日本主義の幻想」同上、一二一頁〕

ここには、道義を前提としたアジア主義の論理さえ認めることができる。「盟主」になれとはいっても、湛山はあくまでも小日本主義を主張し軍事大国化を絶対的に拒否している。日本のアジア主義は、アジアへの文明的共感を欠如した独善的な「日本のアジア主義」であることをその本質とする〔趙二〇〇七〕。湛山のアジア主義は、そうした中にあって、希有のものであろう。

希有なアジア主義者としては、湛山とは違って生粋のアジア主義者として終始した宮崎滔天が際立っている。滔天は、三・一運動の烽火のなかに変革主体を読み取ることによって朝鮮の独立を断固支持する立場を獲得し、日本の大陸侵略を批判する境地を切り開いていった〔初瀬一九七九〕。

以上のように、大正デモクラシーの風潮は一般的には朝鮮の独立を認めようとするものではなかったが、それに理解を示す議論も重要な流れとしてあった。このような議論は、満洲事変以降、とりわけ日中戦争期には全く消え失せてしまうが、そうした論調がなお世論の一部に確固とした位置を占めていたことは大正デモクラシー期の健全性を一面反証している。そして興味深いことは、「改造」とか「民衆」というような大正デモクラシーのキーワードが、朝鮮の民族運動陣営でも盛んに使われ出してくることである。朴殷植が典型的である〔趙二〇〇九〕。それはまさに思想の連鎖にほかならなかった。しかし世界の人道主義や、それに連なるような大正デモクラシーの思想の問題性を鋭く認識する運動家もいた。中采浩はその代表的な人士であり、無政府主義に依拠して民衆による暴力革命を主張しつつ、「東方民衆の革命」を目指そうとした〔趙一九九六〕。彼とて大正デモクラシーの影響は受けていたのであるが、真の民衆的な途は単なる「改造」ではなく、「革命」だと認識したのである。それは思想的連鎖が、新たな意味づけをされてブーメランのように投げ返されたことを意味している。

4　辛亥革命とその影響

革命の時代

一九一〇年代は、中国にとってまさに革命の時代であった。清末新政による近代化政策にもかかわらず、それは遅きに失し、一一年一〇月一〇日ついに湖北省武昌で革命軍が蜂起した。蜂起は予期に反して成功を収め、それは連鎖のごとく華中・華南に飛び火し、一カ月もしない間に一三省が清朝支配から独立した。清朝の反撃により、南北間で激しい攻防戦が繰り広げられたが、一二月二日南京が革命軍の手に墜ちたことによって革命政府の樹立が現実化した。やがて孫文が外国から帰国して臨時大総統に選出され、一二年一月　日、五族共和（漢・満・蒙・回・蔵）の中華民国の建国が宣言された。

しかし、洋務派系の官僚・軍人と深い関係を築いていたイギリスは革命政府を支持しなかった。

イギリスは清朝最大の実力者である袁世凱を内閣総理大臣に擁立させることに成功したが、すると諸列強もこれを支持した。そして、いまだ力弱い革命政府は、清帝を退位させ共和に賛同することを条件に臨時大総統の地位を孫文から袁に譲ることを決定した。袁は、南京で臨時大総統に就任することを約束していたが、それを反故にして三月一〇日北京で就任した。袁の専制を嫌う革命派は中華民国臨時約法によってそれを掣肘しようとし、一二月から翌一三年一月にかけて行われた衆参両院の国政選挙では、中国同盟会を改組した国民党が大勝した。ここに袁は、国民党の事実上の党首である宋教仁による組閣を恐れ、三月二〇日宋を暗殺してしまう。四月にはとりあえずは国会が開会されたが、袁が独裁を強めると、反袁の気運が高まり、ついに七月、第二革命となった。しかしこれは二カ月足らずで失敗に終わり、革命派は海外への亡命を余儀なくされた。

こうして独裁を強めた袁世凱が、次に画策したのが皇帝の座に着くことであった。一一月袁は、国民党議員を国会から締め出して国会を閉鎖に追い込み、代わって任命制の諮問機関である参政院を創設して独裁を加速させた。そして、御用団体の籌安会《ちゅうあんかい》を組織して帝政運動を展開し、公論に則るという形式をとって参政院からの推戴を受け、ついに一五年一二月二三日皇帝に即位した。その間一五年五月に日本の二一カ条要求を受諾するという屈辱を受け、もはや中華帝国の栄華は記憶の彼方に去ってしまっていた。にもかかわらず、袁が皇帝位に執着したのはあまりに滑稽であり、時代錯誤も甚だしいものであった。

その結果、即座に反帝政運動が盛り上がり、護国戦争ともいわれる第三革命が勃発することになる。先陣を切ったのは、親袁から反袁に転じた梁啓超や蔡鍔《さいがく》などの進歩党系の人士で、一五年末に雲南で蜂起、独立を宣言した。翌年一月と二月にはそれぞれ貴州と広西も独立を宣言し、各省に反袁の気運が高まった。袁はその鎮圧に出たが、事態は深刻であった。それがおぼつかなくなると、袁はついに三月二二日帝政の廃止を発表した。そして、病を得て六月六日失意のうちにその生涯を閉じた。ここに副総統であった黎元洪《れいげんこう》が大総統となって共和政が復活するが、それは辛亥革命のひとまずの終焉を意味するものでもあった。

民衆運動の高揚と五族共和

辛亥革命の過程は、革命と反革命の対立を基軸とするが、もう一つの軸として民衆運動の高揚があることを忘れてはならない。革命は、民衆蜂起の支援を受けつつ進行していった。しかし各地の革命政府は、地主的土地所有を克服しようとする民衆運動を鎮圧した。それは地域社会の亀裂が広がっていくことを意味した。地方では郷紳層（官僚同等の身分を持つ地方の名望家）が権勢を拡大して清朝から離反すると、郷紳が地域の利害や民衆の不満を公議として中央に上達する政治文化が喪失した。そのためもあって民衆運動は多発し、地域社会の規範や秩序がますます動揺をきたしていく。それゆえに、革命政権は国民統合を図るべく革命記念式典を挙行し、迷信的世界に生きる民衆文化を否定するのだが、それは民衆に対する文明の強要にほかならず、地域社会の亀裂はますます深まっていった［藤谷二〇一〇］。

辛亥革命の目的は、何よりも中国同盟会が掲げる「駆除韃虜、恢復中華、創立民国、平均地権」の四綱に要約され、端的にいえば国民革命であり、中国史で繰り返し行われてきた易姓革命とは根本的に異なる。そして、孫文の三民主義との関係でいえば、「駆除韃虜、恢復中華」が民族主義で、「創立民国」が民権主義、「平均地権」が民生主義ということになる。このうち民権主義が漸次的になされていく性格のものであることはいうまでもないが、民生主義の実現については、それを自己否定する形で、革命が民衆運動に対していたことはいま述べた通りである。

問題は民族主義である。民族主義とは具体的にどのような内容のものなのであろうか。それは、中華民族が漢族だけを意味するのか五族全体を包括するのか、という問題であるが、民国建国当初は、漢族を中華民族とする、いわば小民族主義を前提に五族共和が謳われていたと考えることができる。しかし、これはやがて意味を変えていき、二〇年代に入ると、五族に止まらない中国の領域に存在するすべての民族が融合されたものとしての中華民族が構想されるようになる。いわゆる大漢民族主義である。実は、孫文は当初から五族共和に懐疑的であったのではないか、という疑念さえ存在している[村田二〇〇九]。

そもそも辛亥革命は、清帝国が多元的で、各省が自立的な存在であることを前提にしてなされたものである。そのことは、革命がなぜか北京への即座の進行を試みずに、各省独立という形式において進行したことに端的に示されている。中国があまりに広大であるということもあろうが、それは何よりも中国史の展開が分権的方向に進んでいたことに規定されている。

明末清初には、反体制知識人のなかで、郡県制に基づく専制的な皇帝独裁を批判する議論として「封建」や「公論」が主張されたが、それは清末にいたって、「地方の公事を地方の手で」という意味での地方自治＝「郷治」として置きかえられていった[溝口ほか二〇〇七、第四章]。「郷治」＝「省の力」は清代を通じて発展していったが、勧善的な地方公益活動を担った「善会」や民間自衛組織たる「団練」、地方共同活動を行う「学会」、相互扶助組織としての「宗族」などは、その代表的なものである。「軍事・行政・財政権の中央から地方への下降、いいかえれば地方分権化の傾向は、一九世紀中国を特徴づける大きな歴史の流れ」であった〔村田一九九四〕。清末民初に官僚・政治家・実業家として活躍し、江蘇省の名望家でもあった張謇《ちょうけん》は、分権化の趨勢を背景に連邦制的地方分権体制を構想している〔田中一九九五、一九九九〕。

モンゴル・チベット・新疆・台湾

こうした分権化の趨勢は、藩部とされていたモンゴルやチベット、あるいは省制を敷かれていないながらも実質ウイグル族の地である新疆《しんきょう》などでは、なおさらのことであった。ハルハ・モンゴルでは、辛亥革命以前から、清末新政に対する反発から独立の気運が高まっていた。中央から漢人官僚を引き連れたサンド（三多）が庫倫《クーロン》辦事大臣として赴任すると、新政策が次々に打ち出されたが、これはモンゴルが省制に組み込まれるのではないかという危機感を王公の間に醸成した。そこでロシアに支援を求めようとしたのだが、そうした矢先に辛亥革命が勃発した。清朝の瓦解は満洲皇帝との従属関係を解消するものであったがゆえに、モンゴルはここに一一年一二月一日に独立を宣言することになり、ジェプツンダムバ・ホトクト八世がボクド・ハーン（皇帝）に即位した。ボクド・ハーンは大モンゴル主義を掲げ、一三年には漢人が雑居する内モンゴルにも軍隊を進めた。しかしロシアが介入し、ロシアはボクド・ハーン政権の領域を外モンゴルに限定し、中華民国の宗主権下にボクド・ハーン政権の自治を認めるという形でモンゴルの自立を中華民国に承認させた。ロシアはその見返りに民国政府よりモンゴルにおける経済利権を手に入れた［中見一九九四］。モンゴルの完全独立はならなかった。しかし、ソ連の指導下で二一年にモンゴル革命が起こされ、ソ連体制下でついに独立が達成された。

こうした事情はチベットでも同様であった。清末に中央から派遣された漢人官僚が新政を行うと、それへの反発が強まる中で辛亥革命となった。ダライ・ラマ政権はこれを機にイギリスなどの援助を受けながら事実上の独立を果たした。一三年二月には、モンゴルと条約を結んで相互に独立したことを確認しあうとともに、経済的・軍事的に相互援助することなどを盟約した。ただし、イギリスは中華民国との通商関係を考慮し、「チベットは中国の宗主権下の自治邦である」としたことで、チベットの独立はやはり完全なものとはならなかった。その結果、一九五一年に人民解放軍の進攻を許すこととなる。以後チベットは、中華人民共和国の国家主権下に置かれ現在にいたっている［平野二〇〇八］。

東トルキスタンの新疆の場合は、事情がやや違っていた。東トルキスタンでは一八六四年にムスリムの反乱が起きヤークーブ・ベグ政権が樹立されたが、左宗棠《さそうとう》がこれを鎮圧し、八四年には藩部が廃され、新疆省が成立した。したがって、省制に組み込まれていたため、新疆はそのまま中華民国に移管されてしまった。しかし、新疆は漢人軍閥政権が事実上統治し、民国政権の統治は一九四三年まで及ばなかった。そしてウイグル族は、この軍閥政権下においてトルコ民族として覚醒化していく。すなわち、学堂章程に基づく清末からの漢語教育に対して、一九一〇年代―二〇年代にはトルコやロシアから教師を招いて、トルコ語による近代化教育を行った。こうした運動は厳しく弾圧されたが、しかし三〇年代に入ると、大規模な反乱が起きることになる[新免一九九四]。

一方、日本統治下の台湾の場合は、辛亥革命の影響は、以上の非漢族の対応とは違い、抗日運動として現れた。すなわち、羅福星を指導者とする苗栗《びょうりつ》事件(一九一三年一〇月)と余清方を指導者とする西来庵《せいらいあん》事件(一九一五年八月)である。どちらも厳しく弾圧され、とりわけ後者は二〇〇〇名の検挙者と九〇三名の処刑者を出した。これを契機に台湾の民族運動は、大正デモクラシーの影響も受けて文化啓蒙運動と民族自治運動の方向に向かうが、それは「台湾は台湾人の台湾である」とする認識の芽生えであったともいえる[呉一九九四]。

しかし、「台湾は台湾人の台湾である」とする認識は、辛亥革命の中から出て来た連省自治の国家構想とも連動するものであったように思われる。連省自治の思想も分権化の趨勢に規定されて登場したものであるが、当時展開された新文化運動では一つの重要な論争となった。すなわち、マルクス主義者の陳独秀が地方割拠の軍閥政治を危惧して連省自治を批判したのに対して、胡適は広大な中国は地方分権を強化することで地方から民主化が進み、そうなれば軍閥と闘っても勝てると考えた[横山一九九六a]。また孫文は、一九二一年六月、部下の陳炯明《ちんけいめい》の反乱に遭い第三次広東軍政府を追われたのだが、その背景には連省自治の是非をめぐる対立があった。陳炯明は中国の伝統的な専制統治である「大一統」を否定して分権的な国家を目指そうと構想していた。大漢民族主義の孫文が陳炯明と対立するのは当然であった[横山一九九六b、一五三―一六〇頁]。当時若き毛沢東も連省自治論者として「湖南共和国」を構想していたことは有名だが、毛はのちにはこれを自己否定する。

現在の中国は、大漢民族主義の延長線上に国家統治を行っているといえる。

5 五・四運動の展開

日本の対華二一カ条要求と中国ナショナリズム

辛亥革命勃発当時、日本は清朝維持政策をとったが、中華民国が成立すると、中立傍観政策に転じた。在野では革命派を支援する者が多かったが、それは藩閥政府に対峙している自らと革命派を二重写しにしたからであった。しかし、宮崎滔天などを例外として、大陸浪人の多くは参謀本部の支援を受けており、その行動は真に革命派に共感するものではなかった。参謀本部の宇都宮太郎などは、満蒙独立論を唱え、強大な中国の誕生を喜ばず、中国の分割を画策した。長城外の満蒙政権を保護国にし、南方の革命政権とは同盟を結ぶという構想である〔櫻井二〇〇九、序章・第三章〕。

こうした構想はもちろん実を結ばなかったが、それは日本の慢心の一つの表れであった。宇都宮は対華二一カ条要求の原型的な提案もしており、対華二一カ条要求は革命で揺れる中国の間隙に乗じたものにほかならなかった。一七―一八年に寺内正毅内閣は、黎元洪との権力闘争に勝利した段《だん》祺瑞《きずい》政権に対していわゆる西原借款を行うが、これは段祺瑞政権に対する実質的な軍事援助であり、袁世凱後に展開された軍閥政治を助長するものとなった。日本はその見返りとして、鉄道敷設権や森林伐採権、鉱山採掘権などの経済利権を手に入れた。また一八年五月には、秘密軍事協定として日華共同防敵軍事協定を結んで中国への軍事的進出を目論んだ。しかし、悪評高い借款を、寺内の意を受け私人として推進した西原亀三は、それに先立つ対華二一カ条要求こそが欧米諸国に日本の侵略主義を警戒させるとともに中国の排日・愛国主義を高揚させ、ついには「太平洋戦争」に導いた起点だとして、大隈重信を論難している［西原一九六五、六二頁］。日本の対華二一カ条要求こそは、中国ナショナリズムの高揚に最も力あった事件にほかならない。それが最後通牒された五月七日とそれを受諾した九日は中国の国恥記念日となった。そして、一九年の五・四運動も対華二一カ条要求廃棄の問題をめぐって起きたものであった。

段祺瑞政権は一七年八月にドイツ・オーストリアに宣戦布告をしていたが、その結果、戦勝国となった。近代史上初めての戦争勝利であった。一八年一一月戦勝の喜びは全国を覆い、北京の天安門広場では三日続きの盛大な戦勝祝賀行事が行われた。そこでは「公理」が「強権」に勝利したという認識が示された［狭間一九九九、五三―五五頁］。

当時広東には孫文らの軍政府も成立していたが、一九年二月に南北両政府は和議を結んでパリ講和会議には一致した代表団を送った。そして、租借地・租界の返還や関税自主権の承認、山東省におけるドイツ利権の中国への直接返還、対華二一カ条要求の廃棄などの要求を行った。しかし、四月二九日の英・米・仏・日の四大国会議は中国の要求を無視して日本の主張を承認した。このことはただちに中国に伝えられ、また帝国主義列強の密約や北京政府の売国外交などの実態も明らかになった。ここに世論が沸騰し、ついに五月四日北京の各大学の学生約三千人が天安門に集結して抗議の示威行進を行い、日本を除く各国公使館に要望書を提出した。この時、学生たちは親日的な官僚や外交官などの家宅も襲い、三二名の学生が逮捕された。

しかし、世論は学生を支持するものであり、北京市長を始め全国の商業団体や教育団体、その他各界の民間諸団体は学生を支持した。勇を鼓された学生は授業ボイコットを行って宣伝工作に入り、民衆の共感が呼び起こされた。そして、日貨排斥運動が激しく展開され、商人は閉店スト、労働者もゼネスト状態に入った。その結果北京政府は、学生・民衆が懲罰を要求する、対華二一カ条交渉に携わった親日派の三高官（曹汝霖《そうじょりん》・章宗祥《しょうそうしょう》・陸宗輿《りくそうよ》）を罷免した。また、六月二八日の対独講和条約では中国全権団は調印を拒否した。これは南京条約以来不当な条約を押し付けられてきた中国が、自らの意志でそれを拒絶したという意味で、中国近代史上画期的なことであった。

中国社会の成長と民族自決主義

五・四運動の背景には、新文化運動があった。これは陳独秀が一五年九月に創刊した『新青年』を中心に展開されたが、それはまさに新教育を受けた新しい青年に思想の改造を呼びかけるものであった。辛亥革命以来、学校を通じた近代教育が急速に広まっており、科挙及第のための教育はもはや過去のものとなっていた。『新青年』は儒教批判を展開して古い中国的倫理や家族制度、社会慣行などを批判した。また、文学革命を喚起して口語運動を展開した。一八年に発表された魯迅の『狂人日記』は儒教批判と文学革命を架橋するものとして有名である。当時の学生たちはこうした新しい思潮に急激に感化されており、それが五・四運動において一挙に爆発をみたのである。

五・四運動の背景には、もう一つ中国の経済的成長があった。清末以来の民族資本成長の流れが第一次大戦の勃発によって一挙に加速し、中国経済は「黄金時代」を迎えた。すなわち、日米を除く帝国主義諸列強が中国市場から後退するとともに、大戦によって物資の不足に悩むヨーロッパへの農産物や軽工業製品の輸出が増大した。その結果、たとえば国産綿糸が中国市場に占める割合は、一四年三八・六%であったものが、一八年には七〇・四%となり、製粉は輸出超過に転じて、二〇年には一三年の実に一七倍の輸出量となった。日貨排斥運動はこうした民族資本の成長にも後押しされていた。そして、資本主義の発展は労働者の増大にもつながり、その数は一三年に六五万人であったものが、一九年には二〇〇万人に達した〔姫田ほか編一九八二、二三八—二四二頁〕。

こうして第一次大戦期、中国では急激に中間層や民衆の成長がみられたということができるのだが、五・四運動は学生・青年だけでなく、彼らの支持なしには成功し得ないものであった。こうした、とりわけ民衆の成長にいち早く着目したのが、ロシア革命後にマルクス主義者となった李大釗《りたいしょう》である。彼は辛亥革命以来、「小民」の立場に徹しつつ体制批判を行い、やがて自らの選良意識や愚民観を克服し、「匹夫」そのものを、社会を切り開くための学問の主体として把握するにいたった〔里井一九七二、第四章〕。そして彼は、五・四運動を直前に控えた一九年二月に「アジア人はいっしょに新アジア主義を唱えて、一部の日本人が唱えている「大アジア主義」に代えなければならない」としつつ、民族自決主義の実現を訴えた〔「大アジア主義と新アジア主義」伊東ほか一九七四、一三八頁〕。

民族自決主義を希求した運動という点で、五・四運動は三・一運動と同じ位相に立っている。五・四運動は三・一運動から大きな刺激を受け、朝鮮民族の悲運を明日の中国の運命として訴え、朝鮮人と連帯しようとする気構えの中で展開された〔小島一九八〇〕。それゆえ、その論理も三・一運動と通底するものがあった。ひとり李大釗は民衆を発見していたとはいえ、五・四運動もまた、総体的にはウィルソンの民族自決主義や世界の人道主義に対する過大な期待の上に展開されたのである。すなわち、「そもそも平和会議が開かれたとき、われらが期待し祝賀したのは、世界に正義があり、人道があり、公理があると考えたからであった」〔「北京学生界宣言」西編一九七七、二四八―二四九頁〕し、その期待を裏切られてもなお、「世界各国の世論もまた正義と人道にもとづいてわれらに同情を寄せて」〔「北京学生より日本国民に送る書」同上、二五四頁〕いると考えることができた。

当時においては、ウィルソン主義と人道主義は弱小民族の心をそれほどまでに強く捉えていたということであるが、五・四運動においても世界の世論が大きく揺り動かされることはなかった。とりわけ日本の世論は、三・一運動に対するのと同様に冷淡なものであった。中国への譲歩を説くものが全くないわけではなかったが、全般的には共感に乏しかった。そうした中で、やはり吉野作造の言動は異彩を放っていた。彼は、五・四運動における排日が日本国民に向けられたものではなく、あくまでも日本の政府や軍部、財閥などに対してのものであり、五・四運動と大正デモクラシーは同質のものであると考えた。すなわち、親日派の三高官を「日本の官僚軍閥と酷似して居る」とまで述べ、五・四運動は、「その熱心なる意図に於て、まさに我々とその立場を同うするもの」としたのである〔「北京大学学生騒擾事件について」吉野一九七〇、二一三頁〕。これは日中の国民が同一の課題を抱えているとする政治分析であり、吉野が対等な目線に立って中国とその国民を見つめていることを意味する。それゆえ吉野は、李大釗と連絡を取って軍閥打倒のための連帯運動を行うべく、翌年早々に宮崎滔天の息子である東京帝国大学生竜介を上海に送った。また、中国からも五人の学生が来日した。吉野も訪中するはずであったが、しかし政府の妨害によってかなわなかった。

日中が同一の課題を抱えているとする吉野の政治分析は、ある意味では鋭いが、ある意味では的を射ていない。すでに帝国主義となった国と、なお半植民地的状況から脱していない国との差違が見えていないという点においてである。二〇年代のワシントン体制下における協調外交を経て、日中両国が三〇年代には侵略国―被侵略国として全く逆の立場に立っていくことを、吉野は予測することができなかったということである。

6　第一次大戦とインド

インドの経済成長と民族運動

中国だけでなく、一般に第一次大戦下の従属諸地域においては、土着産業や民族資本が成長するとともに、民衆の貧困化が激しく進行した。戦争は膨大な原料や製品の需要を呼び起こしたにもかかわらず、日米以外の諸列強が従属地域市場から後退した結果、植民地では輸入商品の価格高騰に対して、輸出する一次産品の価格の上昇が追いつかなかったからである〔板垣一九七〇〕。もちろん、朝鮮のように会社令の施行によって民族資本の成長が阻まれ、地主層の成長と民衆の貧困化だけが際立ったような地域も存在した。

中国と並んで、著しく経済発展を遂げた地域はインドである。イギリスを始めとするヨーロッパの工業製品は、ヨーロッパ自身が戦場化したことと、船舶の不足や交通の混乱などによってインドへの輸出が途絶えた。その結果、インドでは輸入代替工業化の道が切り開かれたのだが、その最も典型的な産業部門が綿工業である。インドの綿製品輸入は、一九〇六—〇八年の平均二一億ヤードから、一九一六—一八年の平均一四億ヤードへと減少し、逆に国内生産は六億ヤードから一三億ヤードへと飛躍的に伸びた。その他ジュート工業や石炭業などの部門でも膨大な利潤をあげ、大戦中資本家の成長をみた。中間層も増大した。しかしその一方で、物価が騰貴し、農民や労働者、職人などの貧困層の一層の窮乏化を招いた。そして、一八年にインドを襲った新型インフルエンザの大流行がそれに拍車をかけた〔内藤・中村編二〇〇六、一五八—一六〇頁〕。

一九一〇年代、インドの民族運動はにわかに活性化の様相を呈していくが、それはこのような経済的変動を間に挟んで展開されたものであった。一〇年代の民族運動を見る上において、まずもっての重要な事件は、インド政庁が一一年一二月に、〇五年一〇月に決定したベンガル分割を撤回したことである。ベンガル分割はヒンドゥー教徒が多いベンガル本州とムスリムが多く住むその他とを分割し、民族運動の分断を図ろうとするものであった。これに対しては大きな反対運動＝スワラージ(自己統治)運動が起き、ヒンドゥー主導の国民会議派がその先頭に立っていたが、全インド・ムスリム連盟は分割に賛同の意を示していた。ベンガル分割の撤回はこの立場を全く逆のものにした。

すなわち、会議派はひとまず安堵し、親英的であったムスリム連盟は、その立場を棄てて帝国内の自治を目指すようになった。こうした状況の中で、インドが否応なく巻き込まれたのが、第一次大戦への参戦であった。宗主国の参戦にともないインドも自動的に参戦するものとされた。大戦が総力戦的様相を強める中で、イギリスはインドを人的・物的資源の供給地として最大限に利用しようとした。またインドも、戦後にイギリスが大きな政治的譲歩をし、自治への道が切り開かれることに期待を寄せて、積極的にそれに応じた。ガンディーさえも協力を惜しもうとはしなかった。大戦中動員されたインド人兵士は、一三〇万人以上に及び、膨大な軍事物資と多額の戦費も負担した。

しかし、インドの忠誠にもやがて陰りが見え始める。その理由は大きく四つで、①インド人の眼前で強大なはずのイギリスがドイツに苦戦を強いられているのを目撃したこと、②少数派でありながら最も多く動員されたムスリムの間には、汎イスラーム主義が広がっており、敵対国トルコのカリフはイスラーム教の教主であるとする考えがあったこと、③パンジャーブ地方で不滅運動という反英的なシーク教徒の改革運動が起きていたこと、④英印軍のなかにはイギリス人兵士とインド人兵士の間で厳然たる差別が存在していたこと、である。そのため、一部には反乱の計画もあった。とりわけムスリムの不満は深刻であった[長崎一九九七、二七五―二七八頁]。

こうしたムスリムの不満を背景に、会議派とムスリム連盟の間で結ばれた妥協が、一六年一二月のラクナウ協定である。この協定では、州議会、中央議会の選挙議員数を拡大することを要求するとともにヒンドゥーとムスリムの分離選挙を認め、しかも少数派のムスリムが数的に有利になるような取り決めがなされた。これは穏健的な会議派と反英的なムスリム連盟とが、イギリスに議会主義的譲歩を迫ろうとするものであった。そして、自治への期待も徐々に高まりを見せていく。一八年一二月の会議派の大会では、「将来の世界平和を確保すべく民族自決の原則がすべての被抑圧諸国家に適用されるべきである、というにかんがみて、本大会は、イギリス議会ならびに講和会議により、インドが被抑圧諸国家の一員として、かの民族自決の原則が適用されるべく、これが承認されることを要求する」と決議した〔中村一九八一、七頁〕。ウィルソンの民族自決主義は、インドでもまた絶大な影響力を発揮したといえる。

ガンディーの非暴力主義

こうして勝ち取られた成果が、一九年二月にイギリス議会に提出されたモンタギュー・チェルムズファド改革と呼ばれるインド統治法であり、同年一二月に成立した。これは両頭制ともいわれ、中央政府はイギリスが掌握するが、地方行政の一部は州の責任政府に委ねるとするものである。もはやイギリスは、大戦に協力したインド人、なかんずくにわかに成長した資本家や中間層の要求を全くは無視できなくなっていたのである。あるいはまた、ウィルソンの民族自決主義は、原則的にアジアに適用されるものではなかったが、インドでは何らかの意味をもったともいえよう。

ただし、この新しいインド統治法下においてもインド総督の権限は絶大であり、民間の被選出議員が官選議員を上回る立法参事会における決定を総督は覆すことができ、会議派などの発言力は抑制された。しかもイギリスは、この改革と同時に、インド人を礼状なしで逮捕し、裁判なしで投獄できるとするローラット法（同年三月）を成立させ、民族運動の一層の弾圧を図った。これは当時「暗黒法案」と呼ばれ、ネルーはのちに、「もっとも穏健な連中をもふくめて、あらゆるインド人の非難のまととなった」と語っている〔ネルー一九六六、九一頁〕。イギリスは、まさに飴と鞭の古典的な政策を行使したのである。

このような状況の中で、にわかにインド政治の表舞台に登場したのがガンディーであった。ガンディーはすでに、南アフリカで移民インド人労働者の権利擁護のために非暴力運動を展開し、その名は、サティヤーグラハ(真理の掌握)と名付けられたその運動とともに広く知られていた。そして、一五年に帰国したガンディーは、小作争議や労働運動でも、その手法を駆使して成功を収めた。このようなガンディーが、ついに全国的な運動に立ち上がったのである。彼はハルタール(全市罷業)を呼びかけ、一九年四月六日に全国的なストが展開され、イギリス人支配者たちに大きな衝撃を与えた。しかし驚いたのは、イギリス人だけではなかった。ネルーは、「それは、ありとあらゆる種類の人々や、団体が参加した、すばらしく印象的なものであった。われわれの中でハルタールのために奔走したものは、この成功におどろいた」〔ネルー一九六六、九三頁〕と語っており、サティヤーグラハは、運動組織者の側も驚嘆せずにはおれない、格別な戦術なのであった。これ以降ガンディーは、超自然的な能力を備え、魔術師のように不正を正してくれる「マハートマー」(偉大な魂)として、あたかも宗教指導者のように一身に民衆の敬愛を集めていくことになる。

だが、こうした中で起きた悲惨な事件が、四月一三日のアムリトサル虐殺事件である。イギリス人将軍ダイヤの指揮の下、弾が尽きるまでの無差別射撃が行われ、三七九人が死亡し、一二〇八人が重軽傷を負った。インド人は憤ったが、運動はあくまでも非暴力で行わなければならない。ガンディーは、運動のすそ野を広げるため、トルコのカリフ制を擁護しようとする、アリー兄弟率いるムスリムのヒラーファト運動を支持し、その全面的な支持も取り付けた。こうして、二〇年九月の国民会議特別大会ではガンディーが多数の支持を得て、非暴力運動が本格的に展開されることになる。立法参事会委員の辞職、選挙ボイコット、公立学校や法廷のボイコット、地税不払い、イギリス製品の排斥などという形で運動は推進され、チャルカ(手紡ぎ車)の使用や、手織綿布の生産を奨励するスワデーシー運動なども展開された。

しかし、運動はやがて暴力化の様相を示すようになる。そして二二年二月五日、ある地方で農民が警官を包囲して焼き殺すという事件が発生した。ガンディーはこれを断固許さず、ついに運動の中止を命じるにいたった。ネルーなどはこれを不服としたが、ガンディーは、「わたしは民衆に対して、彼らがそれを始める資格を持たないうちに、市民的不服従を開始するように呼びかけてしまった」[ガンジー一九六七、三四七頁]と後悔の言葉を残している。

ガンディーの非暴力主義は、「事実上、平和な反乱であり、戦争のもっとも洗練された形式であり、しかも国家の安定にたいしては危険なものであった」[ネルー一九六六、九九頁]。そしてそれは、「非協力などによって起こる不利益、処分を甘んじて受け、受難や自己犠牲によって、相手の心を変える」[長崎一九九七]ことを目的としていた。それゆえ、「それは卑怯者の行動回避ではなかったし、勇敢なる者の悪と民族的屈辱とに対する挑戦であった」[ネルー一九六七、四三九頁]。つまりそれは、暴力を魂の力によって抑止しようとする勇者の論理をもつものであり、それを民衆一般に強く求め、ともに闘おうとする峻烈な精神と民衆への信頼を前提とするものであった。しかも重要なことは、ガンディーの非暴力主義にあっては、暴力と物質至上主義に走る西欧近代文明への根本的な批判が内在していたという点である。ガンディーは、「わたしは、インドが全世界にたいして一つの使命を担っているものと固く信じている。インドはむやみにヨーロッパの猿真似をしてはならない」[ガンディー二〇〇一、三〇頁]と言っており、暴力によって暴力に対抗するのは、西欧の論理で西欧に対抗することにほかならず、それは世界史を切り開くことにはならないという、堅固な哲学と強固な信念をもっていた。であればこそ、彼の非暴力主義は終生変わることがなかった。

こうした点においてガンディーの非暴力主義は、朝鮮の三・一運動を、非暴力を標榜して指導しようとした三三名の民族代表とはその位相を全く異にしている。民族代表の場合にあっては、愚民観をもちつつ、ただひたすらに世界の公論に訴えるがために選ばれた手段が非暴力であったに過ぎない。そこには残念ながら、ガンディーのような深い哲学はなかった。

7　第一次大戦と東南アジア

ベトナム

東南アジアでは、二〇世紀に入ると植民地の平定が一段落し、行政権の確立や資本主義的な開発が重視される時代となる。その結果、社会のさまざまな活動が刺激され、近代的な知識人や官吏などの出現のほかに、農業・商業では中間層が誕生し、多くの労働者も生み出されていった。そして、人々は覚醒し、民族運動も活性化されていく〔レイ一九七〇、一二三頁〕。インド同様に、第一次大戦では宗主国の総力戦に巻き込まれるのだが、それも民族運動の活力となった。

ベトナムは、東南アジアにおけるそのような植民地の典型である。ベトナムでは一九〇〇年代、内外で二つの民族運動が展開された。一つは、日本を舞台にしたファン・ボイ・チャウによる東遊《トンズー》運動で、人材育成のためベトナム青年の日本留学を推し進めた。しかし、一九〇七年日仏協定が結ばれ、反仏留学生の取締りが行われて挫折した。もう一つは、ベトナムを舞台としたファン・チュウ・チンによる維新《ズイタン》運動で、〇七年に設立された東京義塾《トンキンギアトゥック》を中心に愛国啓蒙運動を展開した。しかし、維新運動が反賦役納税の農民運動と結合したとして、フランスはこれを弾圧した。

こうして合法的運動が頓挫すると、武力抗争の道が切り開かれてくる。一三年には宗教結社大刀会がサイゴンで反仏蜂起を行い、一六年にも第二次の蜂起を起こした。またファン・ボイ・チャウは、広東を拠点に光復会を組織して共和国の建設を唱え、爆弾闘争やゲリラ活動を展開した。一七年八月には、ハノイ北方のタイグエン兵営で兵士と囚人の反乱が起こり、一時タイグエン省城を占拠した。指導者はもと光復会《クァンフックホイ》会員の政治犯とベトナム人守備隊長で、後者はフランス人兵士との間の待遇差別に不満をもっていた。

こうした武装蜂起は、フランスが第一次大戦に総力をあげていたために、植民地統治に生じた隙に乗じたものである。しかしフランスは、植民地収奪を緩和したわけではない。イギリスがインドにしたと同じように、ベトナム人を総動員しようとした。インドシナからヨーロッパには、五万人の兵士と四万九〇〇〇人の労働者が渡った［桜井一九九九］。ベトナム内でも、フランス人経営の商工業企業にはフランス人に代わってベトナム人が進出した。ファン・ボイ・チャウは、「ヴェトナム人の、フランスに対して大功あったことは顕著である」［ファン・ボイ・チャウ一九六六、一八〇頁］と言っている。

ベトナムでも大戦中は産業が発展したが、それはやはり新しい階層として民族資本家と多くの労働者、また中間層を生み出した。とりわけヨーロッパに派遣された労働者は、新しい技術と思想をもって帰国して社会に貢献した。フランスは大戦に協力したベトナムに何か報わなければならなくなっていたが、それはこうした新しい階層の要求に応えるものでもあった。こうして一一年に続いて、一七年に再度インドシナ総督に就任したアルベール・サローは、一九年四月に公開の席でベトナムの解放にふれ、フランスの主権下における自治の可能性について示唆した［松本一九六九、一八二頁］。

彼は二〇年一月に本国で植民地相に就任したにもかかわらず、何らの具体的政策も行わなかったが、しかし総督在任中、ベトナム近代化については若干の重要な政策は実施している。すなわち、フランス文化の導入を図るべく、インドシナ大学を創設するとともに、初等教育にクォックグー（ローマ字化されたベトナム語）を採用し、また啓蒙雑誌を刊行させた。こうした活動の担い手は新教育を受けた者たちで、何らかの民族主義を抱いていたが、しかしそれは親仏的な協力者としてのそれであり、複雑な様相を帯びていた［古田一九九五、六一―六九頁］。

民族解放の希望は、サローの言への期待だけでなく、ベトナムにおいてもやはり民族自決主義への幻想として現れた。それを端的に示しているのが、グエン・アイ・クォック（のちのホー・チ・ミン）の転身である。一九年六月、当時パリにいた彼は、講和会議に「アンナン人民の要求」を提出してベトナム人民に近代的な諸権利を認めるよう訴えた。しかし、期待を裏切られたことを知ると、彼は急激に思想転回し、マルクス主義者として民族解放運動を指導していくことになる［白石二〇〇二］。

ビルマ

民族自決主義への期待はビルマでも大きかった。ビルマの脱植民地化を推進した有力な階層は、ビルマ人中間層といわれる。彼らは、二〇世紀初頭から第一次大戦期にかけて政治的発言権を強めたが、管区ビルマの都市部とその周辺に居住し、地主・小工業経営者・公務員・教員・弁護士などからなっていた。その家族を含めると、総人口の一二分の一から一〇分の一ほどを占めていた。一八八六年以降に生まれた者を中心に、イギリスが導入した近代教育を受けていたことが特徴である。彼らは中間層とはいえ、いうまでもなくイギリス人に従属する立場にあり、また同じく中間層を形成する中国人やインド人、カレン人、アングロ・バーマン(英系ビルマ人)などと競合する関係を強いられていた。それゆえ徐々に不満が蓄積され、それは大戦後半以降に民族自決主義が取りざたされる中で、政治運動化していくことになる。

その先駆的な役割を担ったのが、一六年に結成された仏教青年会である。当初この会は、仏教復興を標榜する文化的な団体であったが、一七年を境にイギリスに自治を要求する政治団体として生まれ変わった。ところが、この組織の限界を感じたメンバー数十名は、二〇年一〇月に脱退してビルマ人団体総評議会を組織した。以後ビルマの民族運動は、三〇年代まで総評議会が中心となって展開されていく。総評議会は、イギリスがインド本土で行うようになった両頭制をビルマでも実施するように要求したが、二三年立法参議会が制限付き立法府として生まれ変わったことで、その活動はひとまずの成果を達成した[根本二〇〇二]。

フィリピン

アメリカの植民地フィリピンでは、のちに曲がりなりにも民族自決主義を提唱するウィルソン政権が一三年に樹立されたことで、民族自決への道は一六年に切り開かれた。すなわち同年八月、「安定した統治」の確立をもって将来の独立を付与することをアメリカ議会が超党派的に承認するとともに、自治化を促進するジョーンズ法が成立したのである。時の総督ハリソンは、それを踏まえてフィリピナイゼーションを推進した。議会は上下二院となり、主要閣僚はフィリピン議会から任命するとともに、総督・閣僚・上下両院議長からなる国家評議会を設置して議院内閣制に近い政治制度が作られた。ハリソンの任期末年である二一年には政府職員の九六％がフィリピン人となった。植民地政府はフィリピン国立銀行と国家開発公社も設立したが、その実権もフィリピン人が握った［中野二〇〇二］。

しかしそうした政策は、フィリピン人エリート層の社会的地位を保障することで、彼らを革命勢力から切り離すことを目的としたものであり、実質的には植民地協力者の育成が目指された。また、教育面では早くも〇一年に初等教育の義務教育化が始まったが、そこでは英語教育が行われ、英語エリートが地方社会や一般民衆から切り離されるような事態が生じた。公教育を受けた者たちはアメリカ崇拝者となり、それはフィリピンの国民形成を遅らせ、歪んだものにした［早瀬・深見一九九九］。そして、「安定した統治」の確立とは、アメリカと似た文明化を意味していたために、フィリピナイゼーションを推進するはずが、実のところはアメリカニゼーションを推進し、皮肉にもフィリピンはアメリカが望む国民国家を目指すしかなくなっていく［中野二〇〇七、一三五頁］。

インドネシア

自治要求の仕方は、インドネシアの場合では以上のような植民地とはやや違っている。インドネシアでは、ウィルソン登場以前の一九〇一年、オランダ女王の議会演説を機に倫理政策が標榜されるようになった。その結果、外見上の自治政策が推進された。すなわち、地方評議会が設置され、議員には原住民や東洋人もなれはしたが、その大部分は官吏であり、議長は県知事が務めた。また、一八年五月に国民参議会が設置されたが、総督府の諮問機関に過ぎなかった。一九年以降、植民地政府は秘密警察の構築に着手し、民族主義運動は徹底的な監視下に置かれ、総督大権によって民族運動家は裁判なしで流刑に処された。基本的に植民地政府は福祉を謳うのみで、東インドの自治や独立に言及することはなかった[山本二〇〇二]。

インドネシアの民族運動は、経済的成長を背景に、こうした保守的かつ欺瞞的な植民地体制へのプロテストとして展開された。すなわち、一一年末にスラカルタで相互扶助を目的としたイスラーム同盟が設立され、折からの米の不作や疫病の蔓延、自然災害の続出、そして辛亥革命の影響などを背景に、急速に大衆的支持を得て、外島にも波及するにいたった。インドネシア人という概念がない時期に、イスラームは原住民結集のシンボルとなった。救世主ラトゥアディル(正義王)の到来とまで信じられたチョクロアミノトの指導力にも特筆すべきものがあった。イスラーム同盟は、インドの影響を受けて一六年から年次大会を国民会議と称し、急進化の様相を示した。会員が二〇〇万人を超えた一九年には独立と社会主義を標榜するようになっていく。すでに一四年には東インド社会民主主義同盟が結成されていたが、イスラーム同盟の活動家もこれに加入していた。そして、ロシア革命の影響や労働運動の活性化の中で、二〇年五月社会民主主義同盟は東アジア共産主義同盟と改称し、コミンテルンから認められたアジア最初の共産党となった［早瀬・深見一九九九］。

タイ

東南アジア諸地域の中にあって、例外的な地域はタイである。タイはいうまでもなく独立国の地位を保っていたために、民族自決主義の洗礼を受けることはなかった。しかし、それに対応するように、一〇年代には国民国家化の動きが顕著になってくる。一〇年に王位についたワチラーウット王は、国王というのは民族の利益とタイ民族が信奉する仏教の擁護のために存在していると説いて、人民に国王への忠誠を説いた。絶対君主制を採用しているにもかかわらず、自らの正統性を主張するためには民族を語らなくてはならない時代に突入したのである。

事実一二年三月には、辛亥革命や日本の発展に刺激を受けて、タイの国民国家化を推進すべく、立憲君主制や共和制を唱える青年将校のクーデター計画が発覚している。国王は危機感を深め、自ら筆を執ってジャーナリズムを利用してそうした勢力への批判を行ったが、このような時期に第一次大戦が勃発することになる。国王はどちらが勝利しても問題が生じないようにすぐに中立を宣言するが、アメリカが参戦すると、一七年七月二二日に枢軸国側に宣戦布告した。わずかな軍隊をヨーロッパに送ったに過ぎなかったが、その見返りとして期待した関税自主権の回復は、若干の曲折がありながらも、まもなくして達成される。植民地ではなかったが、応分の役割を演ずることで、弱小国家のタイも独立を強化することができたのである［村嶋一九九九］。

ウィルソンの民族自決主義は、本質的には欺瞞的なものであったが、それがアジアの従属諸地域に及ぼした影響には甚大なものがあった。人々はその欺瞞性をほどなくして知ることになるのだが、しかしひとたびその理念に正当性の言質を与えた以上、民族運動を容易に抑止できるものではなかった。それゆえに諸列強は協力体制の構築を急いだのだが、協力体制と民族運動の緊張のうちに、二〇年代以降の植民地政治史は展開されていくことになる。

第4章

社会主義とナショナリズム

1920年代

川島　真

ソ連時代の無声映画『四億』(1929年4月16日公開)のポスター.
表題は当時の中国の人口を意味し，中国における革命的情勢の進展を描いた映画.

第一次世界大戦の後に訪れた一九二〇年代は、まさに「新しい時代」の始まりでもあった。社会主義、民族自決、ナショナリズム、民主主義、平和主義など、その後の時代に深くかかわる事象や思想が現れ、戦争への反省に基づき国際連盟が組織された。また、大量生産方式に基づく大衆消費社会モデルがアメリカで登場したのもこの時代である。そうした意味で、一九二〇年代こそ二〇世紀の本格的な幕開けを告げた時期だと言うこともできるだろう。国際政治の面でも、第一次大戦で重大な被害を受けた欧州に代わり、次第にアメリカ合衆国とソヴィエト連邦が影響力を強め、東アジアでは南洋にも委任統治領をもち、東南アジアにも経済進出した日本の発言力が増した。日本、中国、シャムを除いて、ほとんどの地域が欧米諸国や日本の植民地であった東アジアでは、自由主義、民族主義、民主主義などの思想とともに、社会主義の思想、コミンテルンの活動などによって、各地で自治や独立を求める動きが強まった。そこでは、文明や近代の尺度が、宗主国と植民地を包摂する論理となるのか、それとも両者を隔てる論理となるのかという問題があった。一九二〇年代に育まれたさまざまな思想潮流や政治の動きは、それぞれ連鎖、交錯しつつ、さまざまな矛盾や綻びを見せていたが、大恐慌を経た一九三〇年代には、それらの調整や折り合いがつかなくなり、個々の論理が突出して摩擦が生まれ、東アジアは戦争の時代へと突入することになる。

1　世界史の中の一九二〇年代

第一次世界大戦は、欧州に大きな戦禍をもたらし、世界史における近現代史の画期のひとつとなった。二〇世紀的な世界は、第一次大戦により始まったと見る向きもあるほどである。一九二〇年代は、まさに第一次世界大戦を経た、「新しい時代」の始まりでもあった。国際政治史の面だけでも、次のような変化が認められる。第一に、第一次大戦で重大な被害を受けた欧州の発言力が低下し、アメリカ合衆国とソヴィエト連邦、あるいは日本の発言力が増した。第二にロシア革命によって社会主義国という新たな国家モデルが生まれ、社会主義思想とともに、世界の知識人や指導者に影響を与えるようになった。第三にアメリカのウィルソン大統領の影響もあって、民族自決の理念が提唱され、世界各地に民族を単位とした国家をつくろうというナショナリズムの動きが広がった。第四に、戦争への反省などから、世界の平和と安定を目指す動きや国家間の協調を目指す動きが、国家や民間で生じ、軍縮への動きとともに、国際連盟をはじめとする国際組織や、太平洋問題調査会（ＩＰＲ）のような民間組織が生まれた。

一九二〇年代には、社会主義、民族自決、ナショナリズム、民主主義、平和主義などの二〇世紀を通底する事象や思想が現れたが、社会生活のありかたにも変化が生じた。たとえば、科学技術の進展により、ラジオなどの新たなメディアが登場し、効率や速さを尊ぶ風潮とともに、大衆文化の象徴としての（歌手や映画などの）〝スタア〟が生まれていく素地ができたり、東京にも地下鉄が開通したり、交通手段として自動車が現れたりしたのもこの時期であった。こうした新しいライフスタイルを提供するようになっていくのが、世界経済のけん引役となったアメリカである。アメリカは、大量生産方式に基づく大衆消費社会モデルを世界に提供することになった。

このような〝大衆社会〟の出現などの社会状況の変化と世界戦争という経験は一定の関わりをもつ。たとえば、国民と国力全体を総動員する総力戦に際し、国家は経済活動とともに、国民の日常生活にまでその手を伸ばしたのだが、そのような国民に対する支配や動員に際して、国民の支持が求められ、そのために国民に参政権を付与したり、福祉国家としての役割を担ったりするようにもなったのであった。

2　東アジアの一九二〇年代

東アジアの一九二〇年代も、このような世界史のひとコマではあったが、地域的な特色もまた見られる。東アジアでは、イギリス、フランスを中心とした欧米諸国の植民地が一九世紀に設けられ、また植民地とならなかった中国でも列強が多様な利権を設定していた。中国では一八九〇年代後半に中国分割といわれる現象が見られたが、東南アジアでは一九一〇年代に、シャムを除く地域で、欧米による植民地としての分割を終えたとみなされている。この時期に、東アジアの植民地化のプロセスがちょうど完了しつつあったと言えよう。その一九一〇年代に生じた第一次世界大戦は、総体的に見れば、欧州諸国の東アジアへの関心を薄れさせただけでなく、欧州経済の低迷と戦争需要によって植民地や中国の民族産業勃興の契機となった。そして、自由主義、民族主義、民主主義などの思想が広まった。たとえばウィルソンの一四カ条は、内容それ自体がアジアを含めた民族自決論を提唱していたか否かは別にして、ちょうど植民地化のプロセスを終えた東アジアでも民族自決権の行使を要求する独立運動の動きに結びついた。また、社会主義の思想、コミンテルンの活動などは、孫文をはじめとする東アジアの政治家や独立運動家にも影響を与えることになった。

このような東アジアの一九二〇年代を観る上で留意すべきは以下の二点である。第一は「近代《モダニズム》」の特徴とも言える諸思想と、ナショナリズムの間の関係である。これは民主主義、民本主義であれ、社会主義であれ同様のことである。それらの思想やそれを主唱してきた組織や人びとは、ナショナリズムに直面した時にどのような立場をとるのか。国権回収運動などに対して、それらの現地社会の要請に従うことをよしとするのか、やはり〝文明〟や〝進歩〟の尺度に基づいて、そうした制度の必要性を主張するのかということである。この論点は、一九二〇年代と、東アジアが戦争の時代にはいっていく一九三〇年代とを関連付けていく重要な論点である。

第二は植民地の問題である。多くの地域が欧米諸国や日本の植民地であった東アジアにとって、この論点は重要となる。ここではまず、第一の論点と関連付けて、植民地におけるナショナリズムが宗主国と植民地の関係において、いかに位置づけられるかという問題がある。また、それと同時に、いわゆる、「植民地における近代《コロニアル・モダン》」全般をどのように考えるのかということもある。日本の歴史を見ると、一九一〇年代から二〇年代半ばは大正デモクラシーとよばれる時期にあたり、一九二五年には男子普通選挙法が制定される。日本では、この普通選挙法の制定と治安維持法が同時に制定されたことが問題とされることが多い。だが、その大正デモクラシーと呼ばれる時期に、台湾で発生した議会設置の要請は認められないなど、植民地などからの政治的な権利の要求、請願運動などはほとんどどんどん挫していくことになった。では、植民地に参政権を付与しないということは何によって正当化されたのであろうか。また、民本主義を標榜して大正デモクラシーを謳歌したとされる人びとは植民地においてデモクラシーが「開花」しないことを／させないことを、どのように見たのであろうか。

次に、国際政治史の面から見れば、一九一〇年代末の東北アジアではロシアからの脅威が一時的にであれ後退し、やがてスターリン指導下のソ連、あるいはコミンテルンからの影響力が強まっていた。そして、イギリスは相対的にその地位を低下させつつも、依然として最大の利権保持者であるとともに、国際公共財の提供者でもあった。そこにアメリカと日本が主要パワーとして台頭してきたのである。そうした意味では、一九二〇年代の東アジアの国際政治は新たな局面を迎えたことになる。一九世紀末から植民地帝国となっていた日本は、世界五大国のひとつに数えられるようになり、東アジアや太平洋において強い勢力をもつに至った。これにたいして、ワシントン会議における諸条約によって、海軍軍縮などの勢力均衡原則と、（中国の保全を一応の前提とした）中国市場に対する門戸開放・機会均等原則に基づくワシントン体制が、日英米などの諸列強間で形成されたのもこの時期の特徴である。

他方、経済面では、第一次世界大戦期に欧州系企業の活動が後退したために、東アジア各地の民族産業が勃興したり、大きく収益を増加させたりしたことが知られている。また、日系企業は中国のみならず東南アジアなどへも進出した。一九二〇年代に入ると、欧州系企業の業績が回復し、アジア諸企業は不況に直面することになる。また、労働賃金などの影響で価格競争に耐えられなくなった日本の紡績業は、相次いで中国に進出し、現地生産を開始して(在華紡)、欧米企業のみならず中国の民族産業にも対抗していくことになった。また、第一次世界大戦後、日系企業は東南アジアから撤退したわけではなく、一九二〇年代以後の東南アジア(当時はまだ東南アジアという概念はなく、〝南洋〟、あるいは日本が委任統治した南洋諸島=内南洋と区別して外南洋と呼ばれた)では日本とイギリス、オランダなどとの間の、通商面、あるいは資源獲得面での競合関係が生まれることになった。

3　ウィルソンの一四カ条とナショナリズム

第一次世界大戦終結前の一九一八年一月、アメリカ大統領のウィルソンは連邦議会において、一四カ条の平和原則を提唱した。これは、ドイツの降伏を促す講和へのメッセージでもあり、また来るべき講和会議に向けて、その理念的原則を示そうとするものでもあった。そして、これは一九一七年一一月に、ロシア革命後のソヴィエト政権が出した「平和に関する布告」に呼応したものだともいわれる。

第一次世界大戦が終結すると、ウィルソンの提唱した諸原則は、国際連盟の形成、オーストリア=

ハンガリー帝国やオスマン・トルコ帝国解体後の諸国の独立や自治などの実現へと結びついた。東アジアとウィルソンの一四カ条について考える時、そこに含まれると考えられていた民族自決原則、あるいは自由、解放の原則が、植民地統治下にあった地域や列強の侵略に晒されていた諸民族の独立、抵抗運動といかに関わったのかということに触れねばならない。だが、ここでは留意が必要である。第一に確かにウィルソンの思想それじたいに普遍性があったことは認められるが、その政策の基調は伝統的なモンロー主義にあり、ウィルソン政権期のアメリカは、アメリカ大陸内部の諸国・地域における紛争や争議に対する軍事介入を繰り返しており［篠田二〇一〇］、アメリカ大陸や、カリブ諸国に対して民族自決原則を適用していたとは言い難い面がある点である。第二に、その一四カ条の第五条の内容が必ずしも完全なる民族自決を提唱したものではないということである。その文言は、「植民地に関するすべての請求の、自由で柔軟、かつ絶対的に公平な調整。その際には、主権に関するそうしたすべての問題の決着に当たっては、当事者である住民の利害が、法的権利の決定を待つ政府の正当な請求と同等の重みを持たされなければならない、という原則に基づくものとする」とされている。それは、少なくとも「平和に関する布告」よりは、第一次世界大戦の戦後処理をにらんだ現実的なものであり、またあるいは世界の普遍的理念としてはやや穏健なものであった。だからこそ、その現実的な適用範囲はオーストリア＝ハンガリー帝国解体後、あるいはオスマン・トルコ解体後の諸地域の独立に、それも「限定的に」適用されたに過ぎなかったのである。

しかしそれでも、ウィルソンの提唱した議論は、ソヴィエト政権の布告とともにアジアの民族主義運動を鼓吹し、また植民地統治をしている側には、統治のあり方を再考させられる契機ともなった。日本が植民地統治を文治へと転換させ、中国に対する文化事業を重視するようになるのも、一九二〇年代の特徴であった。

4　国際／非国際組織と〝文化〟

一九二〇年代にはさまざまな国際組織が形成された。そこには、一九二〇年に発足した国際連盟のような国家間組織もあれば、ＩＰＲのような〝民間〟の組織も存在した。こうした場では、軍縮や平和とともに、衛生、医療、麻薬、労働、子ども、女性などに関する諸問題や知的交流が話し合われ、時にはグローバル・ガバナンスの形成へと至る制度作りもおこなわれた。そこでは、イギリスを中心とした欧州諸国とともにアメリカが主導的な役割を果たすとともに、東アジアでは日本の存在感が増した。国際連盟でも日本は理事会の常任理事国となった。

だが、日本のほかにも、アジアから中国、シャム、ペルシャなどが、ドイツに対する講和条約であるヴェルサイユ条約第一条、またはオーストリアに対する講和条約である、サン＝ジェルマン条約第一条に基づいて原加盟国として国際連盟に参加した。国際連盟には、第一次世界大戦後に独立した東欧諸国も加盟したが、東アジアの場合、大戦後に新たに独立した国があったわけではないものの、東アジア諸国における国際連盟に対する期待は当初比較的高かった。無論、ウィルソン主義に基づく期待もあったが、各国の外交当局には不平等条約や「正義」に反する列強の行為を糾弾できるのではないかという思惑があったようだ。だが、成立直後の国際連盟で、ペルシャが国内におけるロシアやイギリスの「侵略」を糾弾しようとして失敗し、それを見た中国も山東問題や二一カ条要求をめぐる諸問題を国際連盟に提起することを断念した〔川島二〇〇四〕。国際連盟が必ずしも〝理想〟を体現する場ではないことを知ったのであろう。

また、国際連盟には常任理事国、非常任理事国などもあり、従来の一等国、二等国といった序列がそのまま持ち込まれた面もあった。しかし、〝全会一致〟を原則としていたこともあって、アジアからの参加諸国にも一定の地位と権利が保障され、最高機関である〝総会〟において主権国家として一票を有していた。また、東アジア諸国にとって国際連盟は、国際的地位の上昇(の感覚)をもたらす場としても機能する面があった。中国も、理事会の非常任理事国選挙に当たって〝地域(アジア洲などの「洲」ごとの)枠〟の採用を求め、それが認められてアジア選出の非常任理事国となり、時には理事会の議長を(持ち回りで)担当することにもなり、中国本国ではそれが国際的地位の上昇の象徴として捉えられた。

このほか、国際連盟には少なからぬ下部機関が設けられた。それらは、衛生や麻薬取締など、後世にグローバル・ガバナンスと呼ばれるようになる領域に取り組んだ。一九二五年にはシンガポールに極東伝染病情報局が設けられた〔飯島二〇〇九〕。そうした組織には植民地代表(多くの場合、植民地総督府のメンバー)が参加することもあった。

そして、一九二〇年代は「文化」が注目され、国際機関や民間組織が文化交流を盛んにおこなった時期でもあった。「文化」の重視は、戦争よりも平和や相互理解を重視し、紛争や対立を未然に防ぐことが求められた時代風潮を示したものであるとも言える。だが、そこでの〝文化〟には、一面で自由、民主、平等などの普遍価値が含まれ、それを広めていこうとする動力があった反面、いま一方では文化に国家や地域の個別的な価値をこめて、それを交流させることで相互の融和や、あるいは対外宣伝、浸透をはかろうとする側面があった。

実際、文化になぞらえながら普遍価値を唱えようとする場合、その近代的価値に対する発言力は〝文明国〟に有利であった。そのため、国際関係の文脈で強調された「文化」は、一面で国家間の、あるいは宗主国と植民地の間の階層性を強化する役割も果たすことになった。そして、植民地などでは、軍事力などの強権による統治でなく、「文化的」統治がおこなわれるに際しても、それが結局「文化の相違」を顕在化させ、次第に「文化の強要」「文化の衝突」へと至る可能性も秘めていたのであった［平野一九八四］。一九三〇年代になると、戦争遂行の過程で「文化」はむしろ支配を内面化させ、他者の包摂とともに他者との境界を極立たせる装置としていっそう強調されるようになった。

5　委任統治と植民地

第一次世界大戦の結果、ドイツ、オーストリア＝ハンガリー、オスマン・トルコなどの帝国が解体し、またロシア帝国も瓦解した。その結果、欧州などには新たな国家が誕生し、ユーラシアにはソヴィエト連邦が一九二二年に成立した。他方、ドイツの海外植民地やオスマン・トルコ領の中東では、諸国家の独立は認められず、戦勝国に再分配されることになっていた。だが、アメリカ大統領のウィルソンの反対もあって、これらは植民地ではなく、国際連盟から委任された受任国が国際連盟の監督の下に統治する委任統治領となることが国際連盟規約で定められた。また、委任統治領は、当該住民の自治能力に応じてABCの三級に分けられた。独立に最も近いとされるAには、シリアなどの中東地域、Bにはアフリカのドイツ領（南西アフリカを除く）、Cには太平洋上のドイツ領ニューギニアや西サモアが分類された。

このうち、東アジアに関わるのはドイツ領ニューギニアと西サモアであろう。この地域は、赤道を境にして北が日本、南がオーストラリアなどに委任された。日本は、カロリン諸島、マーシャル諸島、マリアナ諸島（グアムを除く）を委任統治することになった〔等松二〇〇七〕。グアムを領有し、当該地域に既得権益を有するアメリカは、日本のこの委任統治に難色を示し、また国際連盟にも加盟していなかったので、日本は別途アメリカと太平洋委任統治諸島に関する日米条約を一九二二年に締結し、日本がアメリカの既得権益を承認する代わりに、アメリカも日本の委任統治を認めることになった。日本は同年にパラオ諸島のコロール島に南洋庁を設置して統治をおこなった。これにより、日本にとっての〝南洋〟は、必ずしも南シナ海から現在の東南アジアというわけではなく、南洋庁の統治する太平洋上の島々を指すことにもなった。そして、しばしば前者は外南洋、後者は内南洋と呼ばれるようになった。

日本の統治は比較的安定していたとされるが、一九三〇年代の漫画『冒険ダン吉』に描かれたように、あくまでも日本が未開地域に文明をもたらすという観点でなされていた。経済開発の面でも、砂糖王と言われた松江春次の率いる国策会社、南洋興発などがサトウキビ農園や砂糖精製工場を開き、沖縄などからも多くの移民が訪れ、一九三〇年代には日本人人口が現地人口を上回るようになった［歴史学研究会編二〇〇六］。

国際連盟の監督下という文言はあっても、委任統治には実質的に植民地支配と変わらない面が多々存在していたし、実際に太平洋上の諸地域が独立するのは第二次世界大戦後に持ち越された。だが、委任統治制度によって、植民地が将来的には独立するという道筋が示され、また植民地支配と名のつく支配を新たにおこなうことが以後難しくなったことも確かであった。

6　ヴェルサイユ・ワシントン体制と東アジア

一九一九年のパリ講和会議において敗戦国ドイツに対するヴェルサイユ講和条約が締結され、欧州に新たな秩序が形成された（ヴェルサイユ体制）。この会議では、中国におけるドイツ利権の一部（山東利権）が日本に継承された。だが、中国はそれを不服として講和条約への調印を拒否し、一九二一年にドイツと単独で講和条約を締結した。そのため、二一カ条要求をめぐる問題や山東権益をめぐる問題が課題として残されていた。また、アメリカもヴェルサイユ条約への批准が議会で認められず、そして一九二一年に更新時期を迎える日英同盟の破棄および中国などにおける新たな秩序づくりが課題となっていた。

こうしたことを背景に、一九二一年末から二二年はじめにかけてワシントン会議が開催され、中国をめぐる九カ国条約、海軍軍縮に関する五カ国条約、太平洋に関する四カ国条約などが締結された。四カ国条約では、第四条で日英同盟の「終了」が明文化された。一般に、このワシントン会議で締結された諸条約に基づく日英米の協調体制をワシントン体制という[服部二〇〇一]。中国をめぐる九カ国条約には中国の北京政府も調印したが、そこでは中国における機会均等、領土保全など、義和団事件前後にアメリカの発した二度に亘る門戸開放宣言の内容や、北京議定書の際の合意事項があらためて盛り込まれていた。また、中国市場における列強間の協調を基礎とする点で、一九一〇年代に利権拡大を目指した日本を牽制する面を有していた。だが、幣原喜重郎外相は、基本的に既存の権益を守りつつ、英米との協調を保ちながら経済権益を拡大することを目指していた。

他方、この体制下で中国の条約改正も考慮されていないわけではなかった。ワシントン会議でも、山東権益や二一カ条要求関連の諸問題に一定の解決が示され、九カ国条約でも関税自主権回復に向けての道筋が示されていた。だが、ワシントン体制の中国関連部分は、第一義的に(中国における)日英米、あるいは中国に権益を持つ列強の協調が重要であり、中国の条約改正を支えていくという要素に重点が置かれていたわけでない。そのため、北京政府による条約改正、あるいは国民党による革命外交をこの体制が積極的に支えるということはなく、むしろ中国ナショナリズムがこの体制の阻害要因になるものと捉えられた。

なお、この体制にはソ連、あるいは中国と平等条約を締結したドイツは含まれていなかった(ドイツは後に九カ国条約加盟)。さらに、この九カ国条約が批准されて効力を発したのは一九二五年であった。批准書交換が遅れた一因には、義和団賠償金の支払い方法をめぐって中仏間に問題が発生し、フランスが批准に応じなかったためである。そのため、関税自主権回復をめぐる会議の開催は遅れ、その間に北京政府の財政は事実上破綻してしまった。そして、ワシントン会議に代表を派遣できず、九カ国条約の拘束を受けなかった広東政府が北伐に成功することになるのである[川島二〇一〇]。

中国をめぐる列強間の関係を見よう。一九二〇年代の日英関係を見直せば、同盟が破棄されても、「同盟の残滓」ともいうべきものがないわけではなかったであろう。だが、たとえば中国において、いわゆる幣原外交の下にある日本がイギリスと完全に協調していたわけではなかった。幣原は、何か問題があっても、中国に軍隊を送ろうとはしなかったので、伝統的な砲艦外交を二〇年代半ばまでとっていたイギリスとは協調できない局面もあったし、また平和裏に在華経済権益を伸ばそうとする幣原の姿勢は、イギリスとの経済面での競争を生みだす可能性を内包していた。田中義一の時期になって、日本が山東に出兵するなどすると、五・三〇事件などによって自らに向けられていたナショナリズムの矛先を、イギリスは日本に向けさせることに成功したのだった[後藤二〇〇〇]。

また、日米関係に眼を向けても、中国市場をめぐる協調は一定程度見られたものの、太平洋を渡った日本人移民をめぐって、一九二四年にアメリカで排日移民法が制定されたことで日米間の対立は深まった。日本側の不満は、移民そのものができなくなったこととともに、既に移民が禁止されていた中国人をはじめとするアジア人と日本人が同じ範疇に分類されたことにもあったのであった[Hirobe 2001; 蓑原二〇〇二]。

7 コミンテルンと「東方」

民族自決をうたったウィルソン主義の影響を受けたと考えられるパリ講和会議や国際連盟においても、世界各地の知識人たちが期待していた植民地の解放は、将来の課題として残されることになった。一九一九年、モスクワでロシア共産党の指導下で誕生したコミンテルンは、翌年に第二回大会をペトログラードとモスクワで開催し、「民族・植民地問題についてのテーゼ」を採択した。植民地をめぐる問題は、すでに第二インターナショナルで議論の俎上に乗せられていた。そこではカール・カウツキーの植民地放棄論や、ヘンドリク・ファン・コルによる植民地に対して文明化を施して社会主義化すべきという社会主義的植民地政策論などが議論されていた。コミンテルンのテーゼは後者を継承しているように見えるが、帝国主義に対する民族解放論と植民地問題を関連付けた点で異なっている(だが実際にはコル的な政策が採用される面もある)〔歴史学研究会編二〇〇六〕。こうした植民地をめぐる理論や理念は、現実的な側面をともないながらも、東アジアに適用されることになった。世界革命の観点に立つレーニンにとっては、東アジアや東方が単独で存在するわけではなかったのである。レーニンの世界観は、西欧とアメリカ、欧州の東方、そして半植民地とすべての植民地という三分であった。これはコミンテルン第二回大会でも同様であり、個々の地域の独自性を認めようとする立場ではなかった。だからこそ、インドのローイらと民族ブルジョアジーの政策をめぐって論争することになったのである〔栗原一九九八〕。

だが、スターリンは、一九二五年に「すべてを包括する単一の植民地的東方はもはや世界にはない」として、「半植民地と植民地」とされた地域を、モロッコ、中国・エジプト、インドに三分類して、それぞれの個別の任務を再設定した。これがスターリンの一国社会主義的傾向を反映したものであることは言うまでもない。実際コミンテルン第五回大会でも、より細分化された「具体的な任務」が「個別に」設定されていた。それは、中国、朝鮮、モンゴル、インドネシア、インド、トルコ、ペルシャ、パレスチナ、エジプトの各共産党に個別に向けられていた。一九二八年の第六回大会でも、国家や地域が、高度の資本主義国、中位の資本主義発展国・地域、植民地・半植民地諸国、従属諸国などに分類されながらも、個別に課題設定がなされたのであった〔加藤一九九一〕。

このように国や地域化の課題設定がなされる中で、東方・植民地においてとりわけ重視されたのは中国であった。これはコミンテルンの予算面でも、クートゥフ（ＫＵＴＶ、東方勤労者共産主義大学）への留学生などの面から見ても、また直接人員を派遣して指導しようとした点においても明確であった〔栗原一九九八〕。コミンテルンの中国への影響は、本章および次章で詳述されるのでここでは割愛するが、中国への関与についてはコミンテルンだけでなく、ロシア共産党の外交人民委員部を通じたものもあり、基本的に革命指導とともに、ソヴィエト・ロシア、ソヴィエト連邦の国益の最大化という路線からも展開されたこと、また一九二七年四月の蔣介石による反共クーデタに見られるように、コミンテルンの関与への反発も、中国で相当に強かったことにも留意しておきたい。

他方、東南アジアのような（コミンテルンから見て）遠隔の地ではコミンテルンからの直接指導もなく、基本的にクートゥフ出身の現地指導者が独自の自立した判断で革命を指導することが求められていた。一九二〇年代には、モスクワにインドネシア、マラヤ、シャム、フィリピンなどから留学生が訪れていたが、オランダの社会主義者の影響下で成立したインドネシア共産党を例外として、東南アジアの共産党はこれらのモスクワで学んだ留学生たちが生み出していったと観ることもできる［古田一九九一］。

一九二〇年代にコミンテルンが中国に拠点を築く過程で、東南アジアも一つの戦略要地となっていった。コミンテルンの東方政策を担ったヴォイチンスキーは、ウラジオストクから上海、広州、香港、シャム、マラッカ、ジャワにいたる（西）太平洋地帯における組織的活動の重要性を提起している［栗原二〇〇二］。また、コミンテルンと中国の広州の広東政府との関係が強化されると、グエン・アイ・クオック（後のホー・チ・ミン）がコミンテルンから派遣されたボロディン顧問の随行員として広州に滞在し、そこでベトナム民族主義者を結集して将来の共産党指導者となるべく訓練をほどこした。モスクワから中国を経由した革命輸出のルートが形成されつつあったのである。このルートは中国共産党の動きにも見られた。中国共産党はマニラに支部をつくり、またマラヤでは中国共産党支部がマラヤ共産主義運動の起点となっていった。また、一九二〇年代後半になると中国共産党とインドシナの共産主義活動の関係も密接になり、次第に中国南部から東南アジア各地の共産主義ネットワークが形成されることになった。

このネットワークとコミンテルンを結びつけたのは、広東などに派遣されたボロディンらだけではなく、一九二一年に上海に設けられ、「極東諸国と太平洋」を管轄した極東ビューロー、そして一九二九年に上海、香港、シンガポールに設けられたコミンテルン国際連絡部（ＯＭＳ）の拠点などであった。

しかし、それでもコミンテルンの東南アジア理解は限定的なものであり、意思疎通にも限界があった(フィリピン共産党は例外的とされる)。たとえば、コミンテルン第五回大会では上記のように個別に課題設定がなされたものの、それでも(中国でそうであったように)非プロレタリア勢力との連携を模索していた際に、インドネシア共産党が当時としては急進的な路線を採択していたため、両者は折り合わなかった。そのような過程を経て、インドネシア共産党は、一九二六―二七年に武装蜂起を実行して大弾圧されたのである[歴史学研究会編二〇〇六]。また、仏領インドシナでは、コミンテルンが複数の民族主義的左派勢力を、ベトナム青年革命同志会を中心にインドシナ共産党として統合しようとしたところ、一九三〇年にグエン・アイ・クオックが香港において、コミンテルンの指示というよりも、〝自主的な判断〟に基づいて諸党派をまとめてベトナム共産党を結成した。コミンテルンから見れば、「ベトナム」という地域名称を押し出した民族主義的な傾向も、またその簡略綱領にある(コミンテルンの想定よりも)幅広い階層を糾合しようとする姿勢も、(インドネシア共産党とは逆の意味で)折り合わなかったのである。だが、モスクワからコミンテルン執行委員会の書簡をもって帰国したチャン・フーの指導らによって、このベトナム共産党という名称は無効とされ、インドシナ共産党へと改称された。この改称はコミンテルンの意向に叶うものであったが、これもまたチャン・フーの〝自主的な判断〟の下になされたと観ることも可能である[古田一九九五]。

8　ソヴィエト連邦の形成とシベリア

ロシア革命がシベリア地方に波及すると、武力紛争が生じただけでなく、革命に与しない白系ロシア人が多く満洲などに逃亡をはかった。当初、中国の北京政府は帝政ロシアを支持する姿勢を示していたが、その混乱はシベリアや中央アジア経由で、新疆、モンゴル、満洲にも及んだのである。ロシア革命を経て成立したソヴィエト政権は、一九一八年三月にブレスト＝リトフスク条約を締結し、単独で協商国から離脱した。同年五月、チェコスロヴァキア軍が反乱を起こした結果、各国はロシアでの動きに干渉する口実ができたため、日英米仏中伊の六カ国軍はシベリアに出兵をおこなった。兵数から見れば、圧倒的多数を日本軍が占めていた。中国は一九一七年に第一次世界大戦に参戦しており、四千もの兵をシベリアに送りこんだ。

モンゴルでは、辛亥革命前後に南北の政治的立場が異なり、一九一一年にロシアを後ろ盾とした外モンゴルでボグド・ハーン政権が成立して独立を宣言し、チベットと連携したり、内モンゴルをも併合したりしようとした。だが、一九一五年にロシアと中華民国北京政府との間でキャフタ協定が締結され、中華民国の外モンゴルに対する宗主権をロシアが認め、中華民国は外モンゴルの自治権を承認した。これは外モンゴルの独立が取り消されたことも意味するが、同時にロシアの外モンゴルへの影響力を中華民国が容認したことをも意味していた。ロシア革命が起きると、中華民国はロシアの影響下にあった外モンゴルにも派兵して、自らの影響下に置いたのであった［川島二〇一〇］。

その後、中国軍は国内での内戦の影響もあってモンゴルを離れ、代わってロシアの白軍と赤軍がモンゴルで争ったが、最終的には赤軍と結んだチョイバルサンらのモンゴル人民革命党が勝利し、一九二四年にモンゴル人民共和国が建てられた。

シベリアに出兵した英米仏中伊の五カ国軍は、情勢が落ち着いた一九一九年から二〇年の初頭には撤退した。だが、日本軍は朝鮮・北満洲への過激派からの脅威を防ぐことという新たな目標を掲げて兵を残留させた。一九二〇年三月、ニコラエフスクにパルチザン軍が入ると、日本軍との間で戦闘になった。パルチザン軍は当初優勢であったが、五月に撤退を余儀なくされ、その際に日本人居留民を殺害した（尼港事件）。日本は、この事件の代償として同年七月に北樺太を占領した（一九二五年一月の日ソ基本条約締結後、五月になって撤退）。他方、ソヴィエト政権側は、日本軍との直接的な衝突を避けるために、極東共和国という緩衝国家を建てたが、一九二二年一〇月に日本がシベリアから撤兵すると、ロシア共和国の一部として統合した〔田中・倉持・和田編著一九九七〕。

一九二二年末、ロシア・ウクライナ・ベロルシア・ザカフカースの四共和国がソヴィエト連邦の結成を承認した。ソ連邦は、社会主義という新たな理念を掲げつつ、基本的にロシア帝国の版図を継承していた。ロシア革命の勃発からソヴィエト連邦の形成の過程で、東アジアにも共産主義思想が広まると同時に、カラハン宣言などを通じて帝政ロシアの有していた不平等条約の撤廃などと言った理想が鼓吹され、中国のナショナリズムを強く刺激した。また、コミンテルンなどとともに東アジアの各地の「反帝国主義運動」や「独立運動」を支援したのであった。だが、ソヴィエト連邦はロシア帝国が東アジアで有していた諸特権を放棄すると宣言しながら、外交交渉の現場ではそのような姿勢を示そうとはしなかった。

欧州諸国がソ連を承認する中で、東アジアの日中両国は承認に慎重であった。中国は、ソ連が満洲などでの利権を放棄しようとしないことに苛立ちを見せながら、一九二四年に漸くソ連と協定を締結した。日本は、一九二五年一月に日ソ基本条約を締結した。これら一連の過程を通じて、ヴェルサイユ・ワシントン体制に加わっているわけではない、ソ連という新たなパワーが共産主義運動をまといながら東アジアに再登場したのであった。

また、ソ連は一九二〇年代半ばからシベリアにおいても農業の集団化を推し進めた。この過程で貧しかった朝鮮系住民は安定した生活を得るが、一方で意思に関わりなく強制的にコルホーズに入れられ、物資や機器の分配面でロシア人と差別されることにもなった。一九三〇年代には、朝鮮系住民は「富農」「日本のスパイ」などとして中央アジアに強制移住させられることになった[岡一九九八]。

9　ソヴィエト連邦の形成と中央アジア

ロシア革命は中央アジアにも大きな影響を与えた。ロシアの統治の弛緩だけでなく、革命思想の伝播、さらには革命に与しない白系ロシア人の移動など、ロシア人コミュニティにも変容が生じたのであった。

第一次世界大戦下の中央アジアでは、欧州での戦禍を逃れるためにロシアの工場施設とロシア人労働者が疎開してきており、重工業部門が発展した。この傾向は戦後も続くが、その担い手はロシア人であり、現地社会の人びととは距離があった。またロシア政府は、四〇万人の労働者の徴用をはかろうとして現地社会と対立し、ロシア人が殺害される等の惨事が生じていた。ロシアはこの事態を軍事力で鎮圧し、少なからぬムスリムが東トルキスタン(新疆)に逃げ込むことになった。この過程でロシア帝国の統治は既に足元から揺さぶられていたと観ることもできる[間野ほか一九九二]。

一九一七年の二月革命の後、中央アジアとカフカスのムスリムたちは、モスクワにおいて全ロシア・ムスリム大会を開催した。ここで、カザフスタンやトルキスタンの代表らは連邦内での自治を求めて受け入れられ、同大会はロシア臨時政府に対して、民族的・地域的な、連邦制度の原理に基づく複数の民主自治共和国を求めるとの要求を発した。一〇月革命を経た一九一七年一一月、レーニンとスターリンが「東方の全ムスリム勤労者」宛の革命政権としてのアピールを発表した。そこでは、ムスリムの宗教・民族的な権利を保障するなどとされていた。しかし、トルキスタンに成立していたソヴィエト政権は、現地のムスリムとは距離をとっていたし、一九一八年にはムスリムがトルキスタン自治政権を成立させてソヴィエト政権と対立局面に入るなど、中央アジアのソヴィエト政権はあくまでもロシア人社会の上に成立したものにすぎなかった[小松一九九六]。

これ以後、ソヴィエト政権側に対して自治を求める運動がトルキスタンで激化し(コルバシ、またはバスマチ運動)、一九二四年にソヴィエト政権側が勝利するまで中央アジアは内戦状態となった。この過程でソヴィエト政権側は、ムスリム側に譲歩をおこないつつ、ムスリムのコミュニストを養成した。彼らの多くは、ムスリム知識人の改革運動であるジャディード運動から育った若手の知識人であった。だが、彼らは大ロシア主義を批判してより自立的な道を模索するようになり、ソヴィエト政権側とも同調できず、最終的には政権側の主張で統治が再形成されていくことになった。第一次世界大戦から一九二〇年代半ばの中央アジアでは、ロシアの統治の弛緩に対応して、さまざまな政治的な可能性や思想が開花したが、最終的にはソヴィエト政権に再統合されることになったということであろう[間野ほか一九九二]。

一九二二年にソヴィエト連邦が成立すると、中央アジアには〝民族〟別の共和国が設定された。だが、これは民族自決の理念に基づいた、実際の民族分布を反映させたものではなく、ロシア共産党中央の決定に基づく、トルキスタン・ナショナリズムの分断を図ろうとしたものだと見ることもできる。バシキール、タタール、カザフなどの各自治共和国ではロシア人人口が現地の民族の人口を上回るか、それに匹敵する状況にあり、トルキスタンでは一九二四年に民族境界区分がおこなわれて、ウズベク、タジク、キルギス、トルクメン、カザフなどの民族認定と境界の策定がおこなわれたが、それは民族概念や意識が不明確な状態でおこなわれたこともあり、実態を反映したものとはいえなかったのである。それぞれの共和国では異なる国語が制定され、また党組織は一元的に中央に結び付けられた。それは、言語やエスニック集団が混淆し、往来が活発であった中央アジアにさまざまな境界、障壁が設けられたことを意味していた[同前]。

また、一九二〇年代半ば以後、それまでは〝遅れた〟地域だとソ連中央から見做されていた中央アジアでも社会主義建設が積極的に展開されることになった。土地改革、水利改革に続いて、地主や富裕層の財産や利権が貧農層に分配され、農業の集団化がおこなわれた。また、この地域がソヴィエト連邦全体の中で原料供給地としての地位を与えられることになったため、コルホーズの下で綿花の単作栽培が進められた。そして、カザフスタンでは遊牧民の強制定住も実施されたため、社会は混乱し、一〇〇万人以上の餓死者を出したとも言われる。

そして、スターリン指導下のソヴィエト連邦、ソ連共産党は、一面で中央アジアに科学技術や衛生医療の面での〝近代〟をもたらしたが、公教育を通じた言語(キリル文字、ロシア語)などによって同化政策を進め、また各共和国内では一元的な政策が採用されたため、それぞれのエスニック・グループのもつ多様性が捨象されるような状況になった。さらに、社会主義が無神論を原則とすることもあって、宗教や生活習慣全般から成るイスラームの影響力を低下させようとした。こうした政策に対してムスリム知識人たちは反発するが、スターリンにより粛清されることになった。全ロシア・ムスリム会議に参加したタタール人で、スターリンに抜擢されて対中央アジア政策を担ったスルタンガリエフもまた、自治共和国の権限拡大を求め、一九二三年には逮捕されることになった[山内一九八六・一九九五]。

10　「満洲」をとりまく環境

一九二〇年代の満洲をとりまく環境はいっそう複雑になっていた。二一カ条要求で日本は在満利権の確実化、あるいは延長を求めた。とりわけ、本来なら二五年が租借の満期で一九二三年に返還が予定されていた旅順・大連の租借権の延長に日本はこだわった。これに対しては、中国で広範な回収運動が生じていたにもかかわらず、ワシントン会議を経た後も、日本はそれを放棄することなく統治を継続した。他方、ロシア革命によって様々な意味での混乱や社会変容が北満を中心に生じていたが、ロシアからの軍事的な脅威は一時的に後退した。また、カラハン宣言によって、在満ロシア利権は放棄されるものとの認識が広まっていた。

これに対して、大正デモクラシーといわれる時期にあり、また日英米協調という風潮の下にあった日本では、満洲への武力進出は必ずしも好まれず、「文化」を媒介とした満洲をめぐる融和政策を図る向きもあった。だが、そこで用いられる「文化」については、日本が西欧とは異なる独自の何かを強調しようとしつつ、他方で満洲独自の文化をも見出そうとしたものの、それと同時に日本側には自らを普遍価値を有する文明の担い手だとする、優越的な自負心があったと見ることもできるだろう。

また、満洲の経済は第一次世界大戦期の好況を経て、二〇年代に入ると再び不況に転じたものの、奉天を中心に南満洲の工業・鉱業は次第に回復した。張作霖政権は、基本的にそのような商業資本に依拠しつつ、地域の開発、発展に努めた。一九二〇年代後半には、華北で自然災害が発生したこともあり、多くの出稼ぎ移民が山東などの華北から東北を訪れていた［上田二〇〇八］。一九三二年に成立する満洲国は、張作霖・張学良政権による開発の遺産を継承して成立し、張政権と同様に移動する人びとを捕捉しつつ、統治することが求められたのであった。

一九二二年にソヴィエト連邦が成立し、一九二四年に中国と協定を締結した。この条約が秘密協定であったこともあり、孫文らはソ連を中国の国権回収を支持する存在と見做していた。だが、実際には北京政府との交渉過程でソ連はロシアの在満権益を継承しようとした。中国側は、ロシア革命の過程で部分的に権益を回収していたが、それ以外の未回収部分をソ連が継承することを最終的に容認したのであった。またソ連は、張作霖政権とも協定を締結して自らの在満利権を維持しようとした。当時、予算縮小を忌避する日本陸軍は、国内に向けてソ連の満洲への脅威を強調するようになった。また、開発政策の成功を背景に力をつけつつあった張作霖との協調関係にも問題が生じるようになっていた。張作霖爆殺事件は、そのような状況の下に生じた事件であった。

北伐の過程で一九二七年に発生した南京事件(国民革命軍による駐南京日本総領事館等での殺傷、凌辱、略奪事件)は幣原の協調外交路線への批判を強めることになった。また、五・三〇事件以後にイギリスに向けられていた、いわゆる中国ナショナリズムは、日本の山東出兵などを経て、その矛先を北伐に「干渉」する日本へといっそう向けるようになった。そして、各地で生じる排日貨運動や国民党の主導する「排日運動」を日本は脅威としていっそう強く認識するようになっていった。

特に満洲では、一九二〇年代末になると排日風潮が強まり、各地の領事はその風潮の拡大を本国に伝えるようになっていた。日本の在満権益も、中国ナショナリズムによって回収されるのではないかとの危機感もまた、ソ連からの脅威とともに強調されるようになっていったのである。一九二七年から総理となった田中義一は、陸軍同様に満蒙を軍事上、政治上特殊な関係を有している地域だとしたが、それと同時に政友会の方針とも言える、産業立国としての日本の活路ともなる特殊権益の存する空間だと満洲を見做していた[佐藤一九九二]。そのため、列強との協調を崩さない範囲で、中国に対して内政干渉、武力干渉をおこないつつ、満蒙を中国から分離し、日本の在満権益を護持しようとした。むろん、田中に張作霖爆殺の計画が当初からあったわけではないが、満洲をとりまく環境の変容の下で、日本の持つ特殊権益を確保していこうとする方向性では、関東軍と中央政府は軌を一にしていた。

11 日本帝国と植民地

第一次世界大戦を経て、国連の監督下での委任統治という制度が国際連盟で定められるなど、帝国と植民地をめぐる環境にも変化が生じた。イギリスは、第一次大戦以前から植民地を自治国家(ドミニオン)にしつつ、大英帝国を再編しつつあった。そして、一九二二年にはアイルランドが自治国家になることを認めていた。

このような時代風潮に日本が完全に逆行していたわけではない。日本は、国際連盟規約制定の過程で人種差別撤廃案を提案した。中国をはじめ過半数の国がそれに賛同したが、オーストラリアなどがこれに反対した。議長であったウィルソンは、全会一致原則を以て、この提案を否決した[高原二〇〇六]。そして、一九二四年、アメリカは日本人の移民を受け入れないことを決定し、それが日本における反米運動を招いた。前述の通り、それは日本人と他のアジア人を同列に扱おうとすることへの反発でもあった。これらの過程には、人種間の平等を求めるようなリベラルな風潮、そしてアジア人内部の優劣を強調するような傾向の双方が見られる。一九二〇年代の日本の「帝国」としてのあり方や、植民地統治の理念をめぐる議論でも、その双方が反映されたのである。たとえば、一九一九年に朝鮮半島で発生した三・一運動などによって、日本の植民地統治は〝文治〟へと向かった。だが、一九二〇年代に台湾で活発になった議会設置請願運動などは成就しなかった。原敬の採った内地延長主義にしても、植民地と内地の「一体化」の論理と同時に、両者を隔てる論理の双方を孕んでいた。

このような状況の中で、言論の場でも帝国や植民地のあり方についてはより多様な議論が展開し始めていた。たとえば、朝鮮知識人であった柳泰慶が『亜細亜公論』の主筆として人類主義を掲げ、日本の知識人と交流しながら、日本語で言論を展開するようになっていた[後藤・紀・羅共編二〇〇八]。また、中国の李大釗は、日本の吉野作造らとも議論を重ねていた。日本の論壇では、帝国のあり方について、とりわけ植民地をめぐって見解が分かれていた。植民地における民族自決への捉え方でも、石橋湛山は植民地の独立を認め、矢内原忠雄は自治論を基礎に独立を容認し、吉野作造は民族自決原則を認めながらも、台湾と朝鮮については自治論をとなえて独立を認めようとはしなかった。

だが、そのような見解の分岐はあっても、植民地自治や独立の問題が、民本主義であるとか、社会主義の論理などと結びつきながら、内地の諸問題に連関づけられながら論じられたことが重要であった。たとえば、資本主義の発展にともなう社会問題、経済不況にともなう労働者の問題などは、日本国内のみならず植民地などでも広く見られた。宗主国と植民地を超える議論の場が「社会」を通じて形成されたのである。これは、イギリス労働党が一九二五年に主宰した帝国労働会議(インド、南アフリカ、カナダ、オーストラリアの代表などが参加)にも通じることであった。また、ドイツにおける文化論が英仏の普遍的価値としての文明からの自立というコンテキストで利用されたように、日本でもまた西欧的文明に対する日本固有の「文化」が強調されていたが、帝国内部では逆に宗主国たる日本が文明を標榜し、朝鮮や台湾が「文化」を強調するという局面も見られた。このようにして、一九二〇年代には「社会」や「文化」をめぐる帝国／植民地の境を越える議論の場が形成された時期だとも思われる。

だが、日本政府の採用した路線は内地延長主義的な方向であり、朝鮮や台湾の民族運動もしだいに分裂していくことになった[米谷二〇〇六]。

他方、一九二〇年代の日本では東南アジアの経済関係の緊密化に伴って南進論が新たな展開を見せた。日本と東南アジアの貿易額は五倍以上になり、在留邦人も二倍前後にまで増加した。また、太平洋上の南洋諸島を委任統治受任国として実質的に領有した日本は、まさに五大国の一つとして、欧米人と同様にアジアの解放や文明化の使命を掲げつつ南進をはかった。当時の日本にとって、アメリカ大陸への進出には排日移民法の問題があり、また中国では排日貨運動があるなど、さまざまな困難がともなっていたので、東南アジアは日本にとっては比較的障壁の小さい対象であった。この時代の日本の南進論が一九三〇年代と異なるのは、日英米協調の下で武力を用いることが控えられ、経済面での進出が目指されていた点である。一九二六年には外務省が南洋貿易会議を主宰し、自由貿易原則の下に南洋に経済進出することなどが確認されている。この路線は一九二九年の大恐慌によってとん挫するが、二〇年代の幣原外交の一つの姿であった。

一九二〇年代に東南アジアに販路を広げた日本の工業製品もあったが、中でも綿製品は重要である。比較的低価格な日本の綿織物は、インド市場のみならず、蘭領インドやマラヤ植民地などにも進出し、イギリスの綿製品と利害対立を起こしていた。第一次世界大戦期に在地の産業が発展したインドにおいても、イギリス綿を駆逐して日本綿が入り込み、日印間に綿業対立が生じるまでになった。このことは、一九二六年のＩＬＯジュネーヴ総会で表面化していた。イギリスとインドは、やがて日本と会商することによって、世界の繊維市場のカルテル化をはかろうとするようになる［杉山、ブラウン編著一九九〇］。

また蘭領インドにおいても、華商に対抗しつつ三井物産や日蘭貿易などが進出し、また台湾銀行が各地に支店を開設して、日本製品を扱う中小の貿易会社を支援した。日本側も、インドネシアのバティック（ジャワ更紗）生産にあわせて、製品を改良し、キャンブリック（本来は高級な麻の布地を指すが、つや出し加工を施した綿素材も含むようになった）を輸出するなどした。一九二九年の大恐慌以後にあっても、日本から蘭領インド向けの綿輸出は増加した。だが、それはそれまで自由貿易の姿勢を採っていたオランダ側を警戒させることになり、次第に保護政策が採られるようになっていった。東南アジアやインドをめぐる日本とイギリス・インド、日本とオランダの対立は次第に深まっていったのである。

12　中国における政権交代

一九二〇年代の中国では、北京政府から南京国民政府への政権交代が生じた。北京政府は、中華民国をドイツやオーストリアに対する戦勝国とし、それらの在華権益を回収することに成功した。ドイツが中国に有していた権益は山東権益だけではない。ドイツ、オーストリアともに天津に租界を有していたし、他にもさまざまな利権や特権が設定されていたのである。北京政府は、ヴェルサイユ条約で日本への譲渡が決まった山東権益を除く、ドイツ、オーストリアの在華諸権益を回収することに成功したのである。また、北京政府は一九二一年のワシントン会議に参加して九カ国条約に調印するとともに、山東問題や二一カ条要求にまつわる諸問題を一定程度解決した。

だが、その北京政府も国内における正当性を次第に喪失していった。正当性を喪失した大きな原因としては、財政の逼迫と相次ぐ軍事騒乱がある。財政逼迫は、そもそも借款に依存した財政であったこと、また実行統治領域が限定されていたために税収が見込まれなかったこと、さらに関税自主権の回復が大幅に遅れたことなどによりもたらされた。当時の北京政府の主な財源は、関税や塩税のうち、外国借款に対する返済部分を引いた剰余分であったから、関税自主権の回復、あるいは関税率の上昇が急務であったのである。他方、軍事騒乱は、北洋系軍事勢力の中で、直隷派、安徽派、奉天派などと言われた諸勢力が軍事紛争を繰り返したことを指す。また、一九一〇年代に勃興したいわゆる民族資本も二〇年代前半には苦境に陥った。ここに自然災害なども加わり、中国社会全体にストレスがかかったのが、一九二〇年代前半であった。北京政府にそれを乗り切るだけの体力はなかったのである。

一九一〇年代から二〇年代半ばにかけての時期は、中央政府の管理が緩慢な状態であったこともあり、言論の自由度は高く、新聞や雑誌などが数多く公刊され、全国にめぐらされた電報網などを利用して、一定程度の「公論」の場は形成されていた。そうした場を通じて、民主、自由、デモクラシー、サイエンス、そして民族主義や社会主義思想などが広まった。このような背景の中で、中国国民党が一九一九年に、また中国共産党は一九二一年に成立した[石川二〇〇一／川島二〇一〇]。

一九一九年に成立した(中華革命党からの改称とも言える)中国国民党は、一九一七年に広東に成立(亡命)していた中華民国政府(広東政府)を主導するようになった。国民党は、コミンテルンの影響を大きく受け、また宣伝と動員などの新たな手法を用いる政党が、政治とともに軍事を主導する点で北京政府と異なっていた。一九二四年には共産党員も取り込むかたちで第一回の党大会を広州で開くなどし、その勢力を拡大していった(同時代的には国共合作とは言わない)。当時の中国では、民族主義が高まりを見せ、国家の統一が大きな課題であったが、それを誰が主導するのか、そしてそれを平和的におこなうのか、それとも武力によるのか否かといった対立があった。広東政府を率いていた孫文は武力統一を主張したが、全国レベルでの統一をめぐる会議で諸勢力との対話に応じるために一九二五年に北上して北京に至ったものの、そこで客死した。広東政府では、孫文の遺嘱に基づいて武力統一を決断し、黄埔軍官学校校長であった蔣介石を中心に北伐をおこなった。

この過程で、国民党は政府を「国民政府」とした。これは、孫文の想定した軍政、訓政、憲政という建国における三段階の第二段階＝訓政下の政府を指し、国民党が政府を指導する体制を意味する(党国体制)。北伐軍は、長江流域まで比較的順調に北上し、その過程で租界を回収するなど国権回収に成果を上げた。一九二五年に発生した五・三〇事件によって反英運動に代表される反帝国主義運動、国権回収運動が生じていた当時、北伐軍の外交上の成果は大いに歓迎された。北京政府も、条約期限に際して条約内容の変更を求め、それが認められないと条約の延長に応じないという修約外交をおこなって国権の回収に努めていたが、国民政府が主張する革命外交(政権交代にともなう条約改正)や大いに宣伝される国権回収の成果のほうが、少なくとも表面的には、より国民の心を捉えたと見ることができる[川島・毛里二〇〇九]。

一九二七年四月、蔣介石はそれまで「合作」していた共産党勢力を上海にて粛清し(四・一二クーデター)、一九二八年には北京政府の首班であった張作霖を北京から満洲へと追いやった。本拠地の奉天に着いた張は日本軍により爆殺された。既に成立していた南京の国民政府は、張作霖の息子の張学良の易幟(北京政府の掲げた国旗である五色旗に代え、国民政府の青天白日満地紅旗を掲げること)を経て統一政権となった。南京国民政府は、民族主義を背景にした国民党主導の政権であり、社会主義型の宣伝や動員を採り入れながら、さまざまな面での近代国家建設をおこなうことになる[石川二〇一〇]。また、対外政策の面では一九二八年から三〇年にかけて関税自主権の回復に成功した。山東に出兵して北伐に二度に亘って介入した日本も、最終的には関税自主権の回復を容認し、国民政府を承認したのであった。だが、中国での国権回収の動きは日本側に在華権益の危機を感じさせるようになっていた。満洲事変が発生するのは、張学良が易幟してから二年後の一九三一年であった。

13 東南アジアのナショナリズム

一九一〇年代半ばには、独立国として残ったシャムは除き、欧米諸国による東南アジアの分割が完了した(米領フィリピン、蘭領インド、英領マラヤ・北ボルネオ、仏領インドシナの五地域)。これによって、従来は点と線の支配であった欧米の植民地支配が、境界線で囲われた面の支配へと変容したのである。これらの境界、あるいは個々の植民地の内部における境界は多様であった。それは欧米により恣意的に引かれた場合もあったが、それでもそれらの境界が個々の地域の独立運動の単位の境界ともなることが多かった。そして、第二次大戦後に独立する諸国家は、まったく同一というわけではないが、これらの五地域の枠組みを前提として形成されることになると言ってもいいであろう[加納二〇〇一／池端二〇〇二]。

また、東南アジアの多くの地域が植民地となったことは、その内的な政治的社会構造をも作り替えていくことになった。植民地政庁の所在地たる植民地統治の中心に設けられた官僚制度を通じて統治がおこなわれ、税制や土地制度、さらには教育制度や治安制度などが州県から村落にまで展開したのであった。宗主国は、統治の必要性から、植民地の「原住民」官僚の養成のために中高等学校や大学を設けた。卒業生の中には、宗主国に留学する者も現れたが、彼らは基本的に官僚機構の中の中級から下級を構成するとともに、裁判官や弁護士などの法曹、また学校教育に関わる教員、そして医師や技術者となり、植民地の中間層を形成したのであった。しかし、そうした教育を受けた青年層は、現地語のみならず、宗主国の言語にも通じ、さまざまな交通・メディアインフラの整備を背景に、二〇世紀の新しい知識や思想潮流を吸収することになった。そして彼らは、新聞や雑誌などのメディアを通じた情報発信をおこなうようになっていった。東南アジアのナショナリズムは、このような背景の下に展開したのであった[池端二〇〇二]。

一九世紀、あるいはそれ以前から植民地支配に抵抗する動きがなかったわけではない。だが、二〇世紀に展開されたのは、植民地の統治体制の形成に対して抵抗するナショナリズムであり、また近代的な論理を身にまとった運動であったと見ることもできる。だからこそ、その統治を受けている空間的な、人的な、あるいは制度的な枠を前提にして、その空間や人を単位とし、〝言語〟や〝文化〟を通じてアイデンティティを育みつつ、制度的にまずは自治を獲得して、そこから独立を得ようとしたものが多かったのである。だが、それでも、その植民地統治の単位を崩そうとする向きもあったし、あるいは自治という宗主国側が設定したレールに乗らずに、直ちに独立を達成しようという勢力もあった。他方、シャムではイギリスやフランスに多くの領土を奪われながらも、その英仏に抵抗しつつ、独立を維持するための近代国家化が急がれ、二〇年代末には条約改正でも成果をあげていたが、財政状況の悪化を憂慮する声も強まり、一九三二年には立憲革命が起きる。

第一次世界大戦期は東南アジアにおける面的な植民地統治の完成期であるが、一九二〇年代には各地で一定程度の自治の進展が見られ始めた時期でもある。米領フィリピンでは、その領有当初から自治の段階的付与と特恵通商の段階的廃止が織り込まれていたが、前者は一九二〇年代末までに大きく進展した。そして、アメリカの公教育に育まれ、英語を話す人びとが次第に国民的な空間と意識をもつようになっていった[中野一九九七・二〇〇二]。蘭領インドでは、オランダ語による教育が限定される中で、官製ムラユ語が創造され、それが公教育でも使用されるようになっていた。二〇世紀になると、そのムラユ語のメディア化がブディ・ウトモらの民族主義者によって担われ始め、一九一〇年代にもイスラーム同盟などによる民族主義運動もムラユ語メディアが主軸となった。また、蘭領インドにおける共産主義運動については前述の通りである〔山本二〇〇二〕。

ベトナムの民族主義運動は当初、儒学的な素養をもつ儒者たちが中国における社会進化論を受容した。ファン・ボイ・チャウがその代表であろう。しかし、一九一〇年代はじめにそうした運動が限界に達した後、第一次世界大戦を経て、次第にマルクス・レーニン主義思想の影響が強まることになった。グエン・アイ・クオックがその代表である〔桜井・石澤一九七七〕。ビルマでは、イギリスが一九二三年に両頭制度を導入するなど自治を拡大する政策を採っていたが、中間層を担い手とするビルマ人団体総評議会などは、この自治の範囲内でビルマ人の地位を高め、ビルマ人主導の英連邦内の自治国家(ドミニオン)となろうとした。しかし、そのためこの勢力は植民地議会での勢力拡大に腐心することになった。それに対して一九三〇年代にはタキン党が段階的自治ではなく、イギリスから独立した社会主義国家ビルマの建設を目指そうとした〔根本二〇〇二〕。

14 一九二〇年代の東南アジア経済

一九一〇年代半ばには、欧米諸国による東南アジアの分割が完了し、米領フィリピン、蘭領インド、英領マラヤ・北ボルネオ、仏領インドシナの五地域と独立国シャムという六地域となった。東南アジアという地域の一九世紀末からの歴史過程を見れば、交通網や物流網、電信網の発展があり、また太平洋航路の発達により、次第に東北アジア世界とインド洋世界の、ひいては欧州との結節点となった。その結果、インドや中国から多くの労働力が移動してきただけなく、太平洋に面した一地域として次第にアメリカ大陸との関係も深めていくことにもなったのであった。一九二〇から三〇年代にかけての東南アジアの諸都市では、こうした世界とのつながりを背景に、生活面での新しい衣食住、音楽や絵画などの芸術、そして次第に映画、レコード、ラジオといったメディアが普及していった。

第一次世界大戦期には、東南アジアの植民地の宗主国が戦場になるなどしたため、宗主国の統治が弛緩し、経済活動においては、フィリピンを除いて、宗主国との貿易関係が低下し、インドや中国、そして日本やアメリカとの貿易が次第に増加した。これは、第一次世界大戦以前から既に見られていた傾向であったが、それが大戦によりいっそう加速したということになろう。

たとえば英領マラヤでは、錫《すず》鉱山とゴム栽培が発展した。錫については、一九世紀末からシンガポールの英独合弁企業が進出したが、一九二〇年代に至っても華僑の影響力が大きかった。ゴムは、二〇世紀初頭には英領マラヤの主要輸出農作物となり、自動車産業の勃興にともなうタイヤ需要により、発展し続けた。ゴム園は、基本的にイギリス系資本による大規模プランテーションと、華僑やマレー人による小規模なものとがあったが、両者の労働力はともに南インドのタミル系移民であった。生産されたゴムは、華僑らによりシンガポールに運ばれて加工され、そこから世界へと広がっていった[水島二〇〇二]。

タイでは、一九世紀半ばのバウリング条約によって世界市場と結びつけられたこともあって、米作モノカルチャーともいえる状況になっていたが、生産者は自作農中心で、精米や流通面は華僑が担い、シンガポールを経由してマレー半島や蘭領インドへと広がった。タイの米産業は、一九二九年の大恐慌後に生じた米価の暴落により大きな打撃を受けることになる。また、ビルマではエーヤーワディー河下流域が、稲作の中心地となり、ヨーロッパからの資本の投資が流入して、ヨーロッパに輸出された。また、土地の開拓に当たってはビルマ人だけでなくインド人の金貸しも農村部に入りこみ、一九二〇年代以後になると、農民は負債によって土地を喪失し、小作農や農業労働者が増加することになった［斎藤二〇〇二］。

このようにして、東南アジアの経済の牽引役は、かつて内陸国家を支えたような伝統的稲作地域ではなく、マラッカ海峡周辺の島嶼部における熱帯雨林地域に広がったプランテーションや鉱山が果たすようになり、またそれまで人口希薄地域であったエーヤーワディー、チャオプラヤー、メコンの三大河川の下流部のデルタ地帯に形成された、輸出のための商業稲作地帯などを中心とするようになったのであった［加納二〇〇二］。

一九二九年の大恐慌を経て一九三〇年代に入ると、東南アジアの貿易額は縮小し始め、三〇年代後半にようやく回復する。だが、この回復期には蘭領インドとタイを中心に日本との貿易関係が拡大し、とりわけ日本製綿布の輸入が増加した。このような日本の東南アジア市場への進出は第一次世界大戦期から既に見られたが、三〇年代にはイギリス、オランダとの対立が決定的となったのであった。

15 一九三〇年代への展望

第一次世界大戦を経た一九二〇年代は、「戦間期」などとされ、過渡期として、または来るべき大戦への条件が整った時期として扱われがちである。つまり、この時期が独立して扱われるというよりも、後の時代、あるいはその前の時代との因果関係によって説明されることが多い。だが、既述のように、この時代は「新しい時代」の始まりとしても位置づけることができる。

国際政治史の面では、欧州の発言力の低下、アメリカ合衆国・ソヴィエト連邦・日本の発言力の向上、社会主義国という新たな国家モデルの登場、ウィルソン大統領による民族自決の理念の提唱とナショナリズムの動きの拡大、軍縮への動きや国際連盟をはじめとする国際組織などの誕生などがそれを示しているだろう。東アジアでは、いわゆるワシントン体制が形成され、確かに日米英の一定の協調関係が見られた。だが、それが果たして「体制」と言えるほどのものであったのかということは、本稿で示してきたとおりである。また、そこに見られる多様なアクターの交錯こそ単純に一九三〇年代の前段階としては捉えられない側面を示している。

また、社会主義、民族自決、ナショナリズム、民主主義、平和主義など、二〇世紀の重要な思想が新たなメディアなどを通じて人口に膾炙した。第一次世界大戦への反省とともに、「近代」がアジアなどへと浸透していく側面がそこにはあった。だが、そこで重要だったのは、大量生産方式に基づく大衆消費社会の東アジアへの拡大などということよりも、「近代《モダニズム》」の特徴とも言える諸思想が各地の独立、自治、権利などをめぐる運動に結びついたこと、そして民主や自由といった概念が、植民地をめぐる問題で葛藤や矛盾を育んだことだった。東アジアの多くの地域が植民地となっていた当時、所謂、「植民地における近代《コロニアル・モダン》」をとりまく環境とそこにおける問題が現れたこと、そして東アジアという域内に宗主国と植民地の双方があり、また半植民地的独立国があったことが、状況をいっそう複雑にした。この点は欧州とは異なるであろう。

経済面から見ると、第一次世界大戦期に日系企業が東南アジア市場に進出し、一九二〇年代にも引き続き関係が維持された。従来から東南アジアでの経済活動をおこなっていた華商に日系企業が加わることで、宗主国との経済関係だけでなく、東南アジアと東北アジアの地域経済の結びつきが強まったと言えるだろう。だが、それはイギリスやオランダなどの宗主国と日本との経済的な摩擦を孕むものであった。

大恐慌を経た一九三〇年代になると、一九二〇年代に現れていたさまざまな動きがいっそう顕著となった。独立、自治への動きは強まり、思想をめぐるズレや矛盾が独立、自立などと絡み修復の難しい亀裂が生まれ、経済を繞る競合も増した。そうした中で、既に一九二〇年代の後半から見られていた日本と英米の協調のほころびも次第に大きくなり、一九三一年の満洲事変、一九三七年の日中戦争で東アジアは戦争の時代に突入する。また、共産主義もいっそう広がりを見せ、それがナショナリズムに結びつく面と、「反共」への動きが加速する面があった。これらは、第二次世界大戦後の冷戦の形成にも関わることになった。

第5章

新秩序の模索

1930年代

山室信一

岡田三郎助作「民族協和」(国務院壁画)から作成された絵葉書「五族協和」(函館市中央図書館蔵)

世界恐慌で幕を開けた一九三〇年代は、三一年九月に満洲事変、三七年七月に盧溝橋事件が起き、三九年九月のドイツのポーランド侵攻によってヨーロッパでは第二次世界大戦へと突入していく危機の時代となった。それは恐慌への対策として進んだブロック経済圏の形成に対し、「持たざる国」としての日本やドイツなどが、ヴェルサイユ・ワシントン体制を打破することを「新秩序」の形成として正当化し、国際秩序の再編成を要求するものでもあった。他方、世界恐慌の打撃を受けたアジア世界においては、ビルマの農民大反乱やインドにおける「塩の行進」に象徴される非暴力運動、ベトナムのゲティン・ソヴィエト樹立、フィリピンのサクダル蜂起など、多彩な形態をとる抵抗運動が噴出した。さらに、資本主義体制の危機に直面するなか、生活世界の「改新」から始まって国家改造、東アジア広域秩序構想、そして国際政治・経済体制の改編など様々なレベルで新たな秩序のあり方が模索されたのが三〇年代でもあった。

また、生活世界の「改新」は、次第に総力戦遂行に向けて女性を含めた総動員体制の編成へと変容し、朝鮮や台湾における皇民化運動では「人的資源」確保のために社会保障の整備が進むという事態も生まれた。そして、日中戦争の全面化のなか、抗日態勢をめぐるせめぎ合いやクロスボーダーの人的交流のなかで新たな政治空間が形成されていくことになった。

1　危機と模索の三〇年代

一九二〇年代は、社会主義と資本主義の対立やドイツなど敗戦国での復仇思想が広がるなど危機が醸成された時代であったが、民族自決思想や「新女性」の登場など旧来の桎梏《しっこく》からの解放への希望が高まった時代でもあった。国際秩序においても集団安全保障体制としての国際連盟が生まれ、軍縮条約や不戦条約が締結されるなど国際協調が基調とみなされた一〇年であった。そして、「繁栄の時代」を迎えたアメリカに牽引され、相互依存関係を強めた世界経済の成長によって、大量生産・大量消費に支えられた新しいライフスタイルが植民地を含めて普及しつつあった。

これに対し、世界恐慌のなかで幕を開けた三〇年代は、三一年の満洲事変を皮切りとして国際紛争や内戦が相次ぎ、終《つい》にはヨーロッパにおいて第二次世界大戦が開戦するに至った危機の時代であった。二〇年代に追求された経済的利益拡張と政治的国際協調とのつながりが断たれ、各国で外交と経済と軍事とが一体化する体制に突入していった。

しかしながら、三〇年代を世界恐慌から始まって一直線に第二次世界大戦に至った時代と短絡的にみることはできない。また、ドイツや日本の経済的危機がそのまま軍事的拡張行動を促したのでもなかった。なぜなら、ドイツはヒトラー政権下で奇蹟と呼ばれる恐慌克服を果たし、日本は三二年後半には政府の財政拡張・為替切り下げによる輸出増加策によって世界に先駆けて不況を脱していたからである。対立を深めていた日中関係においてもイギリスの対日宥和策を背景に、協調的経済外交も模索されていた〔木畑二〇〇一〕。また、満洲事変後、アメリカは日本の軍事的拡張を警戒してはいたが対日投資は増加し、日本はアメリカから機械・石油・棉花などを輸入する一方で対東南アジア向け工業製品の輸出を増大させるなど、日本・アメリカ・東南アジアの経済的連関は深まっていたのである。

このように三〇年代は危機の時代ではあったが、危機が認識された限りにおいてその原因の考察とともに、ローカルな次元における生活の改新から始まって、ナショナルな次元では経済的危機克服のための「国家改造」そして戦争遂行に対応するための総動員体制の編成、リージョナルな次元での相互依存経済関係への対応と広域秩序の創出、そしてグローバルな次元における「ファシズム」と統一戦線との角逐といった相互に関連する各空間レベルにおいて、山積する難題を解決するための挑戦が試みられていった。「非常時」や「新秩序」が声高に叫ばれた危機噴出の時代は、それぞれのレベルで新たな秩序創世によって危機を脱しようとした模索の時代でもあったのである。

しかし、その模索と混迷のなかで自らの危機を他者の犠牲のうえに回避しようとする軍事的拡張が自存自衛の方途とされたことによって危機はさらに増幅され、軍事力の激突によってしか解決を見出せない時代へと突入していくことになる。

世界恐慌と金本位制度の崩壊

二〇年代の世界資本主義にとって課題となったのは、第一次世界大戦による巨額の賠償金を課されてインフレに襲われていたドイツ経済を再生させ、イギリスやフランスなどに賠償金を支払わせることであった。それによってイギリスなどは第一次大戦中に負った債務をアメリカに返済する必要があった。そのため二四年に賠償金軽減・アメリカ資本による借款などのドーズ案が作成され、それが実施されたことによってドイツ経済は回復に向かい金本位制に復帰した。そして、二五年以降、ドイツはアメリカからの借款によって経済を立て直して英仏などに賠償金を支払い、それをもって英仏などがアメリカに債務を支払うというサイクルが生まれた。こうして世界経済は二五年から二九年にかけて「相対的安定期」と称されるに至った。

しかし、「繁栄の二〇年代」として活況に沸いていたアメリカでは二七年頃から自動車、電機製品などが過剰生産となったため政府は金利を下げて景気を刺激しようとしたが、株価の上昇を招いて二八年半ばから熱狂的な株式ブームが起きた。アメリカ政府は金利を引き上げて鎮静化を図ったが、株式ブームは収まらず、高い利子と証券投機を求めて海外資金が流入することになった。さらにヨーロッパに投資されていた資金が回収されるなど、資本が集中したことでアメリカ経済のバブルが膨らみ、二九年一〇月二四日の「暗黒の木曜日」を契機にそれが弾けたのである。株価暴落によって企業の設備投資は低下し、大量の失業者が生まれた。預金高が減った銀行はヨーロッパでの融資を引き上げ、新たな貸し付けを停止したためヨーロッパでは金融恐慌となって銀行の休業が相次ぎ、三一年九月にはイギリスが金本位制の停止に踏み切った。金本位制の中軸であったイギリスが金本位制を放棄したことによって、六〇年近く理想的な国際通貨制度とみなされてきた金本位制度と自己調整的市場に支えられてきた世界経済は、大きな構造転換を迫られる「革命の三〇年代」

（カール・ポランニー）に入ったのである。

こうしたなかアメリカをはじめとする諸国が均衡財政を重視して緊縮財政策を採り、増税を断行したため景気はさらに冷え込んでいった。この背景には第一次世界大戦後のドイツのハイパーインフレの記憶からインフレ政策への警戒心が強く、財政不均衡を各国政府が威信を損なうとして恐れたことがあった。国家が有効需要を喚起し、完全雇用政策に道を開くケインズ理論が受容されるまで、政府支出の拡大は恐慌をさらに悪化させると信じられていたのである。

経済ブロックの形成

各国が独自で不況を脱することができないまま、国際間協調による恐慌克服を目的として三三年六月、六十数カ国が参加してロンドンで世界経済会議が開かれたが失敗に終わったため、恐慌は長期化することになった。

この世界経済におけるヘゲモニー空位時代において、イギリスはじめ各国が自衛策として採ったのがブロック経済化であった。イギリスは三二年七月、オタワで帝国経済会議を開催して自由貿易体制から自治領やインドなど帝国内での特恵貿易制度に移行するとともにスターリング（英ポンド）によって決済を行う通貨・経済圏を設定することで、資源の自給と商品市場を確保しようとした。イギリスはこのブロックにタイやデンマーク・アルゼンチンなどの帝国外諸国も含み込み、ドイツはオーストリア、バルカン諸国などによる中欧ブロックからマルク圏へ、フランスは金ブロックからフラン圏の形成へと進み、アメリカはラテンアメリカ諸国と貿易協定を結び、オランダは金にリンクしたギルダーを蘭印の通貨に連動させるなど、三〇年代において世界はブロック化の傾向を強めていった。ブロック経済圏は、圏外に対する輸出拡大を図る反面、関税引き上げや貿易許可制・割当制などを採って輸入を制限するものであった。

こうした自由な世界貿易を否定する動きは三〇年代半ばから高関税政策の修正により少しずつ是正されたが、ナチス・ドイツの台頭とともに自給自足圏の形成を求める軍事ブロックとしての衝突を招くことになったのである。

2　生活「改新」運動と農村秩序の再編

「日本を今日の悲境に立たしめたのは、実に昭和五年の金解禁だった」〔石橋一九五一、一三五―一三六頁〕と石橋湛山は第二次大戦後に回想したが、まさに昭和五年すなわち一九三〇年は日本にとって転回点となった。正貨の流出は、三〇年一月から五月までに二億二〇〇〇万円に達して金融は逼迫した。物価は暴落して失業者が溢れ出し　大凶作に見舞われた東北地方などが悲惨な状況に陥ったため、三一年一二月には金輸出再禁止が決定された。外交では幣原喜重郎外相が三〇年五月、特定品目について中国の関税自主権を承認する協定に調印し、日中関係の改善を模索していた。

しかし、ロンドン海軍軍縮条約締結をめぐって統帥権干犯問題が起きるなど、国益追求とそのための軍事的拡張が三〇年代の基調となっていった。三二年の血盟団事件や五・一五事件、三六年の二・二六事件などは、満蒙・中国における対外的危機感とその克服のための膨張欲求（それは白人支配からのアジアの解放として正当化された）と、その対外的膨張に不可欠となる強兵の基盤である農村が窮乏化していることへの対内的危機感から、現体制の破壊を要求するものであった。

さらに植民地で相次いで起きた抵抗運動は、日本の帝国統治を震撼させた。朝鮮では一九二九年一一月から三〇年三月にかけて、全羅南道光州で日本人学生の非行への抗議をきっかけとして光州学生運動が起こった。運動には学生約五万四千人のほか労働者や農民、抗日団体の新幹会などが参加し、三・一運動以来、最大規模の高まりをみせた。植民地的奴隷教育撤廃や、社会科学研究の自由獲得などのスローガンが掲げられたことから、背景に社会主義思想の普及があるとみた朝鮮総督府は四万人近くの警官・軍隊を動員して鎮圧した。また、満洲では朝鮮人独立運動家が三〇年五月、延吉・竜井など間島の主要都市や鉄道沿線で一斉に蜂起して検挙者は二〇〇〇名余にのぼり（間島五・三〇蜂起）、以後も抵抗を続けていた。

台湾では二一年以来、議会設置運動が続いていたが、三〇年八月に台湾地方自治連盟が結成されたことによって、請願そのものは三四年まで続いたものの、実質的には形骸化していった［若林二〇〇二］。そして一〇月、モーナ・ルーダオに率いられたタイヤル族が日本人一三四名を殺害した霧《む》社《しゃ》蜂起が起きた。台湾総督府は四千人に及ぶ軍隊と警察官を動員し、機関銃・ガス弾などを使って掃討作戦を行い、六四四人の死者を出した。翌年四月には投降していた二三〇名が再び蜂起、さらに蜂起した部落が警察の教唆によって別の部族に襲撃される事件も起きたため、遠隔地に強制移住させられている（第二霧社事件）［アウイ一九八五］。霧社蜂起については、「我等は台湾の革命的蕃人の暴動を被圧迫弱少民族の帝国主義に対する闘争と看なければならぬ……印度、安南、ビルマ、フイリッピン、朝鮮、台湾は台湾に於ける今度の暴動を契期《ママ》として、より一層堅固な同盟がなくてはならぬ」（蘇慕紅「台湾における民族革命について」『プロレタリア科学』三二年一月一日、一二三頁）として、アジア被圧迫民族の連携が必要であるとの主張が現れていた。

こうしてアジアのつながりの中で捉えられつつあった抵抗運動や蜂起、そして頻発する労働争議や小作争議に対応するためにもローカルな日常生活の場における新秩序としての更正運動や生活改善運動が課題となったのである。

日本における農山漁村経済更正運動

昭和恐慌に襲われた日本は工業分野で三二年には恐慌前の水準に回復し、三五年には重化学工業の生産額が軽工業のそれを上回る産業構造の転換が生じていた。しかし、農業が回復局面に入ったのは三六年になってからであり、恐慌の間に農工業間の格差が拡大していた。そのため、三二年六月からは農村救済請願運動が全国的に開始され、橘孝三郎らの自治農民協議会が四万二千名の署名を集めるなど政府に対策を迫った。この解決に向けて家庭次元からの社会改造プログラムとして、三二年九月から四三年まで実施されたのが農山漁村経済更正運動であった。この運動は農林省主管であったが、内務省の国民自力更正運動や文部省の教化運動と連携することによって、国民生活全般に及ぶこととなった。具体的には経済更正指定町村を設定したほか、村レベルでの産業組合（農協の前身）と部落レベルでの農事実行組合を組織化し、これに在郷軍人会・婦人会・青年団などを動員して「隣保共助」の精神に基づいて牛産や販売の合理化を図ったほか、勤倹貯蓄によって農村経済の更正を図ろうとするものであった。この運動によって産業組合は発展し、機関誌『家の光』は三〇年一月号の四万七千部から三六年一月号の一二二万部へと激増していった。

そこで主な課題となったのは、「欧州戦後の好況時代に於ける農民の生活費の膨張が今日の様に農民の生活を困窮たらしめている」〔協調会農村課編一九三四、はしがき〕と指摘されたように、産業構造の改革というよりも消費をいかに節減させるかにあった。この他、教育現場では郷土教育運動や生活綴方運動が進められ、愛郷心の育成によって愛国心を発揚させることが強調された。これらの運動のなかで地域のリーダーとなる村の「中心人物」と部落の「中堅人物」の養成が進められたことが、国民総動員への地ならしとなったのである。

朝鮮における農山漁村振興運動

こうした恐慌克服のためのローカルな場での生活「改新」運動は、三一年に農産物価格が二八年の三分の一に低落し、小作争議の参加者が三〇年には一万三〇一二人と二〇年代後半の二―四倍に達していた植民地の朝鮮でも実施された。

三一年六月、朝鮮総督に就任した宇垣一成《うがきかずしげ》は、この危機を朝鮮人自身の勤勉と倹約という自力更正によって解決させるために、三二年九月に農山漁村の自力更正委員会を設置し、翌年から農山漁村振興運動を開始した。これは「更正指導部落」を選定し、各戸ごとに営農と生活を改善する農家更正五カ年計画を立てさせ、家計簿を記入させることなどを通して農産物増産、家計節約、高利借金の整理を行わせようとしたものであった〔松本一九九八〕。また、農家女性が「内房に蟄居《ちっきょ》」して屋外での生産活動に携わらないことを批判して「農村婦人指導要領」を作成し、農業労働にあたらせた。この運動の成果は地域ごとに異なるが、単位面積あたりの米の収量増加と、冬作や畜産などによる副収入の確保などによって農村経済は立ち直りをみせ、また改良井戸や共同婚葬要具の設置など村落共有施設も改善された。しかし、その成果はあくまで農民自身の労働強化と節約そして資金供出によって達成されたものであった。

この運動を通じて各戸に対する個別指導が強化され、総督府の行政力が末端まで浸透していった点で戦時総動員体制の基盤となったが、そのなかで宇垣によって提唱されたのが「心田開発」であった。そこでは「国体観念の明徴」「敬神崇祖の信仰心の涵養」「報恩・感謝・自立の精神養成」が目標として掲げられた。これは日本における国体明徴運動の朝鮮への適用であり、皇民化運動における一面（村）一社という神社建立と神社参拝の強制につながっていった。また「健全なる信仰心」による「思想の醇化」は、「社会連帯の思想や貧富、智愚相補ふの美俗」を培い、「半島を楽園化」することであると強調されたが、これによって階級間対立を融和し、相互扶助によって村ぐるみの農家更正を達成しようとするものであった〔朝鮮総督府一九三七、六七七頁〕。しかしながら、振興運動によっては小作者の農地獲得と農村人口の過剰という問題は解決できなかった。そこで総督府が解決策として三七年から採ったのが満洲への農業移民政策であった。三七年から四四年末までに朝鮮から集団開拓民として政策的に満洲国に送出されたのは二万一六三二戸で、個人での移民も多数にのぼった。振興運動によって改めて浮上した農村過剰人口という問題は、中国農民の土地を奪うという形で解決が図られた。朝鮮人の満洲移民政策は日朝満一体化による食糧自給圏確立という総力戦体制形成の一環であったが、それは中朝間の新たな民族的対立を生む要因になったのである。農村振興運動は三七年の日中戦争以後にはスローガンが「自力更正」から「生業報国」へと変更され、四〇年には日本における新体制運動に呼応した朝鮮の「国民総力運動」に吸収されていった。なお、農村における生活改良運動は、既に二〇年代前半から朝鮮人自身の実力養成運動として着手されていたことを看過することはできない。二九年からは朝鮮日報社の「生活改新運動」として、三一年からは東亜日報社による「ヴ・ナロード運動」として進められた。「生活改新運動」は消費節約・虚礼廃止や文字普及運動として展開されたが、三五年に総督府によって禁止された。また、「ヴ・ナロード運動」は帰省学生が農民と生活しながらハングルの識字教育や生活改善などを指導して民族意識の高揚を図るものだったが、同じく三五年に総督府によって中止させられている。

中国における郷村建設運動と新生活運動

このような農村での危機克服のための生活改良運動は、中国においても郷村建設・合作社運動として展開された。

農村復興事業として二〇年代後半から始まった郷村建設運動は、二八年に郷治講習所、二九年に河南村治学院、三一年に山東郷村建設研究院を設立した梁漱溟《りょうそうめい》によって唱導された。新儒家として、また日本の二宮尊徳を敬愛していたことで知られる梁は北京大学でインド哲学を講じていたが、「世界の未来文化は中国文化の復興にある」として農村社会を立て直すことが新秩序の創出につながり、西洋文明に第三の道を指し示すことになると考えていた[梁二〇〇〇]。梁の郷村建設運動は、農村が国共両党の戦闘に巻きこまれ、日中戦争の戦場となったこともあって、農民救済にはそれほどの成果はあげえなかった。なお、梁は三九年に統一建国同志会を組織し、四一年には中国民主政団同盟に参加して、国民党の一党独裁体制に反対していった。

これに対し晏陽初《あんようしょ》は農村を中国における羽さの源泉から希望の源泉に変えるためには農民教育が不可欠だとして、識字・農事教育のために陶行知《とうこうち》らと北京に中華平民教育促進会と中国郷村建設学院を設立していた。また、河北省定県を拠点に合作社を組織し、科学的農法や衛生観念の普及に一定の成果を挙げ、日中戦争期には湖南・江蘇省をはじめとする中国各地で郷村建設を指導した。戦後は台湾をはじめ、タイ、ガーナなどで農村建設に従事し、農村改造促進会の設立に係わっている。六七年にはフィリピンのカビテに国際農村改造学院を設立して院長となった[宋編著二〇〇〇]。

中国ではまた、蔣介石によって儒教的理念を基幹とする新生活運動が、三四年から四九年まで続けられた。公務員や教師などを動員し『新生活運動章則』などの大量のパンフレットを配付した運動は、秩序ある生活スタイルの普及に主眼があり、戦時体制化を目的としたものではなかったとされる[段二〇〇六]。しかし、三八年の四周年記念日に蔣介石は新生活運動を「民族抗戦の最大の武器」と意義づけ、三九年の記念日には戦地服務団の組織化、婦人の抗戦工作への参加などを工作課題として設定していたように、国共内戦のなかで農村に根拠地を広げていた共産党に対抗して階級的調和を強調し、抗日戦力培養のために支持基盤強化を図る側面をもっていた[石浜一九四二/大塚編一九四二]。それゆえに共産党も、自らの「三大規律・八項注意」が新生活運動と一致するものであることを強調していたのである。

国民政府は三九年三月、国防最高委員会の下に精神総動員会を設置し、同業組合や学校を単位として軍事や経済活動における統合に活用しようとした。儒教道徳の強調は、日本文化に対する優位性を示すとともに、外来思想である社会主義に対して伝統保持を訴える意義をもっていた。こうして新生活運動は国民精神総動員運動に変容していったが、識字率上昇や婦女指導委員会に導かれた女性の労働参加などで一定の成果を収めたことも否定できない。

3　植民地における抵抗と自治・独立への模索

世界恐慌は、宗主国を通して世界経済と緊密に結びついていた植民地にも大きな転機をもたらした。各地域における影響は、生産品の種別や土地所有形態の違いなどによって異なるものの、多くが世界商品としての一次産品輸出に特化されていた植民地の貿易額は大幅に落ち込んだ。三〇年代後半には回復に向かったものの、恐慌による生活条件の悪化は植民地統治への不満を爆発させる発条となった。さらに宗主国が苦境に陥っていたことはアジアの諸民族にとって自立に向けて挑戦の機会を与えることともなった。こうして南アジア、東南アジアでは、植民地統治の抑圧を跳ね返すための蜂起、独立や自治の要求が現れ、さらに独立後の国家のあり方が三〇年代を通して追求されていったのである。

インドにおける非暴力不服従運動

インドでも恐慌によって輸出が激減し、商品過剰となって農産物価格が下落したが、インド政庁は鉄道や灌漑などへの投資を控えるなどデフレ政策を採ったため、景気はさらに冷え込んだ。こうしたなか国民会議派は、活動の目的は自治領ではなく完全独立であり、必要と認めた場合にはガンディーの下で不服従運動を開始するとの決議を採択して一九三〇年を迎えた。そして一月、ガンディーはルピーの対スターリング換算比率の引き下げ、地租の最低五〇%引き下げ、塩税廃止などの一一項目要求を提示し、三月からはイギリスの塩専売法を無効化するための「塩の行進《ハルタール》」を開始した。行進が進むなか、恐慌の打撃を受けた女性を多く含む農民たちが断食、商店閉鎖、イギリス行政への非協力などを具体的方法とするサティヤーグラハ(真実の把握)による非暴力不服従運動に参集した。非暴力不服従運動には多くの女性が参加したことによって男性と対等な参政権を獲得していく一歩となったのである。また外国布ボイコットがインド全土に広がったことによりイギリス綿布の輸入は激減し、それに代わって国産布の生産と普及が進んだ。

そして、三四年にガンディーが会議派からの引退を表明し、三五年インド統治法によって州議会選挙が日程にのぼると会議派は議会中心主義の政党活動に重点を移し、資本家との同盟関係を深めていった。他方、三四年には会議派社会党が組織されるなど、インドでは資本主義の成長に対抗して社会主義勢力も台頭していった。こうして新たな指導者となったJ・ネルーによる社会民主主義的な政策が会議派の中にも支持を広げていき、三八年にはネルーを議長として国家計画委員会が組織されて、独立後の国家路線にもつながっていくこととなった。

ビルマにおける農民大反乱とタキン党

英領ビルマでは二〇年代から農民の経済的窮乏化が進んでいたが、恐慌の影響による米価暴落はラングーン(現、ヤンゴン)を中心とする下ビルマ地方の小作農民を直撃し、インド人などの不在地主への土地集中が進んだ。こうした中、三〇年一二月に当時最大の政治結社であったビルマ人団体総協議会(GCBA)のサヤー・サンを指導者として下ビルマで起きた蜂起は、大反乱となって広がった。農民たちは「仏教王」などの未来の理想的統治者像と「あるべき社会秩序」像を打ち出すことによって、三二年三月に最終的に敗北するまで抵抗運動を展開していった[伊野一九九八]。

ビルマではまた三〇年五月、ラングーンの港湾労働者のストライキをめぐって反インド人暴動が起きたが、その直後、「我らのビルマ協会」通称タキン党が結成されイギリスからの独立運動を指導していくこととなった。タキン党は社会主義思想とビルマ民族・文化中心主義とを融合させたコウミーン・コウチーン思想を党是に掲げ、三八年から三九年にかけて「ビルマ暦一三〇〇年の反乱」と呼ばれる反英ゼネストを指導した。コウミーン・コウチーン思想とは、「我が王、わが種族」を意味するが、帝国主義を生む資本主義国家としてのイギリスから独立した国家として、帝国主義とも資本主義とも異なるビルマ独特の社会主義国家の建設をめざすものであった。タキン党内の社会主義思想の影響を受けた人々によって党内党とも言えるビルマ共産党が三九年二月に、また相前後して人民革命党が組織されている。タキン党からは日本軍による援蔣ルート遮断工作に応じて南機関に加わり、独立義勇軍を率いた後に抗日闘争や戦後の対英独立交渉に主要な役割を果たしたアウン・サンや独立後の初代首相ウー・ヌなどを輩出したため、ビルマ独立運動の主流とみなされがちである。しかし、三〇年代後半のビルマにおける新秩序の模索はビルマ統治法下での下院に議席をもつビルマ団体協議会などによって担われていた事実も無視できない〔根本二〇一〇〕。

ビルマは三七年にインド帝国から分離されて直轄植民地の英領ビルマとなり、英国王によって任命された総督が三権の頂点に立つことになった。そして総督の下に上下両院が設けられ法案提出権をもつことになったが、下院選挙においては男子普通選挙が導入され、女子には制限つきながら初めて選挙権が付与された。また、下院多数党から総督が指名した首相とその内閣によってビルマ政庁の行政に関与できることとなって「行政の現地化」が図られたが、ビルマ人団体総協議会系の政治家の権力抗争による不安定な連立内閣であったため、政策実現は捗らなかった。しかし、インド人不在地主に対する小作料軽減や協同組合の拡充、保健衛生や教育関係予算の増額を図るなどの試みが、日本軍が占領する四二年五月まで続けられたのである。

インドネシアの「捨てられし者」とパリンドラ

インドネシアでは二六、二七年のインドネシア共産党の蜂起において一万人以上が逮捕され、千人余が西イリアンに流刑となって独立運動は抑圧された。しかし、スカルノの指導下に二七年にインドネシア国民党（ＰＮＩ）が結成され、将来実現すべき国家にインドネシアの名を与えて民族独立運動を展開していた。三〇年代に入るとインドネシア国民党が解散し、インドネシア労働者同盟や国民教育協会などの指導者であったシャフリルやハッタなどが逮捕されたため、独立運動は国外でも展開されていった。独立運動家はボーヴェン・ディグール収容所などに収容されて「捨てられし者」と呼ばれることになった。こうした窮状を打破するため、三五年一二月にはブディ・ウトモなどの民族主義団体が合同して大インドネシア党（パリンドラ）を結成し、ウトモやタムリンの指導下で独立よりも自治獲得をめざしていった。

こうして蘭印政庁の弾圧対象は共産主義者からインドネシア独立運動家へ移っていき、三一年には報道統制令が制定されてインドネシア人発行の紙誌が集中的に発行停止処分にあった。しかし、三六年以降は反日キャンペーンを繰り広げていた華人発行紙が主たる規制対象となった。それは日本の経済的進出が華人と衝突を招いていたうえに、中国大陸における日中関係の悪化に対応して華人による反日気運が高まっていたこと、それに対し蘭印政庁が日本との摩擦を避けたことを反映したものであった［山本二〇〇二］。

ベトナムにおけるゲティン・ソヴィエト運動と人民戦線内閣

ベトナム経済は米・ゴム・石炭などの生産によって世界市場にリンクしていたため恐慌によって価格は急落していったが、生産調整が難しい産品に依存する経済構造の下での生産量は殆ど変わらなかった。そのため、所得や賃金の大幅な減少をもたらしただけでなく、失業者が激増することとなった。こうした苦境を打開すべく、労働者と農民によるストライキやデモが最も大きな高まりをみせたのが一九三〇年であった。三〇年中の北・中部におけるストライキやデモの参加者数は五〇万人におよび、三〇年にはインドシナ史上初のメーデーが開催された。そして、これらの行動がフランス政庁によって弾圧されたことに対する抗議行動がゲアン省やハティン省に広がっていった。

これに対しフランス政庁が機銃掃射などによって制圧を図ったため、両省では自衛団が組織され、さらに大飢饉に対応する必要から地主の土地や米などを没収して困窮農民などに分配するゲティン・ソヴィエトが設立された。しかし、ゲティンに呼応するソヴィエト運動が起きなかったこと、飢饉とフランス軍の介入によって農民層が分裂したことなどによってゲティン・ソヴィエトは崩壊し、三一年末には指導者の多くがタイに亡命した［桜井・石澤一九七七、一一九―一二一頁］。

その後、三六年五月にフランスで社会党自レオン・ブルムが人民戦線内閣を組閣するとインドシナ共産党もフランス帝国主義打倒と土地再配分というスローガンを撤回し、植民地議会拡大などの要求を掲げた。このためフランス総督も一二〇〇人の政治犯を釈放するなどの改善策を取った。共産党は合法組織となり、民主党などとも連携して植民地議会で勢力を伸ばしたものの、三八年四月にフランス人民戦線政府が崩壊するとフランス共産党は非合法化され、同様にインドシナ共産党も弾圧を受けて指導者の多くは中国との国境地帯に亡命を強いられることとなった。

フィリピンの蜂起と「社会正義」・「経済調整」計画

フィリピンではアメリカとそれを支える地主層による支配体制に対して異議を唱える農民運動が二〇年代から起こっており、二九年にはフィリピン社会党が、三〇年にはフィリピン共産党が結成されるに至った。ルソン島中部ではこうした政党と小農層を中心とする農民運動が結びついた反乱が三〇年代に続発した。三一年にはペドロ・カローサに率いられた千年王国的民衆運動であったコロルムがタユグの町役場を襲撃して鎮圧されたものの、裁判を通して反米独立と土地分配をアメリカに要求していった。また、三三年に結成されたサクダル党は、三五年五月に米軍基地撤廃などを要求してアメリカ統治下で最大規模の蜂起を指導したが鎮圧された。

三五年一一月にコモンウェルスが発足すると、ケソン大統領が二つの計画を掲げて対米関係の維持と解消で揺れる危機の時代の乗り切りを図った。計画の一つは労働者・農民運動の高まりによる社会不安を鎮静化させるための「社会正義」計画であり、二つめがアメリカに依存する植民地経済構造からの自立をめざす「経済調整」計画であった。そして、三八年にはタガログ語が国語に指定され、普通選挙による公選や女性参政権が実現するなど、国民国家形成への模索が続けられていった。しかし、比米間の関係をいかに再構成していくのかについて、アメリカの方針は三九年にヨーロッパで戦争が勃発するまで定まらなかった。中国市場において軍事的拡張を進める日本に対峙することを考慮すれば、フィリピンを維持しておくことは日本に対する「外交的武器」となりえたからである。

4　帝国日本の戦時体制化

アメリカの中国研究者オーエン・ラティモアは中国東北部(以下、歴史的用語として満洲と記す)と蒙古をヨーロッパのバルカンにも比すべきアジアにおける「紛争の揺籃《ゆりかご》」と呼んだ。その空間にも世界恐慌の影響は及び、日露戦争や対華二一カ条要求によって日本が得たとみなしていた排他的特権としての満蒙権益の維持は危機に直面することになった。そうした満蒙権益の象徴的存在でもあった満鉄（南満洲鉄道株式会社）は、世界市場向け商品であった大豆と石炭の輸送量の減少によって、三一年度には開業以来初の赤字に転落していた。さらに張学良政権による日本権益回収政策と産業振興策の推進は、満蒙権益の危機として喧伝されていった。この「生命線・満蒙の危機」を背景に三一年九月、柳条湖事件によって満洲事変（九・一八事変）が起こされ、帝国日本は戦時体制の形成に向けて動き出すことになったのである。

満洲事変と満洲国

柳条湖事件は関東軍の謀略によるものであり、満蒙領有計画自体は二九年以降、関東軍参謀の石《いし》原莞爾《はらかんじ》らによって着想され軍中央にも同調者を得ていた。石原らの目的は満洲を領有することによって対ソ・対米戦争に対応するための軍需物資を満洲で集積するとともに、事変を起爆剤として軍部が主導権を握り、日本国内の政治・経済構造を総力戦体制に変革するという「国家改造」に主眼があった。国家改造を掲げたクーデタ計画は三一年三月に未発に終わり（三月事件）、さらに柳条湖事件直後にも計画が発覚して首謀者が拘禁されている（一〇月事件）。この国家改造への要求は、国際的には軍縮を要求するワシントン体制に対する不満に発し、世界恐慌下で困窮する国民や満洲権益の危機を解決できない既成の政治体制の変革を求める少壮将校や大川周明などの運動とも呼応するものであった。

さらに、関東軍の満洲領有をめざす軍事行動は、朝鮮統治の攪乱要因であり続ける間島地域の朝鮮人独立運動を壊滅させるという目的において朝鮮軍とも通じるものがあった。そのため、朝鮮軍司令官林銑十郎は奉勅命令(天皇の裁可を経た命令)を受けないまま、事変に呼応して独断で軍を越境させていた。このように関東軍と朝鮮軍が命令もないままに対外戦争を開始したことは、陸軍刑法では司令官に死刑を適用すべき重罪であった。しかし、軍事的成功が世論に歓迎されるなかで天皇が追認したことは、現地軍の「独断専行」への歯止めを欠くこととなった。満洲事変は政府や天皇の認可がないままに起こされた対外戦争であったという点で異例な戦争であったが、同時に事前に英米などの諸国の了解を得ていなかった点でも、それまでの日本の対外戦争と異質のものであった。そのため、政府は不拡大方針を表明して国際的批判を避けようとしたが、関東軍は軍事行動を満洲全域に拡大していった。これに対し第一次五カ年計画遂行中であったソ連は日本との対決を回避し、アメリカは不戦条約に反する現状変更を承認しないとするスティムソン・ドクトリンを三二年一月に発表したにも拘らず、実際には具体的措置を採らなかった。イギリスも自国権益が集中していた上海での日本軍の軍事行動(第一次上海事変)が短期で終了したことから、日本に厳しく対処しなかった。こうした対応をみて、当初は国際問題化することを警戒していた政府も関東軍の行動を容認するに至った。しかし、満蒙領有には国際的反発を招く恐れがあったため、張景恵ら現地中国人の自発的行動によって中華民国から分離独立した国家という形態をとって満洲国を建国することとし、清朝最後の皇帝であった宣統帝・溥儀を執政(三四年三月、皇帝)という元首に据えた。

他方、中国共産党の掃滅を優先課題としていた蔣介石は、不抵抗主義を採って両国の衝突拡大を避けることを張学良に指示していた。蔣介石が不抵抗主義を採った理由としては、武器売却契約を結んでいた日本政府と陸軍中央が関東軍を抑制すると考えたこと、また軍事力の関係から国際的圧力によって満洲侵略を防ぐしかないと判断したことなどが挙げられている〔黄二〇一一、第三章〕。そして、中国の提訴を受けた国際連盟は三二年にリットン調査団を派遣したが、日本は満洲における中国の主権確認と日本軍の撤退を求める勧告が採択されたことに反対して三三年二月に国際連盟から脱退し、直後に熱河省を満洲国に編入していった。

統治様式の遷移と統治人材の周流

こうした満洲事変から満洲国建国に至る経過は、軍部に「速戦速決」戦略による成功体験という幻想を与え、その後の東アジアにおける日本の軍事行動と占領地域における政権工作の祖型となった。そして、満洲国は戦時体制化に向けた統治様式の実験場となり、そのための統治人材が台湾・朝鮮・中国・日本の間を周流することとなった。

満洲国では統治様式として政権や国家の首位には現地の有力者を就け、次位や顧問に日本人を登用し、その日本人を軍部が「内面指導」するという方式を採ったが、これはその後の占領地支配において踏襲された。そうした軍事支配をカムフラージュするために一国一党制の協和会が設立され、各種の協議会を通じて「下情上通」する民主的組織であることが強調された。しかし、実際にはナチスに倣った、衆議は尽くすが最終決定は統括者が下すという「衆議統裁」方式による上意下達の機関として機能した。この方式が朝鮮の国民精神総動員朝鮮連盟（後に国民総力朝鮮連盟）へ、日本の大政翼賛会へと遷移し、さらに台湾の皇民奉公会、関東州の興亜奉公連盟そして南洋群島大政翼賛会へと連鎖していった。もちろん、協和会は「民族協和」、「王道楽土」という建国理念を体現するものとして軍事支配に対する一定の抑制力をもったが、その後は北京における新民会など占領地の宣撫機関に要員をリクルートする役割を果たした。なお、日中戦争によって中国各地に「自治政権」が樹立されると、その「建設工作」のために統治人材が派遣されたが、満洲国から華北への官吏派遣は一年余で「その数約五百名の多きに上ってい」(『満洲国現勢・康徳六年版』一九三九年、六二頁)とされる。

「民族協和」という思想は国民政府の三民主義などの民族自決思想への対抗として発想されたが、これによってイスラームやモンゴルをも包含することになり、建国の翌年に松井《まつい》石根《いわね》らが大亜細亜協会を設立したようにアジア主義の空間対象を一挙に広げる意義をもった。関東軍は満洲国建国直後から内蒙古を中華民国から分離独立させる計画を立てていたが、その工作対象となったのが国民政府に対して「高度自治」を要求していた徳王(ドムチョクドンロプ)であった。盧溝橋事件後、日本軍は三九年に蒙古連合自治政府を設立させたが、察南・晋北を包含したことによってモンゴル人は三%という圧倒的少数住民となった。関東軍が内蒙古を支配下に置いたのは、次の段階で青海、新疆にまで勢力を延ばし、三六年に日独防共協定を締結していたドイツと結んでソ連を挟撃するためであったという〔内蒙古アパカ会・岡村編一九九〇、一三頁〕。三九年に起きたノモンハン事件(ハルハ河戦争)も、その構想と無縁ではなかった。

さて、満洲国建国の課題は「内地及植民地と満蒙とを一体化して企画経済の下に統制を実行する」(関東軍参謀部「満蒙開発方策」三二年一二月)こと、すなわち計画経済と統制経済を導入して帝国日本を「高度国防国家」として建設することにあった。関東軍の要請によって組織された満鉄経済調査会は、日満一体の自給経済圏をめざす国家統制案の策定などに携わり、満鉄調査部の宮崎正義らはソ連の計画経済を参照して「産業開発五カ年計画」などのプランを作成し、この方式は日本でも採用された。もちろん、日本で統制経済が重視される契機となったのは、三一年に制定された重要産業統制法と工業組合法であり、その導入にあたってはドイツのカルテル学説の商工官僚への影響もあった。加えてソ連の五カ年計画や三一年アムステルダムで開催された社会経済計画化会議での議論が参考にされていた〔白木沢一九九九〕。ただ、満洲国では日本に先駆けて国家総動員法や米穀管理法や国土計画などを制定し、それらを総括した総務長官であった星野直樹が企画院総裁として、また総務庁で実務を担った岸信介や椎名悦三郎をはじめとする「革新官僚」たちが帰国後に統制行政を遂行していった事実も無視できない〔山室二〇〇四〕。

国民精神総動員と皇民化そして戦時女性

満洲事変以後、日本では「準戦時体制」への移行が進んだが、総体としての日本帝国が一挙に総動員体制に向けて動き出すのは盧溝橋事件が転機となった。事件直後の三七年八月、近衛文麿内閣は「国民精神総動員実施要綱」を決定し、その推進機関として一〇月に国民精神総動員中央連盟を設立した。連盟は「挙国一致・尽忠報国　堅忍持久」というスローガンを浸透させるために、国民精神総動員週間や興亜奉公日などを設定して精神総動員を進めていった。三八年からは愛国公債購入、貯蓄報国などの運動が推進され、これらの運動は宮城遥拝、神社参拝などとともに朝鮮や台湾でも実施された。

朝鮮と台湾における精神総動員は、「内鮮一体」や「内台一体」を標榜した皇民化運動として展開された。日中戦争を遂行していくための大陸兵站《へいたん》基地として位置づけられた朝鮮では三七年一〇月から「皇国臣民ノ誓詞《せいし》」の斉唱が強いられ、三八年二月には徴兵制の前提として陸軍特別志願兵令が制定された。そして、第三次教育令の改正によって朝鮮語は正課から除外され、一千カ所の日本語講習所を設置して日本語を徹底使用することが指示された。また、三九年六月、国民職業能力申告令を公布して技術労働者数を把握するとともに、農村では三九年から朝鮮増米計画を実施した。朝鮮精神動員運動では概ね一〇戸を単位とする愛国班が組織され、四一年には班員数四六〇万余人に達した。

台湾では三六年末から皇民化運動が始まっていたが、三七年、小林躋造《こばやしせいぞう》総督は皇民化・工業化・南進基地化を統治三原則として掲げ、南方進攻の兵站基地としての振興を図った。皇民化の具体的課題としては日本語常用、国旗掲揚などが、また「生活改善」としては風呂場や便所の設置、時間厳守などが、さらに戦時体制への対応としては戦時体制諸法令の遵守、物資・軍夫の応召に対する率先実行などが要求された。三七年に軍夫募集が始まった台湾では二月から州庁が「国語常用家庭」の認定に着手し、四〇年からは「改姓名」が導入された。

ところで、総力戦体制の構築においては「人的資源」の育成と動員のために、国家による生命と健康の管理が重要な政策課題となる。そのため日本では生活困窮者救護を目的に三六年、方面委員が法制化された。三八年一月には戦争を遂行していくために不可欠な「健民健兵」を育成することを目的に厚生省が設置され、四月には国民健康保険法が公布されて、個人商店主や農漁民などにも医療機会を保障することとなった〔藤野二〇〇三／鍾一九九八〕。また、動員兵士が後顧の憂いなく出征するための軍事援護制度として、軍事扶助法（三七年制定）、恩給法（三八年改正）、傷兵院法（三九年制定）などの法整備が行われた。さらに三八年には中国からの帰還将兵による性感染症の蔓延を防ぐため、主に私娼を対象とする公立専門病院を設置する花柳病予防法が施行された。

さらに、総動員体制において兵士の動員と並んで重要な課題となったのは、女性をいかに体制内化していくかであった。軍国の母は「健民健兵」を産み育て、兵士として出征させるために絶対不可欠の存在だったからである。そのため未婚者に対しては人口増殖のための早婚多産が奨励され、「産めよ殖せよ」の子宝報国・多産報国が勧められた。さらに女性は銃後では食糧生産や軍需生産における徴用の対象でもあり、戦場においては看護婦さらには「慰安婦」として動員するためにも不可欠の存在とみなされた。そのためにも母性と子どもの健康維持が課題となり、三七年四月には保健所法が制定されて全国四九カ所に保健所が設置され、保健婦によって結核予防と乳幼児の保育指導などが行われることになった。また、三七年三月には出生率が急減したことや経済的理由で増加していた母子心中問題を解決するために、母子保護法が制定された。これによって満一三歳未満の児童養育で困窮する母や祖母に対して生活・養育・生業・医療の扶助が行われたが、扶助を受けても最低生活を維持できないのが実情であった。戦争の長期化とともに母子保護法は軍人遺族対策としての機能も担うこととなり、四〇年上半期には全国で九万八五四一人が対象となっていた。

このように日中戦争の長期化に伴って、日々戦死していく兵士を補充する体制が整備され、減少する「人的資源」を拡充していくための医療や年金などの社会保障が充実するという逆説が生まれた。その意味で三〇年代は、戦争状態 warfare が福祉 welfare を促進するという社会改造の模索時代でもあったのである。

戦時動員と婦人団体

女性の戦時動員においては婦人団体が重要な役割を担った。婦人団体の戦争協力として注目を集めたのは、満洲事変後に結成された大阪国防婦人会であり、同会は白い割烹着《かっぽうぎ》で兵士を湯茶などで接待したことから全国的に知られ、三二年一〇月には全国組織として大日本国防婦人会が設立された(三四年には朝鮮でも活動を開始)。発足時四〇名だった会員は三四年には約五四万人、四二年には公称一千万人に達した。国防婦人会は職場や会社でも組織され、結婚報国などを目標に掲げて活動した。また、「兵隊さんは命がけ、私たちは襷《たすき》がけ」を合い言葉に朝鮮支部でも銃後家庭の強化を進めていた愛国婦人会も「婦人報国運動」として軍人遺族の職業教育に着手した。国民精神総動員運動の推進力となったのは、これらの婦人団体であり、三八年二月には「皇民としての子女の養育」などの「家庭報国三綱領」と「毎朝皇大神宮を拝し、皇室の御安泰をお祈り致しませう」をはじめとする「実践十三要目」が策定され、日常的実践が図られた。また、二〇歳未満の女性は、大日本女子連合青年団に組織された。そして、四二年二月、愛国婦人会・大日本婦人連合会・大日本国防婦人会を統合して、会員数一九三〇万人を越す大日本婦人会が組織された。

このような婦人団体は植民地にも組織されたが、満洲国では満洲事変後に在満日本人女性が組織した全満婦人団体連合会や、大日本国防婦人会と大日本愛国婦人会が存在しており、これらの団体の統合が課題となったため、三四年一一月に関東軍が支援して満洲帝国国防婦人会が組織された。しかし、同会は、基本的に在満日本婦人と中国人官吏・協和会関係者の婦人を中心とするものにとどまった[劉二〇〇五]。

台湾では愛国婦人会の台湾支部が結成されていたが、末端組織として学校や同窓会を基盤に未婚女性を対象に作られた女子青年団があり、勤労訓練や国防訓練に動員された。隣保団体としては保甲婦女団が慰問や配給監督などに従事したほか、振興会が主婦部や女子青年部などを作って集会訓練などを行った。しかし、これらの活動に参加した女性の目的は子どもを日本人と同じ小学校や名門中学に入れることや物資不足の中で「国語常用家庭」として配給の優遇を受けることにあり、積極的に戦争遂行を支持したものではなかったと指摘されている[遊二〇〇五]。台湾では四二年、大日本婦人会台湾支部が設置され、皇民奉公会の外郭団体として位置づけられた。なお、台湾からも看護婦などが徴用されて戦場に送られた(朝鮮については、河[二〇〇一]参照)。

5　日中戦争と中国の政治空間

三三年二月、関東軍は長城線までが満洲国の領土であるとして熱河省に軍を進め、五月には北平《ペーピン》(北京)・天津地区を脅かすに至った。このため国民政府は同月塘沽《タンクー》停戦協定を結ぶことを余儀なくされ、満洲事変はひとまず終結した(これによって日中戦争を一五年戦争とみるか、盧溝橋事件以後の八年戦争とみるかが分かれる)。ただ、この協定によって国民政府は満洲国を事実上承認したこととなり、緩衝地帯として冀《き》東《とう》（河北省東部）地区が設定されることになった。しかし、「日満ブロック」だけでは鉄・石炭など軍需資源の確保と日本製品販売においては限界があるとみた関東軍は、「北支に於ける帝国の経済的勢力の扶植並びに日満支経済ブロックの結成」を唱えるに至った。そして、三三年一〇月には「帝国指導の下に日満支三国の提携共助を実現し、これより東洋の恒久的平和を確保し、惹て世界平和の増進に貢献するを要す」との閣議決定がなされた。ここに三〇年代を通じて日本が追求していくことになる「日満支ブロック」が東洋平和ひいては世界平和に貢献するための広域秩序構想として現れ、日中対立を激化させていくことになった。

華北分離工作と「安内攘外」策

塘沽停戦協定によって長城線以南に非武装地帯を設けた日本軍はさらに華北五省（河北・察哈爾《チャハル》・綏遠《すいえん》・山西・山東）を国民政府から分離して日本の支配下に置くという華北分離工作を進めていった。そして、三五年六月、梅津・何《か》応欽《おうきん》協定によって河北省から国民党部・中国軍などを撤退させ、土肥原・秦徳純《しんとくじゅん》協定によって察哈爾省から第二九軍などを撤退させたうえで、一一月には殷汝耕《いんじょこう》に冀東防共自治委員会（後、冀東防共自治政府）を設立させた。日本は冀東地区で密貿易を進めたため、市場価格は混乱し、国民政府の関税収入に打撃を与えた［内田二〇〇六］。しかし、国民政府は睦隣敦交令《ぼくりんとんこうれい》を発令して抗日運動を禁止し、公使館を大使館に昇格させるなどの対日友好策を採った。こうした日本軍と国民政府の動きに対しては、抗日と防共自治政権反対を掲げた北京での学生運動（一二・九運動）や翌年の上海における全国各界救国連合会の結成など、抗日気運を高揚させることとなった。三五年八月には中国共産党が内戦停止・抗日統一戦線結成を呼びかける抗日救国宣言を発表していたが、蔣介石は抗日よりも共産党を討伐することを優先させる「安内攘《あんないじょう》外《がい》」の方針を満洲事変以後、採っていた。この政策は国家財政統一や工業生産増加などの成果を挙げていたため、即時抗日論よりも現実的であるとして一定の支持を得ていた。三四年一〇月、共産党討伐戦に勝利した蔣介石は対日戦を意識してドイツ軍事顧問団に作戦準備活動を要請するとともに、資源委員会を中心に四川や貴州などで奥地重工業建設に着手し、三五年一一月には幣制改革によって通貨統一を図り、英ポンドにリンクさせた。また、アメリカの銀買い上げ策に対抗して銀本位制を廃止し、管理通貨制に移行するなど抗戦力の拡充を図っていった。そして、三六年一二月の西安事件によって蔣介石も内戦停止と共同救国に合意し、国共合作に向けて動き出したのである。

盧溝橋事件と日中戦争

こうした中国における幣制改革成功後の事態や抗日気運の激化に対処すべく、日本でも三七年前半には佐《さ》藤尚武《とうなおたけ》外相によって中国と対等な関係での国交調整や対ソ・対英関係の改善を図る「和協外交」の方針が示され、四月の四相会議「対支実行策」では華北分離工作が否定されるなど、日中関係は新たな局面を迎えていた。しかし、六月に広田《ひろた》弘毅《こうき》外相と交代したことによって佐藤外相による「和協外交」が頓挫した直後の七月七日、盧溝橋事件が勃発した。盧溝橋事件の発端は、日本軍部隊への発砲と兵士が一時行方不明となったという偶発的なものであったが、日本軍の謀略・計画であるとする説とそれを否定する説とが対立している［秦一九九六］。ただ、三六年四月、日本政府は華北在留の日本人保護と共産党軍に対する警戒を理由として支那駐屯軍を一七七一人から五七七四人に増強しており、日本軍が三六年九月には「北支那占領統治計画」などを作成していた事実もある〔永井二〇〇七、第一章〕。また、事件前に北京は日本軍と殷汝耕軍の包囲下にあって、盧溝橋だけが北京と外界を結ぶルートとなっており、日本軍が四月以来付近で軍事演習を続けていたことは北京包囲を目的とするものという観測が出ているなかで軍事衝突が起きたのである。

日本政府は「戦争の不拡大と現地解決方針」を表明し、一一日には停戦協定が結ばれた。しかし、同日に増派を決定して威圧する姿勢を取ったため、中国側の強い反発を招いて戦争拡大の原因となった。そして七月中には北京、天津を占領し、事変の「速戦速決」を図るべく八月には上海を攻撃した(第二次上海事変)。国民政府は八月一四日に「自衛抗戦声明書」を発表して、領土を放棄することなく侵略に対しては自衛権をもって応じるとした。これに対し日本政府は一五日に「支那軍の暴戻《ぼうれい》を膺懲《ようちょう》し、以て南京政府の反省を促すため、今や断固たる措置をとる」との戦争目的を表明し、首都の南京などを占領していったことにより全面戦争となっていった。ただ、日中両国ともにアメリカの中立法や不戦条約の適用を回避するために宣戦布告を行わず、国際法上の戦争ではない事変という形態を取って戦われた。

占領地では南京に限らず、日本軍による掠奪や虐殺などが頻発したが、三七年九月に山西作戦で戦死した「軍神」杉本五郎中佐は「一度《ひとたび》敵地を占領すれば、敵国民族なる所以を以て殺傷して飽くなし、略奪して止る所を知らず。悲しむべし、万端悉く、皇軍面目更になし……斯《か》くて今次の戦争は帝国主義戦闘にして、亡国の緒戦と人謂《い》わんに、誰人が何んと抗弁し得るものぞ」〔杉本一九三八。

なお、この部分は検閲により伏せ字で公刊された」と書き遺していた。

戦線の膠着化と傀儡政権

日本では首都である南京を占領すれば中国が降伏すると考えて南京陥落を祝ったが、国民政府は漢口（その後は重慶）へと首都を移して抵抗を続けた。蔣介石はこの戦争を持久戦になるとみており、四川省を根拠地とすれば「日本軍が四川に至るには三年を要し、その間抵抗を通じて敵の兵力を内地に吸引すればするほど有利になる」〔黄編二〇〇四、四八九頁〕として、空間をもって時間に換える長期消耗戦に持ち込むことで勝利を獲得できると展望していた。

他方、「対支一撃論」しかなかった日本は、長期戦化を恐れてドイツの駐華公使トラウトマンに和平斡旋を依頼した。ドイツは三六年一一月に日本と防共協定を結んでいたが、国民政府軍に軍事顧問団を派遣するとともに軍需品や工業製品を輸出しタングステンなどの資源を輸入していたこともあって、戦争の長期化によって中国の対ソ依存が強まる事態を警戒していた。しかし、トラウトマン和平工作は日本側が南京入城後に条件を変更したことによって頓挫したため、日本政府は三八年一月「爾後《じご》国民政府を対手《あいて》とせず、帝国と真に提携するに足る新興支那政権の成立発展を期待し、これと両国国交を調整して更正新支那の建設に協力せんとす」との近衛声明（第一次）を発表した。近衛声明にいう「対手とせず」とは、「国際法上新例を開いて国民政府を否認すると共に、これを抹殺せんとする」主権の抹殺を意味するものであった。また、「新興支那政権」とは日本占領地域に作られた中華民国臨時政府、中華民国維新政府、蒙疆連合委員会などを指していたが、この声明によって日本は国民政府との和平の方途を自ら閉ざすことになった。この結果を受け、ヒトラーは日独提携を重視して中国への軍需物資輸出を停止し、五月には軍事顧問団を撤退させた。

日中戦争に対してアメリカのローズヴェルト大統領は平和愛好国が協力して侵略的国家を隔離する必要性があるとして日本を批判したが、日本への軍需物資輸出禁止措置を採ることはなく、対日制裁は行われなかった。一方、蔣介石は抗日戦争を維持していくために英・米・ソを関与させることが必須の条件であるとの外交戦略を採っていたが、ソ連も日本の対ソ侵攻を防ぐためには中国の抗戦を必要とみて、三七年八月に中ソ不可侵条約を結んで対中援助を強めた。ソ連は空軍義勇隊を派遣したほか、一億ドルの借款を通じて軍用機や戦車などの武器を供給した。そして、三七年一一月に日本が日独伊防共協定を結んだことは、枢軸体制への対抗(反ファシズム)路線と抗日戦争が結びつけられる契機となり、アメリカなどによって中国への義勇空軍の派遣、軍需物資や借款の供与が強められていった。

三八年一〇月の武漢会戦を経て国民党が奥地の重慶に移って以後、戦線は膠着状態に入り、攻めあぐんだ日本軍は占領地域に傀儡政権を立てて抗日勢力を封じ込める政策を採らざるをえなくなった。近衛内閣は三八年一一月に戦争目的を東亜新秩序建設にあると声明(第二次近衛声明)したうえで、一二月には対日和平を模索していた汪精衛に日満華三国による善隣友好・共同防共・経済提携の近衛三原則を和平基本方針として示し(第三次近衛声明)、四〇年三月に各地の傀儡政権を統合する新国民政府を南京に樹立させた。日本軍は占領地区に中国連合準備銀行、中央儲備銀行などを設立し、北支那開発株式会社、中支那振興株式会社という二大国策会社の傘下に多くの子会社を設立して在来の中国企業を改編した。また、占領地域では軍票(軍用手票)による食糧・軍需物資などの強制買い付け、労働力の強制徴用なども行われた。

こうして、「速戦速決」の方針によって開始されたはずの戦争は泥沼化し、六一万から一〇五万人におよぶ日本軍が広大な中国大陸に釘付けとなっていった。日本は戦局を打開すべく三九年二月に海南島を占領し、六月には天津の英仏租界を封鎖するなどの行動に出た。しかし、これによってイギリスやアメリカの態度は硬化し、日米通商航海条約は破棄されて四〇年一月に失効した。以後、戦略物資の禁輸・資産凍結などの対日経済圧迫が強まったことから日米の対立は深まり、その打開策として北部仏印へと進駐したことによってさらに対立の度を高めていったのである。

複合政治空間としての中国

こうして日中戦争が展開していった三〇年代の中国は、日本と対峙すべく中国をいかなる国家として建設し国際社会の中でいかなる位置を占めるのかが課題となった。そこでは国民党と共産党の抗争を基軸としつつ、両党の一党独裁的支配から距離を置く非政党的な政治勢力、そして少数民族という多様なアクターが競合し、さらには世界各地に広がった華僑・華人も抗日戦争を支える重要な主体として活動していた。

国民党では蔣介石が、党軍指揮の実績という軍権をもって、党員歴では優位にたつ汪精衛や胡漢民そして孫文の長男・孫科らのグループとの間で党権と政権の掌握をめぐって権力闘争を続けた。

他方、共産党は都市での暴動工作を重視する李《り》立三《りつさん》路線が三〇年には失敗に終わり、各地の党組織は崩壊の危機に直面した。そのため国民党の支配が及ばない井崗山《せいこうざん》などに革命の根拠地を築き、紅軍(共産党軍)とともにソヴィエト権力を組織し、農民に土地分配などを実行して支持を広げていく方針に転じていた。こうしたソヴィエト権力の浸透を防ぐため、国民党軍は根拠地を包囲して撃滅する囲剿《いそう》作戦を三〇年から三四年まで五次にわたって敢行した。これに対し、共産党は瑞金《ずいきん》に三一年一一月、毛沢東を主席とする中華ソヴィエト共和国が創立されて各地に根拠地を作るなど、中国には正統性を主張する二つの国家が競存することになった。また、周縁地域ではあったが三三年一一月にカシュガルに東トルキスタン・イスラーム共和国が建設された。建国綱領では政府の担当者に「現代科学を熟知する」ことを要請し、政府運営を合議制にするなど、反漢族革命であるとともに社会革命をめざしたものであった。しかし、政府内の対立と省政府軍の攻撃を受けたことによって、三四年二月に崩壊してしまった。

このほか内モンゴルでは徳王が日本軍と提携して独立を図り、チベットについてはダライ・ラマ一三世が中国の宗主権を認めたため、三一年にはチベット駐京弁事処を置くことが決定された。そして、三五年には西康建省委員会が設立され、三九年にはチベット東部に西康省が正式に成立した。四〇年にダライ・ラマ一四世が即位すると、国民政府はラサに蒙蔵委員会駐蔵弁事処を置いて間接支配を強化していった。

抗日戦争へのスタンス

抗日戦争に対しては、共産党が三二年四月に抗戦を宣告したが、反蔣介石を掲げていたうえに、富農や中小資本家、知識人などを最も有害な敵とみなすコミンテルンの「中間階級主要打撃論」に従っていたために、それらの抗日勢力と共闘することはなかった。しかも、三四年の国民党軍による第五次囲剿攻撃によって江西などのソヴィエト区を放棄した紅軍は、陝西省に向けて大移動（長征、西遷）を強いられることになった。

他方、第五次囲剿戦に勝利して国民党の指導権を握った蔣介石は、満洲事変以降、「絶交せず、宣戦せず、講和せず、締約せず」という原則に沿った対日政策を採っていた。蔣介石は日本との全面対決を避けつつ時間を稼ぐことで、日本の軍事行動がアメリカやソ連との戦争を引きおこすと判断していた［黄二〇一一、一四九―一五〇頁］。そして何よりも中国自らが抗戦力を備えるためには経済建設が必須の要件と考えていた。ただ、蔣介石はその資金を借款と公債発行で処理しようとしたために反対も多く、批判者を暫定反革命治罪法などの治安立法で弾圧するとともに、C・C団や藍衣社などの特務機関のテロによって排除していった。

このような国民党の専制的支配や国共両党による内戦に対する批判から、非政党的な民主派政治勢力が生まれ、抗日戦線の第三の軸となっていった。三二年一月には国民党の政治的抑圧を批判する蔡元培・宋慶齢・胡適《こせき》・魯迅らが民権保障大同盟を組織し、三四年五月には宋慶齢らによって「中国人民対日作戦基本綱領」が公表され、全ての中国人民が武装蜂起して日本帝国主義と闘うことを訴えた。さらに三五年三月には宋慶齢らが四〇余りの抗日団体を結集して国民禦侮《ぎょぶ》自救会を結成したが、蔣介石は五月に解散命令を出した。三五年一二月、日本軍による華北分離工作や傀儡政権工作に対して学生の反対運動が起ころうと、これに呼応して文化界救国会や婦女界救国会などの抗日救国会が上海など各地で組織された。こうした抗日救国運動の高まりを受けて、三六年五月には上海で沈鈞儒《しんきんじゅ》や章乃器《しょうだいき》らによって全国各界救国連合会が設立され、国民政府に内戦停止と抗日統一政権樹立を要求していった［菊池一九八七］。このような抗日救国と統一戦線を要求する運動は、いずれの要求についても消極的であった蔣介石に対する批判に他ならなかったため、蔣介石は学生運動禁止令や治安維持緊急治罪法を公布して運動を弾圧し、沈鈞儒ら全国各界救国連合会の指導者七人を三六年一一月に逮捕するに至った（抗日七君子事件）。これらの組織は何よりも民族的危機に国民が連帯して対処することを課題としていたが、国共両党とは異なり軍事力を欠いていたため、国共両党による抗日民族統一戦線の結成を国民世論によって実現するしかなく、そのためにも言論・結社などの自由を要求していたのである。

第七回コミンテルン大会と抗日民族統一戦線

このように多くの団体から要求されていた抗日民族統一戦線が実現する契機となったのが、三五年七月から開催された第七回コミンテルン大会で反ファシズム人民戦線戦術路線が採択されたことであった。それまで共産党は二八年の第六回コミンテルン大会で決定された「中間勢力主要打撃論」に拘束されて、満洲事変以降の政治情勢に対応した勢力結集ができなかった。しかし、第七回大会においてファシズムこそが主要敵であり、これに対抗するためには広範な中間勢力を結集することが緊急の任務であるとする統一戦線戦術へと転換することとなった。同時に、民主主義や自由、愛国主義などをプラス・シンボルとして重視するという価値転換も行われたが、これは中国共産党に民族統合論という新たな政策選択を与えるものであった[加藤一九九一]。この方針転換はヒトラーの脅威に対抗するために英米と提携する必要性を認識したソ連が各国の共産主義者に民主主義者と協調することを要求したものであり、大会に出席していた陳紹禹《ちんしょうう》(王明)らは「抗日救国のために全同胞に告げる書」(八・一宣言)を出して抗日勢力の結集を訴えた。そして、三六年九月、長征をほぼ終えた紅軍は「逼蔣《ひつしょう》抗日」すなわち蔣介石に抗日統一戦を逼《せま》る方針に転じたのである。

こうした共産党の方針転換にもかかわらず、蔣介石は共産党の根拠地に対する総攻撃を東北軍の張学良と西北軍の楊虎城らに指示していた。しかし、八・一宣言を支持していた張学良らは三六年一二月、西安を訪れた蔣介石を監禁して内戦停止・一致抗日の実行を迫った。そして、周恩来や宋美齢らの斡旋によって蔣介石が掃討作戦停止と政府改組を表明したことにより、共産党も「連蔣抗日」に転じることとなった。このときスターリンは蔣介石を失って中国が混乱すれば日本が矛先をソ連に向けると危惧し、中国共産党に蔣の釈放を指示していた。この西安事件によって国民党も三七年二月に「容共抗日」の方針を承認し、抗日民族統一戦線結成と第二次国共合作に向けて動き出した。

このように抗日統一戦線への動きが進んでいた三七年七月、盧溝橋事件が起きたのである。これに対処すべく共産党はソヴィエト政府の取り消しと紅軍の国民党軍への改編を提案し、九月には第二次国共合作による抗日統一戦線が成立した。これによって中華ソヴィエト共和国は国民政府の地方政府である陝甘寧《せんかんねい》辺区政府となり、紅軍が国民政府軍指揮下の八路軍と新四軍に改組されて軍事費も一部支給されることとなった。そして、三八年七月には抗日戦争に国民の総力を結集するための「戦時国会」とも称される国民参政会が開設された。国民参政会は諮問機関に過ぎなかったものの、国民党・共産党・中国青年党・国家社会党・社会民主党、梁漱溟《りょうそうめい》などの郷治派、そしてモンゴルやチベットで職務を執った経験者などから構成されており、当時の中国の政治空間を反映したものであった。

しかし、三九年になると各地で小競り合いが続くなど国共関係は再び悪化し、四一年一月には新四軍の部隊が安徽省(略称は皖)の南部で国民政府軍に攻撃されて八千人余が戦死した皖南《かんなん》事件が起きたことにより、国共合作は有名無実となった。しかしながら、盧溝橋事件が起きた当時四万人程であった共産党の党員数は四五年四月には一二一万人に達したとされるなど、抗日戦争を通じて共産党は党勢と支配地域を拡大していった。

こうして日中戦争を通じて中国の政治空間の布置図は大きく変貌していったが、それは同時に中国とアジアや欧米とのつながりの変容を促すものでもあった。三九年八月、蔣介石は重慶を訪れたインドのネルーと会談し、国民会議派は医療使節団を派遣していた[大形編一九八二]。さらに三九年一〇月、蔣は東アジアでの戦争をヨーロッパの戦争に連結させて勝利に導くことを強調したが、それは取りも直さず日本も日中戦争の解決においてアジアとヨーロッパとの関係を考慮せざるをえないことを意味していた。

そして、日中戦争と太平洋戦争が結びついたことにより、戦前には主権国家としての国権回復を課題としていた中国が英・米・ソと並ぶプレゼンスを獲得していったのである。

6　広域秩序の模索とクロスボーダーの人流

第一次世界大戦後、欧米との協調を基本にアジアで権益拡張を図ってきた日本にとって、三〇年代は欧米とアジアに対する関係を問い直すことが強いられた「世界変局」の時代であり、それに対応すべく東アジアにおける広域秩序構想が様々に提起された。また、中国にとっては主権尊重や領土保全を掲げるワシントン体制も、日本の満洲権益を認めるなど列強が中国で権益を保持し続ける限りでは、自立のために打破すべき体制であった。三〇年代の広域秩序論は、戦争終結に向けての模索であると同時に欧米が主体となって構築した既存の国際秩序や東アジア秩序に対する異議申し立てでもあったことは否定できない。そして、戦争の中で進んでいたクロスボーダーの人流は、東アジア空間を基底から変容させつつあったのである。

広域秩序構想と広域経済圏の双面性

三二年から三三年にかけて雑誌『改造』に「墓標に代へて」を連載した尾崎行雄は、国際的信義を無視した傀儡国家満洲国を痛烈に批判しながらも同時に植民地領有を合法化している国際法体制そのものを改編していく必要性を強調し、国際連盟を改造して国際裁判所とその執行機関としての国際警察を備えた世界連邦を設置することを提案していた。戦争違法化を前提にしていたはずの国際連盟に対する批判は、根拠は異なるものの満洲事変前後に噴き出していた。国際連盟はイギリスなどの国益に奉仕する連盟に過ぎず日本は最初から加盟すべきではなかった、加盟さえしていなければ満洲問題でこづき回されることもなかった、という思いが広がっていたのである〔松岡一九三三、九六頁〕。

そもそも欧米の利益しか目が届かない国際連盟は東アジア国際関係を律するためには不適合ではないかという懸念は、日本の満蒙政策を批判していた吉野作造にもあり、「中華民国との関係に開拓の余地、大いに残されて居るを遺憾」としながらも、日中満三国の緊密な協同の下で国際連盟主義に対抗する東洋モンロー主義を確立することを唱導していた(「東洋モンロー主義の確立」『中央公論』三二年一二月号、巻頭言)。こうした東アジアの実情に即した広域的機構を設置すべきだとする構想は、国際連盟規約第二一条がモンロー主義を明記していたこともあって、蠟山政道や神川彦松などの国際政治学者によっても提起されていた。そこには主権国家を前提としていた国際連盟に東アジアでは日本、中国、シャム(タイ)しか加盟していないという事情もあった。

こうした国際連盟の改造論であれ、東洋モンロー主義的広域機構であれ、その後の東亜協同体論や東亜連盟論であれ、東アジアで広域秩序を構想していくにあたっては中国の自立と日本との協調なしには不可能であった。石原莞爾や宮崎正義らが唱導した東亜連盟論は、天皇を盟主としてはいたが、盟邦国家の政治的独立と対等な連合が大前提となっており〔宮崎一九三八〕、そうであるがゆえに汪精衛政権内では孫文の大亜細亜思想に通じるものとして一定の支持者を得、朝鮮人連盟員が独立を要求する根拠となりえたのである。そしてそれ故にまた、四一年一月には「肇国の精神に反し皇国の主権を晦冥《かいめい》ならしむる虞《おそ》れある如き国家連合理論」を禁止する閣議決定の対象となったのである。

また、膠着化した日中戦争を打開するために近衛内閣が表明した東亜新秩序の理論的支柱となった東亜協同体論は、三木清や尾崎秀実《おざきほつみ》をはじめ政治学の蠟山政道、社会学の新明正道、経済学の加田哲二や「広民族」論の高田保馬などから提起されたが、その論拠は一様ではなかった。しかし、「またもし日本が欧米諸国に代つて支那に帝国主義的支配を行ふといふのであれば、東亜協同体の真の意義は実現されない」（三木清「東亜思想の根拠」『改造』三八年一二月号、一二頁）と主張されたように抗日民族統一戦線に現れている中国の民族意識を認識し、日本の排他的ナショナリズムを克服して軍事的拡張を停止することが前提であった。そのためには中国の統一と日本国内の資本主義の矛盾を解決する改革が不可欠となる。しかしながら、東亜新秩序の前提となる中国の新政権のありかたについて、三九年六月の五相会議で決定した「中国新中央政府樹立方針」では「支那将来の政治形態はその歴史および現実に即する分治合作主義に則る」ことを前提としており、統一中国との対等な協同体としての東アジア新秩序形成による戦争終結が国策として追求されることはなかった。そのため蔣介石なども東亜協同体論を日本の併呑主義の隠れ蓑にすぎないとして一蹴していたのである。

このように日中戦争が継続するなかで、構想としての広域秩序論は挫折していった。しかし、東南アジアにおける貿易に着目する限り、三〇年代は華僑の通商ネットワークを通じて日本製品の販路が拡大し、それまで欧米諸国に独占されてきた工業品市場に浸透していった時代でもあった［籠谷一九九九］。そのため、インドや蘭印などで摩擦が起き、日印会商や日蘭会商が行われたものの問題は解消しなかった。ただ、より巨視的にみれば、日本からの輸入の急増は東南アジアの経済循環を大きく混乱させるものではなく、安価な日本製品の流入は東南アジアにおける実質賃金の低下を緩和し、イギリスやオランダによる貿易・海運事業とも補完性をもっていた。さらに、自動車産業のゴム需要などに応じるアメリカへの原材料輸出と日本からの工業製品の輸入急増によって、東南アジアでは「対米輸出と対日輸入によって経済の循環軌道が太平洋を一巡するという一種の三角分業体制」[加納一九九五、五四頁]が生まれ、アメリカ→東南アジア→日本→アメリカという戦後に再現される決済構造ができつつあった。

しかし、その事態はまた日本が東南アジアにおいて排他的に資源と市場の確保をめざすことで、アメリカとの対立を激化させる要因となるものであった。フィリピンでは三〇年代を通じて繊維製品を中心に高価なアメリカ製に対して低品質ではあれ廉価な日本製品が浸透し、大衆消費文化を生み出していた。その反面、二〇年代以降の永住型日本人移民の増大に対してはダバオの農業者を中心に警戒感が高まり、ダバオ州は新日本州とも呼ばれ、「第二の満洲国 Manchukuo」という意味合いを込めて Davaokuo という言葉も生まれた。日本人移民の増大に対してはアメリカも警戒し、三三年の独立法案に拒否権を行使したフーヴァー大統領は日本移民を「武力をもたない潜在的軍事侵入」とみなしていた[清水二〇〇一]。形式上は独立国でも日本の傀儡となることを意味する「第二の満洲国」化への警戒は、汪精衛政権の周仏海財政部長やタイのピブーン首相なども同様に表明していた。三〇年代における中国や東南アジアへの日本の進出は広域経済圏を生み出したが、アメリカ・イギリス・オランダとの経済的対立を深化させ、現地の人々からも傀儡国家化への危惧を抱かれる両面性をもっていたのである。

クロスボーダーの人流と東アジア空間の変容

世界恐慌に始まり、世界戦争へと突入していった三〇年代は、ナショナリズムの高揚によって国家や民族間の対立が激化し、国境などのボーダーが障壁として高まった時代としてイメージされやすい。しかしながら、独立運動が高揚し、各地で交戦状態になったこと、さらに共産党が非合法化されたことなどによって国境を越えて人々の交流が進んだのも三〇年代であった。フィリピンでサクダル党を組織したベニグモ・ラモスは三四年から三八年まで日本に亡命してアメリカからの独立運動への支援を求めて活動している。インドネシア共産党のタン・マラカは二二年国外追放となって四二年に帰国するまで中国、シンガポール、フィリピンなど一一カ国を行き来していたし、ベトナムのホー・チ・ミンは四一年初めに三〇年ぶりに故国の土を踏むまでフランスやモスクワや中国各地を転々としていた。

日本でも労農党委員長であった大山郁夫が三二年に、妻の柳子が三八年にアメリカに亡命し四七年に帰国している。プロレタリア美術家同盟に参加していた岩松淳（八島太郎）も妻光子とともに一九三九年アメリカに亡命し、日本兵士への投降ビラなどを制作する反戦活動を続けた。また、三四年のソヴィエト作家同盟大会で日本代表として小林多喜二の虐殺などについて報告を行った土方与志《ひじかたよし》は妻子とソ連に亡命し、伯爵の爵位を剝奪された。しかし、佐野碩《さのさき》と共に三七年には国外追放となってパリに移住した。土方夫妻は四一年に帰国して治安維持法違反で検挙され、ソ連で演出家メイエルホリドの指導を受けた佐野は三九年にメキシコに亡命して「メキシコ演劇の父」と称され、その地で六六年に没した〔岡村二〇〇九〕。しかしながら、スターリン大粛清の嵐が吹き荒れた三〇年代後半、「労働者の祖国」とも呼ばれたソ連に地上のユートピアを夢みて亡命した人々を待ち受けていたのは、苛酷な粛清や強制労働であった。三八年一月には新劇女優の岡田嘉子が杉本良吉と樺太国境を越えてソ連に亡命、杉本は三九年にスパイとして処刑され、嘉子は一〇年近く幽閉された。演劇人がソ連に亡命したのは共産主義思想への共鳴とともにメイエルホリドの指導を受けるためであったが、強要された杉本の供述がメイエルホリドを粛清する口実の一つとされた。さらに共産党弾圧から逃れるためソ連に亡命した日本人は片山潜、野坂参三をはじめ少なくなかったが、スターリン粛清のなかで「日本のスパイ」との罪状などで処刑された日本人は、日本共産党代表の山本懸蔵、国崎定洞など九〇名を越えるとの推定がある〔加藤一九九四ほか〕。

ソ連への亡命は多くの無惨な結末を生んだが、日中戦争の敵国であった中国では反戦活動に携わる日本人も少なくなかった。エスペランチストであった長谷川テルは、対日抗戦放送を通して反戦と中国解放を訴えていた。また、共産党軍の捕虜となった日本人兵士によって「覚醒連盟」が組織され、その後は延安など各地にモスクワのコミンテルンから派遣された野坂参三(岡野進)の工作で在華日本人反戦同盟が結成された。さらに、魯迅に私淑した作家の鹿地亘《かぢわたる》は、重慶に入って日本人捕虜などによる日本人民反戦同盟を組織した。反戦同盟は一九四〇年の成立大会宣言において「中国抗戦を軸とする朝鮮・台湾等の東亜諸民族の光輝ある解放戦と呼応協同し、東洋平和の奠定《てんてい》に邁《まい》進《しん》する闘争を通じて我々は実現さるべき自由・平等・友愛に基づく将来の東亜諸民族連結の靱帯《じんたい》たらんとする」ことを訴えており〔鹿地亘資料調査刊行会一九九四、五八頁〕、総本部責任者には池田幸子・長谷川テル・前野恭子などの女性も加わっていた。

そして、この反戦運動が呼応協同しようとした対日抗戦を軸とする朝鮮民族の解放戦部隊は、国民党や共産党の支援を受けて、離合集散を繰り返しながら中国各地で組織されていた。金九らの大韓民国臨時政府は国民政府と行動をともにして本拠地を上海から重慶に移したが、黄埔《こうほ》軍官学校卒業生で国民政府とも緊密な関係があった金元鳳（金若山）らは朝鮮民族革命党や朝鮮義勇隊を編成していた。そして、四一年一二月に国民党政府が対日宣戦を布告すると臨時政府も宣戦布告し、光復軍として対日戦に参戦した〔中央研究院近代史研究所編一九八八〕。また、中国共産党とのつながりが強かった武亭や崔昌益らは、延安などから北上して一九四二年七月、華北朝鮮独立同盟朝鮮義勇軍などを結成し、抗日闘争を展開していった。中国東北部では満洲事変以後、中国共産党が満洲省委員会に抗日遊撃隊の創設を指示し、一九三三年には東北人民革命軍という名称の抗日部隊が編成された。そして、三五年の八・一宣言を受けて抗日部隊は東北抗日連軍に再編されたが、この部隊の重要な部分を朝鮮人の戦士が占めていた。このうち三六年五月に在満韓人祖国光復会結成に加わった東満の金日成、北満で活動した金策、崔庸健などが戦後の北朝鮮で国家の中枢を担うことになったのである〔和田一九九二〕。他方、「鮮満一如」の呼号の下、関東軍が育成した満洲国軍には間島特設部隊という朝鮮人部隊が創設されたが、満洲国軍軍官学校から日本の陸軍士官学校に留学した朴正熙などが戦後の大韓民国国軍や維新政権を首導することになった。

このほか、日本はアジアで孤立することを避けるために、また文化工作の一環として、三〇年代には中国、満洲国、モンゴルのみならずアフガニスタン、ビルマ、タイ、インドネシアなどアジア全域から留学生を招請したが、その受け入れには善隣協会や国際文化振興会、国際学友会さらには新興亜会、日本タイ協会などの機関があたった。また、四三年からは南方特別留学生が招致されることになったが、その中からアセアン事務総長となったウマルヤディをはじめとして戦後日本と東南アジアの架け橋となった人々が輩出している［山室二〇〇一］。日本の占領によって欧米への留学の機会を奪われた人々にとって、戦争は日本との交流を促すという事態を生んでいた。

こうして戦火の中で生まれた様々なクロスボーダーの人流が、戦後東アジアを形成する底流となった。その意味で新秩序を模索した三〇年代は、戦後世界を用意しつつあったとみなすこともできるであろう。

危機《クライシス》の時代とは、まさに岐路《クライシス》の時代でもあった。だが、その新生の前には第二次世界大戦という更なる惨害が待ち受けていたのである。

文献一覧

第1章

飯島渉・久保亨・村田雄二郎編 二〇〇九 『シリーズ二〇世紀中国史1 中華世界と近代』東京大学出版会
池端雪浦編 一九九九 『東南アジア史Ⅱ 島嶼部』山川出版社
岡本隆司 一九九九 『近代中国と海関』名古屋大学出版会
岡本隆司 二〇〇七 『馬建忠の中国近代』京都大学学術出版会
岡本隆司 二〇〇八a 「琉球朝貢貿易の変容(一九世紀中葉)」歴史学研究会編『世界史史料九 帝国主義と各地の抵抗Ⅱ』岩波書店
岡本隆司 二〇〇八b 『世界のなかの日清韓関係史――交隣と属国、自主と独立』講談社
岡本隆司・川島真編 二〇〇九 『中国近代外交の胎動』東京大学出版会
川島真 二〇〇四 『中国近代外交の形成』名古屋大学出版会
川島真・服部龍二編 二〇〇七 『東アジア国際政治史』名古屋大学出版会
岸本美緒 一九九八a 『東アジアの「近世」』世界史リブレット一三、山川出版社
岸本美緒 一九九八b 「中華帝国の繁栄」尾形勇・岸本美緒編著『中国史』山川出版社
小松久男編 二〇〇〇 『中央ユーラシア史』山川出版社
斎藤修 二〇〇八 『比較経済発展論――歴史的アプローチ』岩波書店
斎藤照子 二〇〇八 『東南アジアの農村社会』世界史リブレット八四、山川出版社
佐藤公彦 二〇一〇 『清末のキリスト教と国際関係――太平天国から義和団・露清戦争、国民革命へ』汲古書院
信夫清三郎 一九六八 『ラッフルズ伝――イギリス近代的植民政策の形成と東洋社会』東洋文庫、平凡社

杉原薫 一九九六 『アジア間貿易の形成と構造』 ミネルヴァ書房
杉原薫 二〇〇四 「東アジアにおける勤勉革命径路の成立」『大阪大学経済学』 五四—三
濱下武志 一九九〇 『近代中国の国際的契機——朝貢貿易システムと近代アジア』 東京大学出版会
早瀬晋三 二〇〇三 『海域イスラーム社会の歴史——ミンダナオ・エスノヒストリー』 岩波書店
早瀬晋三 二〇〇九 『未完のフィリピン革命と植民地化』 世界史リブレット一二三、山川出版社
速水融 二〇〇三 『近世日本の経済社会』 麗澤大学出版会
坂野正高 一九七三 『近代中国政治外交史——ヴァスコ・ダ・ガマから五四運動まで』 東京大学出版会
フランク、A・G 二〇〇〇 『リオリエント——アジア時代のグローバル・エコノミー』 山下範久訳、藤原書店
水島司 二〇一〇 『グローバル・ヒストリー入門』 世界史リブレット一二七、山川出版社
村上衛 二〇〇四 「一九世紀中葉、華南沿海秩序の再編——イギリス海軍と閩粤海盗」『東洋史研究』 六三巻三号
村上衛 二〇〇九 「沿海社会と経済秩序の変容」 飯島・久保・村田編 『シリーズ二〇世紀中国史1』 東京大学出版会
吉澤誠一郎 二〇一〇 『清朝と近代世界 一九世紀』 岩波新書
歴史学研究会編 二〇〇八 『世界史史料九』 岩波書店
Huang, Philip C. C. 1990, *The Peasant Family and Rural Development in the Yangzi Delta, 1350–1988.* Stanford, Calif.: Stanford University Press.
Lin, Man-houng 2006, *China Upside Down: Currency Society, and Ideologies, 1808–1856*, Cambridge, Mass. and London: Harvard University Asia Center.
Pomeranz, Kenneth L. 2000, *The Great Divergence: China, Europe, and the Making of the Modern World Economy*, Princeton University Press.
Reid, Anthony 1988, *Southeast Asia in the Age of Commerce, 1450–1680. Vol. I: The Lands below the Winds*. New Haven: Yale University Press.
Reid, Anthony 1993, *Southeast Asia in the Age of Commerce, 1450–1680. Vol. II: Expansion and Crisis,*

New Haven: Yale University Press.

第2章

阿倍洋 一九七四 「旧韓末の日本留学——資料的考察（Ⅰ）（Ⅱ）（Ⅲ）」『韓』二九—三一
海野福寿 二〇〇〇 『韓国併合史の研究』岩波書店
外務省編 一九六六 『小村外交史』復刻、原書房
金文子 二〇〇九 『朝鮮王妃殺害と日本人』高文研
桜井由躬雄 一九九九 「植民地化のベトナム」石井米雄・桜井由躬雄編『東南アジア史Ⅰ 大陸部』 山川出版社
佐藤公彦 一九九九 『義和団の起源とその運動——中国民衆ナショナリズムの誕生』研文出版
サヤマナン、ロン 一九七七 『タイの歴史』二村龍男訳、近藤出版社
シュラトフ、ヤロスラブ 二〇〇七 「朝鮮問題をめぐる日露関係 一九〇五—一九〇七」『スラヴ研究』五四号
シュラトフ、ヤロスラブ 二〇一〇 「日露戦争後のロシアの日本観」『ロシア史研究』八六号
崔文衡 二〇〇四 『日露戦争の世界史』朴菖熙訳、藤原書店
千葉功 二〇〇八 『旧外交の形成——日本外交一九〇〇—一九一九』勁草書房
月脚達彦 二〇〇九 『朝鮮開化思想とナショナリズム——近代朝鮮の形成』東京大学出版会
角田順 一九六七 『満州問題と国防方針——明治後期における国防環境の変動』原書房
村嶋英治 一九九九 「タイ近代国家の形成」石井米雄・桜井由躬雄編『東南アジア史Ⅰ』山川出版社
森山茂徳 一九八七 『近代日韓関係史研究——朝鮮植民地化と国際関係』東京大学出版会
矢吹晋編 二〇〇二 『ポーツマスから消された男——朝河貫一の日露戦争論』東信堂
吉村道男 一九六八 『日本とロシア——日露戦後からロシア革命まで』原書房
露国海軍軍令部編纂 一九一五 『千九百四、五年露日海戦史』第一巻上下、二—四、六、七巻、海軍軍令部（復刻、上下、芙蓉書房、二〇〇四年）

和田春樹 一九七三 『ニコライ・ラッセル――国境を越えるナロードニキ』上下、中央公論社
和田春樹 二〇〇九―一〇 『日露戦争 起源と開戦』上下、岩波書店
和田春樹・和田あき子 一九七〇 『血の日曜日―ロシア革命の発端』中央公論社
Politika kapitalisticheskikh derzhav i natsional'no-osvoboditel'noe dvizhenie v Iugo-Vostochnoi Azii (1871–1917), Dokumenty i materialy, Vol. II, Moscow, 1967.
Esthus, Raymond A. 1966, *Theodore Roosevelt and Japan,* University of Washington Press.
Esthus, Raymond A. 1988, *Double Eagle and Rising Sun: The Russians and Japanese at Portsmouth in 1905,* Duke University Press.
Gooch, G. P. and Temperley, Harold. ed. 1927, *British Documents on the Origins of the War 1898–1914, Vol. II,* London.
Lensen, George A. 1967, *The Russo-Chinese War,* Tallahassee.
Lensen, George A. 1982, *Balance of Intrigue: International Rivalry in Korea and Manchuria 1884–99.* 2 vols, Tallahassee.
Malozemoff, Andrew. 1958, *Russian Far Eastern Policy, 1881–1904: With Special Emphasis on the Causes of the Russo-Japanese War,* Berkeley. Reprint New York, 1977.
Nish, Ian 1985, *The Origins of the Russo-Japanese War,* London.
Pak, Bella B. 1998, 2004, *Rossiiskaia diplomatiia i Koreia, Vol. 1, 1860–1888,* Moscow; *Vol. II, 1888–1897,* Moscow.
Pak, Boris D. 2004, *Rossiia i Koreia,* Second edition, Moscow.
Pak Chon Khio 1997, *Russko-iaponskaia voina 1904–1905* g.g. i Koreia, Moscow.
Romanov, B. 1928, *Rossiia v Man'chzhurii (1892–1906)*, Leningrad. (『満州に於ける露国の利権外交史』山下義雄訳、鴨右堂書店、一九三四年。復刻、原書房、一九七三年)
Shulatov, Ia. A. 2008, *Na puti k sotrudnichestvu: Rossiisko-iaponskie otnosheniia v 1905–1914* g.g.

Khabarovsk-Moscow.
Simanskii, P. 1910, *Sobytiia na Dal'nem Vostoke, predshestvovashie Russko-Iaponskoi voine* (*1891–1903 g.g.*). *Vol. I–III*, Sankt-Peterburg.
Treat, Payson J. 1938, *Diplomatic Relations between the United States and Japan Vol. 3, 1895–1905*, Stanford University. Press.

第3章

安藤良雄編 一九七九 『近代日本経済史要覧』第二版、東京大学出版会
石橋湛山 一九八四 『石橋湛山評論集』松尾尊兊編、岩波文庫
板垣雄三 一九七〇 「従属地域における諸矛盾と社会的変化」『岩波講座世界歴史24 現代1――第一次世界大戦』岩波書店
伊東昭雄ほか 一九七四 『中国人の日本人観一〇〇年史』自由国民社
外務省 一九六五 『日本外交年表竝主要文書』上、原書房
鹿野政直 一九七五 「大正デモクラシーの思想と文化」『岩波講座日本歴史18 近代5』岩波書店
川田稔 一九九八 『原敬と山県有朋』中央公論社
ガンジー 一九六七 「自叙伝」『世界の名著63 ガンジー ネルー』蠟山芳郎訳、中央公論社
ガンディー 二〇〇一 『非暴力の精神と対話』森本達雄訳、第三文明社
金鎮鳳 二〇〇〇 『三・一運動史研究』国学資料院、서울
小島晋治 一九八〇 「三・一運動と五四運動」『朝鮮史研究会論文集』第一七集
呉密察 一九九四 「台湾史の成立とその課題」溝口雄三ほか編『アジアから考える3 周縁からの歴史』東京大学出版会
里井彦七郎 一九七二 『近代中国における民衆運動とその思想』東京大学出版会
桜井由躬雄 一九九九 「植民地下のベトナム」石井米雄・桜井由躬雄編『東南アジア史Ⅰ 大陸部』山川出版社

櫻井良樹　二〇〇九　『辛亥革命と日本政治の変動』岩波書店
白石昌也　二〇〇二　「二〇世紀前半期ベトナムの民族運動」『岩波講座東南アジア史7　植民地抵抗運動とナショナリズムの展開』岩波書店
新免康　一九九四　「「辺境」の民と中国――東トルキスタンから考える」溝口雄三ほか編『アジアから考える3』東京大学出版会
田中比呂志　一九九五　「清末民初における地方政治構造とその変化――江蘇省宝山県における地方エリートの活動」『史学雑誌』一〇四―三
田中比呂志　一九九九　「清末民初における立憲制と地方エリート――張謇における立憲と地方自治の思想」『史学雑誌』一〇八―一
趙景達　一九九六　「金玉均から申采浩へ――朝鮮における国家主義の形成と転回」歴史学研究会編『講座世界史7「近代」を人はどう考えてきたか』東京大学出版会
趙景達　二〇〇二　『朝鮮民衆運動の展開――士の論理と救済思想』岩波書店
趙景達　二〇〇五　「日露戦争と朝鮮」安田浩・趙景達編『戦争の時代と社会――日露戦争と現代』青木書店
趙景達　二〇〇七　「日本／朝鮮におけるアジア主義の相克」『情況』第三期第八巻第二号
趙景達　二〇〇九　「朴殷植における国家と民衆――朝鮮的政治思想・政治文化の葛藤」深谷克己編『東アジアの政治文化と近代』有志舎
趙景達　二〇一〇　「武断政治と朝鮮民衆」『思想』一〇二九号
内藤雅雄・中村平治編　二〇〇六　『南アジアの歴史』有斐閣
長崎暢子　一九九七　「戦争の世紀と非暴力――マハトーマ・ガンディーとインド民族主義」『岩波講座世界歴史25　戦争と平和』岩波書店
中野聡　二〇〇二　「米国植民地化のフィリピン国民国家形成」『岩波講座東南アジア史7』岩波書店
中野聡　二〇〇七　『歴史経験としてのアメリカ帝国』岩波書店
中野正剛　一九一八　『我が観たる満鮮』政教社

中見立夫　一九九四「モンゴルの独立と国際関係」溝口雄三ほか編『アジアから考える3』東京大学出版会
中村平治　一九八一『現代インド政治史研究』東京大学出版会
成田龍一　二〇〇七『大正デモクラシー』岩波新書
西順蔵編　一九七七『原典中国近代思想史』第四冊、岩波書店
西原亀三　一九六五『夢の七十余年――西原亀三自伝』東洋文庫、平凡社
根本敬　二〇〇二「ビルマのナショナリズム――中間層ナショナリスト・エリートたちの軌跡」『岩波講座東南アジア史7』岩波書店
ネルー、ジャワーハルラール　一九六六『父が子に語る世界歴史5　民主主義の前進』大山聰訳、みすず書房
ネルー　一九六七「自叙伝」『世界の名著63　ガンジー　ネルー』蠟山芳郎訳、中央公論社
狭間直樹・長崎暢子　一九九九『世界の歴史27　自立へ向かうアジア』中央公論新社
初瀬隆平　一九七九「宮崎滔天とアジア主義」『法政論集』(北九州大学)七―一
早瀬晋三・深見純生　一九九九「近代植民地の展開と日本の占領」池端雪浦編『東南アジア史Ⅱ　島嶼部』山川出版社
姫田光義ほか編　一九八二『中国近現代史(上)』東京大学出版会
平野聡　二〇〇八「チベット問題と中国の近現代」『現代思想』七月臨時増刊号
ファン・ボイ・チャウ　一九六六『ヴェトナム亡国史他』長岡新次郎ほか編、東洋文庫、平凡社
藤谷浩悦　二〇一〇「近代中国の国民統合と亀裂――民国初期の湖南省を中心に」久留島浩・趙景達編『国民国家の比較史』有志舎
古田元夫　一九九五『ベトナムの世界史』東京大学出版会
朴殷植　一九七二『朝鮮独立運動の血史1』姜徳相訳、東洋文庫、平凡社
松尾尊兊　二〇〇一(原著一九七四)『大正デモクラシー』岩波現代文庫
松本信広　一九六九『ベトナム民族小史』岩波書店
溝口雄三ほか　二〇〇七『中国思想史』東京大学出版会

村嶋英治 一九九九 「タイ近代国家の形成」石井米雄・桜井由躬雄編『東南アジア史Ⅰ』山川出版社
村田雄二郎 一九九四 「王朝・国家・社会――近代中国の場合」溝口雄三ほか編『アジアから考える4 社会と国家』東京大学出版会
村田雄二郎 二〇〇九 「中華民族論の系譜」『シリーズ二〇世紀中国史1 中華世界と近代』東京大学出版会
柳宗悦 一九七二 「朝鮮とその芸術」『柳宗悦選集』第四巻、春秋社
山本信人 二〇〇二 「インドネシアのナショナリズム――ムラユ語・出版市場・政治」『岩波講座東南アジア史7』岩波書店
横山宏章 一九九六a 「その後の胡適と陳独秀――「打倒孔家店」のゆくえ」『講座世界史7』東京大学出版会
横山宏章 一九九六b 『孫文と袁世凱』岩波書店
吉野作造 一九七〇 『中国・朝鮮論』松尾尊兊編、東洋文庫、平凡社
レイ・タン・コイ 一九七〇 『東南アジア史』石澤良昭訳、白水社

第4章

飯島渉 二〇〇九 『感染症の中国史――公衆衛生と東アジア』中公新書
池端雪穂 二〇〇二 「総説」『岩波講座東南アジア史7 植民地抵抗運動とナショナリズムの展開』岩波書店
石川禎浩 二〇〇一 『中国共産党成立史』岩波書店
石川禎浩 二〇一〇 『革命とナショナリズム 一九二五―一九四五』岩波新書
上田貴子 二〇〇八 「東北アジアにおける中国人移民の変遷 一八六〇―一九四五」蘭信三編著『日本帝国をめぐる人口移動の国際社会学』不二出版
岡奈津子 一九九八 「ソ連における朝鮮人強制移住――ロシア極東から中央アジアへ」樺山紘一ほか編『岩波講座世界歴史24 解放の光と影 一九三〇年代―四〇年代』岩波書店
加藤哲郎 一九九一 『コミンテルンの世界像――世界政党の政治学的研究』青木書店
加納啓良 二〇〇一 「総説」『岩波講座東南アジア史6 植民地経済の繁栄と凋落』岩波書店

川島真 二〇〇四『中国近代外交の形成』名古屋大学出版会
川島真 二〇一〇『近代国家への模索 一八九四―一九二五』岩波新書
川島真・服部龍二編 二〇〇七『東アジア国際政治史』名古屋大学出版会
川島真・毛里和子 二〇〇九『グローバル中国への道程 外交一五〇年』岩波書店
栗原浩英 一九九八「コミンテルンと東方・植民地」『岩波講座世界歴史24 解放の光と影』岩波書店
栗原浩英 二〇〇二「コミンテルンと東南アジア」『岩波講座東南アジア史7』岩波書店
後藤乾一・紀旭峰・羅京洙共編 二〇〇八『亜細亜公論・大東公論解題総目次篇』龍渓書舎
後藤春美 二〇〇〇「一九二〇年代中国における日英「協調」」木畑洋一、イアン・ニッシュ、細谷千博、田中孝彦編『日英交流史一六〇〇―二〇〇〇 政治外交Ⅰ』東京大学出版会
小松久男 一九九六『革命の中央アジア――あるジャディードの肖像』東京大学出版会
斎藤照子 二〇〇一「ビルマにおける米輸出経済の展開」『岩波講座東南アジア6』岩波書店
桜井由躬雄・石澤良昭 一九七七『東南アジア現代史Ⅲ ヴェトナム・カンボジア・ラオス』山川出版社
佐藤元英 一九九二『昭和初期対中国政策の研究――田中内閣の対満蒙政策』原書房
篠田英朗 二〇一〇「ウッドロー・ウィルソン――介入主義、国家主義、国際連盟」遠藤乾編『グローバル・ガバナンスの歴史と思想』有斐閣
杉山伸也、イアン・ブラウン編著 一九九〇『戦間期東南アジアの経済摩擦――日本の南進とアジア・欧米』同文舘出版
高原秀介 二〇〇六『ウィルソン外交と日本――理想と現実の間 一九一三―一九二一』創文社
田中陽兒・倉持俊一・和田春樹編著 一九九七『ロシア史三 二〇世紀』山川出版社
等松春夫 二〇〇七「委任統治」川島真・服部龍二編『東アジア国際政治史』名古屋大学出版会
中野聡 一九九七『フィリピン独立問題史――独立法問題をめぐる米比関係史の研究(一九二九―四六年)』龍渓書舎
中野聡 二〇〇二「米国植民地下のフィリピン国民国家形成」『岩波講座東南アジア史7』岩波書店

根本敬　二〇〇二「ビルマのナショナリズム――中間層ナショナリスト・エリートたちの軌跡」『岩波講座東南アジア史7』岩波書店
服部龍二　二〇〇一『東アジア国際環境の変動と日本外交一九一八―一九三一』有斐閣
平野健一郎　一九八四「一九二三年の満州」平野健一郎編『国際関係論のフロンティア2　近代日本とアジア――文化の交流と摩擦』東京大学出版会
古田元夫　一九九一『ベトナム共産主義者の民族政策史――革命の中のエスニシティ』大月書店
古田元夫　一九九五『ベトナムの世界史――中華世界から東南アジア世界へ』東京大学出版会
間野英二・中見立夫・堀直・小松久男　一九九二『〈地域からの世界史六〉内陸アジア』朝日新聞社
水島司　二〇〇一「マラヤ――スズとゴム」『岩波講座東南アジア史6』岩波書店
蓑原俊洋　二〇〇二『排日移民法と日米関係』岩波書店
山内昌之　一九八六『〈新しい世界史②〉スルタンガリエフの夢――イスラム世界とロシア革命』東京大学出版会
山内昌之　一九九五『〈中東イスラム世界①〉イスラムとロシアその後のスルタンガリエフ』東京大学出版会
山本信人　二〇〇二「インドネシアのナショナリズム――ムラユ語・出版市場・政治」『岩波講座東南アジア史7』岩波書店
米谷匡史　二〇〇六『アジア／日本』岩波書店
歴史学研究会編　二〇〇六『世界史史料一〇　二〇世紀の世界I　ふたつの世界大戦』岩波書店
Hirobe, Izumi 2001, *Japanese Pride, American Prejudice: Modifying the Exclusion Clause of the 1924 Immigration Act*, Stanford University Press.

第5章

アウイ・ヘッパハ著、許介鱗編　一九八五『証言霧社事件――台湾山地人の抗日蜂起』草風館
石橋湛山　一九五一『湛山回想』岩波文庫版、一九八五年

石浜知行 一九四二 『重慶戦時体制論』中央公論社
伊野憲治 一九九八 『ビルマ農民大反乱(一九三〇―一九三二年)――反乱下の農民像』信山社
内田尚孝 二〇〇六 『華北事変の研究』汲古書院
内蒙古アパカ会・岡村秀太郎編 一九九〇 『特務機関』国書刊行会
大形孝平編 一九八二 『日中戦争とインド医療使節団』三省堂
大塚令三編 一九四二 『支那の新生活運動』敏傍書房
岡村春彦 二〇〇九 『自由人 佐野碩の生涯』岩波書店
籠谷直人 一九九九 「一九三〇年代の華僑通商網と日本」『岩波講座世界歴史19 移動と移民――地域を結ぶダイナミズム』岩波書店
鹿地亘資料調査刊行会 一九九四 『日本人民反戦同盟資料』第四巻、不二出版
加藤哲郎 一九九一 『コミンテルンの世界像――世界政党の政治学的研究』青木書店
加藤哲郎 一九九四 『モスクワで粛清された日本人』青木書店
加納啓良 一九九五 「国際貿易から見た二〇世紀の東南アジア植民地経済」『歴史評論』第五三九号
河かおる 二〇〇一 「総力戦下の朝鮮女性」『歴史評論』第六一二号
菊池貴晴 一九八七 『中国第三勢力史論――中国革命における第三勢力の総合的研究』汲古書院
木畑洋一 二〇〇一 「イギリス帝国の変容と東アジア」秋田茂・籠谷直人編『一九三〇年代のアジア国際秩序』渓水社
協調会農村課編 一九三四 『農村生活改善の話』協調会
黄自進 二〇一一 『蔣介石と日本――友と敵のはざまで』武田ランダムハウスジャパン
桜井由躬雄・石澤良昭 一九七七 『東南アジア現代史Ⅲ ヴェトナム・カンボジア・ラオス』山川出版社
清水元 二〇〇一 「東南アジアと日本」『岩波講座東南アジア史6 植民地経済の繁栄と凋落』岩波書店
鍾家新 一九九八 『日本型福祉国家の形成と「十五年戦争」』ミネルヴァ書房
白木沢旭児 一九九九 『大恐慌期日本の通商問題』御茶の水書房

杉本五郎 一九三八 『大義』平凡社。伏せ字引用は、皇国史観研究会、復刊版、二〇〇七年に拠る。
宋恩栄編著 二〇〇〇 『晏陽初――その平民教育と郷村建設理論』鎌田文彦訳、農山漁村文化協会
段瑞聡 二〇〇六 『蒋介石と新生活運動』慶應義塾大学出版会
朝鮮総督府 一九三七 『朝鮮施政に関する諭告、訓示並に演説集――自昭和二年四月至昭和一二年三月』
永井和 二〇〇七 『日中戦争から世界戦争へ』思文閣出版
根本敬 二〇一〇 『抵抗と協力のはざま――近代ビルマ史のなかのイギリスと日本』岩波書店
秦郁彦 一九九六 『盧溝橋事件の研究』東京大学出版会
藤野豊 二〇〇三 『厚生省の誕生』かもがわ出版
松岡洋右 一九三三 『青年よ起て――世界変局と大和民族の使命』日本思想研究会印刷所
松本武祝 一九九八 『植民地権力と朝鮮農民』社会評論社
宮崎正義 一九三八 『東亜聯盟論』改造社
山本信人 二〇〇二 「インドネシアのナショナリズム」『岩波講座東南アジア史7 植民地抵抗運動とナショナリズムの展開』岩波書店
山室信一 二〇〇一 『思想課題としてのアジア――基軸・連鎖・投企』岩波書店
山室信一 二〇〇四 『増補版・キメラ――満洲国の肖像』中公新書
遊鑑明 二〇〇五 「受益者か、それとも被害者か」大澤肇訳、早川紀代編『植民地と戦争責任』吉川弘文館
劉晶輝 二〇〇五 「「満洲国」における婦人団体」鈴木晶子訳、早川紀代編『植民地と戦争責任』吉川弘文館
梁漱溟著、アジア問題研究会編 二〇〇〇 『郷村建設理論』池田篤紀・長谷部茂訳、農山漁村文化協会
若林正丈 二〇〇一 『台湾抗日運動史研究・増補版』研文出版
和田春樹 一九九二 『金日成と満州抗日戦争』平凡社
黄自進編 二〇〇四 『蔣中正先生対日言論選集』財団法人中正文教基金会・台北
中央研究院近代史研究所編 一九八八 『国民政府与韓国独立運動史料』中央研究院近代史研究所・台北

年　表

(1782-1939)

1782　タイでチャクリ朝(バンコク朝)成立.
1793　イギリスの使節マカートニーが熱河で乾隆帝に謁見. 貿易拡大要求.
1796　このころ白蓮教徒の乱が始まる.
1799　清の最盛期を築いた乾隆帝(位 1735–95)逝去. オランダ東インド会社解散.
1801　朝鮮にてキリスト教に対する弾圧(辛酉の獄).
1802　阮福映がベトナムを統一し, 阮朝を開く.
1804　ロシア使節のレザノフが長崎に. 漂流民を送還して日本に通商を求める.
1810　このころフランスがオランダを併合. イギリスがオランダ領東インドを併合.
1816　イギリスの使節アマーストが清を訪問. 三跪九叩頭の儀礼を拒否. ビルマ軍, アッサム遠征.
1819　ラッフルズがシンガポール建設.
1820　ベトナムで明命帝即位.
1821　メキシコ独立. このころ, 銀の生産減少.
1824　第一次ビルマ戦争. イギリスのマラッカ領有, オランダの東インド領有確定.
1825　江戸幕府, 異国船打ち払い令を出す. ジャワ戦争(–31).
1826　イギリス海峡植民地形成.
1828　シーボルト事件.
1830　オランダ領東インドにて強制栽培制度の構想が提起される.
1832　琉球にて旱魃. ソテツ栽培で危機を凌ごうとする.
1833　イギリス東インド会社の対中貿易独占権廃止.
1836　許乃済, アヘン弛禁を上奏. イギリス領事エリオット広州着任.
1838　黄爵滋, アヘン厳禁を上奏. 第1次アフガン戦争(–42). 林則徐, 欽差大臣に任命される.
1839　この年, 林則徐, アヘン提出を命じ焼却. イギリス, 中国出兵を決定. 朝鮮にてキリスト教禁止.
1840　アヘン戦争.
1842　日本では無二念打払令撤回, 薪水給与令発する. 中英南京条約.
1843　魏源『海国図志』完成する.
1844　中米望厦条約, 中仏黄埔条約.
1845　第1次シーク戦争. カシュガルでムスリムの反乱.
1846　アメリカ東インド艦隊司令官ビッドル, 浦賀来航. 通商を求める.
1847　このころ, 朝鮮で安東金氏の世道政治が強化される.
1848　19世紀なかごろ, 世界的に奴隷制廃止の傾向. 中国人労働者への需要高まる. この年, マラヤで錫の大鉱脈が発見され, 中国人労働者が移民.

1851　洪秀全，広西省金田村で挙兵．太平天国を称する．
1852　第2次ビルマ戦争．イギリス軍，ラングーン占領．
1853　太平天国南京を占領．その鎮圧のため，曽国藩の湘勇などが組織される．アメリカのペリー，浦賀に来航．
1854　日米和親条約締結(55年までに英露仏蘭とも)．米琉和親条約締結．
1855　シャム—英間にバウリング条約締結(翌年，仏米とも条約締結)．
1856　清と英・仏間にアロー戦争(第2次アヘン戦争)勃発．雲南イスラム蜂起．イギリス・イラン戦争．
1857　インド大反乱．インド兵がデリー占領．
1858　中露・米・英・仏天津条約締結．中露アイグン条約で，清はウスリー江東部を事実上割譲．日米・蘭・露・英・仏修好通商条約締結．日本で安政の大獄．インド統治法により，イギリス東インド会社によるインド統治終結．イギリス政府によるインド直接支配開始．ムガル朝滅亡．
1859　スエズ運河工事開始．
1860　英仏連合国，北京占領．円明園破壊．アロー戦争終結．北京条約締結．朝鮮で崔済愚が東学を創始．このころから，ジャワでの強制栽培制度が次第に縮小しプランテーションに転換．中国人労働者が流入．
1861　北京に総理各国事務衙門設置．清で西太后が実権を掌握し，同治帝擁立．ロシア海軍対馬占領．このころ，アメリカ南北戦争の影響もあり，インドで綿花栽培が盛んに．
1862　陝西，甘粛などでムスリム蜂起．日本で生麦事件発生，翌年に報復として薩英戦争発生．フランス，コーチシナの一部領有．
1863　朝鮮で高宗即位(位-1907)．
1864　洪秀全死亡，清が南京占領．太平天国消滅．英仏米蘭艦隊が下関攻撃．
1865　東トルキスタン，カシュガルにて，ヤークブ・ベクが独立政権樹立．このころから，朝鮮半島で民謡“アリラン”が歌われ始める．インドでは，カルカッタ—ロンドン間に電信開通．
1866　朝鮮でキリスト教弾圧(丙寅の邪獄)．アメリカのシャーマン号が平壌攻撃(シャーマン号事件)．またフランス艦隊が江華島攻撃．
1867　徳川慶喜大政奉還．王政復古の大号令．ベトナム，コーチシナ総督，西部3省をフランス領に併合．
1868　明治維新．清米バーリンゲーム条約．シャムでチュラロンコーン王(ラーマ5世)即位．
1870　カルカッタ—ボンベイ間に鉄道開通．
1871　香港—上海間の海底ケーブル開通．ロシア，イリ地方を占領．日清修好条規締結．台湾南部のパイワン族が宮古島からの漂流民を殺害．
1872　上海で『申報』刊行．横浜でマリア・ルス号事件発生．横浜—新橋間の鉄道開通．
1873　シャムでチャクリ改革．スマトラでアチェー戦争はじまる．朝鮮で大院君政権が倒れ，閔氏政権成立．

1875　日本の艦船が江華島を攻撃(江華島事件). 千島樺太交換協定. イギリス人マーガリー, 雲南で殺害される.
1876　日朝修好条規締結. ロシアが, コーカンド・ハン国を併合.
1877　日本で西南戦争. ヴィクトリア女王がインド皇帝即位, インド帝国の成立. カンボジアのノロドム王による行政改革, 国家の近代化などに関する王令発布.
1879　琉球藩を廃し沖縄県設置. 中露間でイリ条約(リヴァディア条約)締結.
1880　清の駐日公使館の黄遵憲が『朝鮮策略』を朝鮮の使臣に手交. ルソン—スペイン間の海底電信開設.
1881　清露間に第2次イリ条約(ペテルブルグ条約). 日本の天皇, 国会開設の勅諭.
1882　朝米, 朝英修好条規締結. 壬午軍乱発生. 中朝商民水陸貿易章程調印. 清軍ベトナムの国境地帯でフランス軍と衝突. ジャワで人頭税導入される.
1883　ベトナム, 清に出兵要請. ベトナムで清仏両軍が衝突. 東京で鹿鳴館開館. カルカッタでインド国民協議会開催.
1884　朝鮮で甲申事変. ベトナムで清仏軍再衝突. ドイツ, 北東ニューギニアを併合.
1885　イギリス軍巨文島占領. 日清天津条約. 朝鮮総理交渉通商事宜として袁世凱がソウルに着任. 福沢諭吉が『脱亜論』を発表. 日本では松方デフレが深刻化. 清では, このころ新疆や台湾に省制施行. 第3次ビルマ戦争, コンバウン朝滅亡. 第1回インド国民会議開催.
1886　イギリス, 上ビルマを占領.
1887　フランス領インドシナ連邦成立.
1888　唐山—天津間に鉄道開通.
1889　大日本帝国憲法発布. 朝鮮で防穀令.
1892　ホセ・リサール, フィリピン連盟結成.
1893　ラオス, フランスの保護国となる.
1894　東学党の乱. 清, 日本とともに派兵. 日清戦争. フィリピンで独立運動.
1895　4·17 下関条約調印. 4·23 露独仏三国, 遼東半島還付を日本に要求(三国干渉). 5·13 下関条約と遼東還付の詔書, 発表さる. 10·8 三浦公使の指揮する一団, 閔妃殺害. 下関条約締結. 三国干渉. 日本の台湾領有.
1896　1·15 英仏, シャムに関する宣言. 2·11 高宗, 皇太子とロシア公使館に避難(露館播遷). 5·14 小村・ヴェーベル覚書調印. 6·3 露清秘密同盟条約調印. 6·9 山県・ロバノフ協定調印. 9·8 露清, 東清鉄道協定調印.
1897　11·14 ドイツ, 膠州湾を占領. 12·15 ロシア艦隊, 旅順入港.
1898　3·6 ドイツ, 膠州湾租借. 3·12 韓国政府, ロシアの財政顧問, 軍事教官を断る. 3·27 ロシア, 旅順大連租借. 4·18 米西戦争開始. 4·25 西・ローゼン議定書調印. 6·11 光緒帝, 変法維新の上諭. 6·12 フィリピン独立宣言. 7·7 アメリカ, ハワイ併合決定. 9·21 戊戌政変. 12·10 米西戦争講和条約調印.

1899 2·4 米軍とフィリピン独立軍，戦闘開始．5·18 第1回ハーグ万国平和会議開会．9·6 米国務長官ヘイ，清国の門戸開放を提唱する通牒．
1900 6·10 列国軍，北京へ進撃．6·21 清朝，義和団支持の宣戦上諭．7·14 列国軍，天津占領．7·17 ロシア軍，アムール河で中国人を虐殺．8·14 列国軍，北京占領．8·25 高宗特使趙秉式，韓国中立国案をもって日本に到着．10·2 ロシア軍，奉天占領，全満洲がロシア軍の制圧下に入る．11·9 露清秘密協定調印．
1901 3·2 米議会，キューバ保護国化を可決．6·2 桂内閣成立．8·8 桂首相，日英同盟交渉を指示．9·7 義和団事件最終議定書調印．11·25 伊藤博文，ペテルブルク到着．
1902 1·30 日英同盟協約調印．4·8 ロシアと清国，満洲撤兵協定調印．7·1 米大統領，フィリピン平定を宣言．12月末 ベゾブラーゾフの極東派遣．
1903 5·20 ロシア政府，極東問題で協議会，ベゾブラーゾフ派の勝利．6·10 クロパトキン，日本訪問．6·23 日本，対露政策で御前会議．7·1-11 ロシア，旅順会議．8·12 ロシア，極東太守制設置令，日本側，日露交渉第1次提案わたす．8·15 高宗，日露両国に韓国中立承認を要請．10·3 ロシア側，第1次回答．10·12 極東委員会設置令．12·21 日本側，第3次提案．
1904 1·6 ロシア，第3次提案．1·10 ベゾブラーゾフの日露同盟意見書．1·12 日本，御前会議で対露最終回答決定．1·21 韓国，戦時中立宣言．1·28 ロシア，対日回答で大臣協議会．2·4 日本，御前会議で国交断絶の決定．2·6 連合艦隊出航，鎮海湾占領．日本，国交断絶を通告．2·8 日本軍仁川上陸．連合艦隊，旅順艦隊を攻撃．2·9 ロシア，対日宣戦布告．2·10 日本，対露宣戦布告．2·23 日韓議定書調印．4·8 英仏協商締結．5·1 日本軍，鴨緑江をこえ，九連城を占領．8·22 第1次日韓協約調印．9·4 日本軍，遼陽を占領．
1905 1·1 旅順陥落．1·22 ロシア「血の日曜日」事件．3·10 奉天陥落．5·27-28 日本海海戦で日本勝利．7·29 桂・タフト覚書．8·12 第2回日英同盟協約調印．8·20 孫文ら，中国革命同盟会結成．9·5 ポーツマス講和条約調印．10·30 ロシア10月詔書．11·17 第2次日韓協約調印，韓国，日本の保護国化．
1906 11·26 南満洲鉄道株式会社設立．
1907 6·10 日仏協約調印．6·15 ハーグ万国平和会議開催．7·19 高宗退位させられる．7·24 第3次日韓協約調印．7·30 日露協約調印．8·1 韓国軍隊解散式．8·31 英露協商調印．
1909 7·6 日本政府閣議，韓国併合方針を決定．10·26 安重根，伊藤博文を狙撃殺害．
1910 5·30 寺内正毅陸相，韓国統監兼務命じられる．6·1 幸徳秋水逮捕(大逆事件)．7·4 日露第2次協約調印．8·22 韓国併合条約調印．8·29 日本，韓国を併合．韓国併合詔書，併合条約公表．11·4 清国が1913年に国会

を開設することを宣布.

1911　1·18 大逆事件で 24 名に死刑判決. のち 12 名に死刑執行. 2·29 タイで民主化を求める士官が反乱を起こす. 4·27 中国同盟会, 広州で蜂起するも失敗(黄花崗事件). 5·9 清国が鉄道国有令を公布. 6·17 清国で四川保路同志会が結成される. 10·10 武昌で新軍蜂起し, 辛亥革命が開始される. 12·1 モンゴルが独立宣言を発する. 12·12 イギリス王ジョージ 5 世がベンガル分割の撤回とデリーへの遷都を発表.

1912　1·1 孫文, 南京で臨時大総統に就任. 中華民国の成立宣言. 2·12 清帝溥儀退位. 2 月 維新会が広州でベトナム光復会に再編される. 3·10 袁世凱が北京で臨時大総統に就任. 3·11 中華民国臨時約法公布. 4·1 東西ベンガル再統合. 6·25 朝鮮の尹致昊ら, 寺内正毅総督暗殺未遂事件で起訴される. 6·25 中国同盟会などが国民党を結成. 9·10 インドネシアでイスラーム商業同盟がイスラーム同盟に改称. 12·19 日本で第 1 回憲政擁護大会が行われる. 12·25 インドネシアで急進的民族政党東インド党が結成される.

1913　1·10 モンゴルとチベットが独立を確認しあい, 相互援助の協定を締結する. 2·11 桂内閣総辞職(大正政変). 3·20 中国で宋教仁暗殺される. 7·12 中国で第 2 革命始まる. 8 月 インドネシアで東インド党の政党活動が禁止される. 10 月 袁世凱, 正式大統領就任. 10·6 フィリピンにハリソン総督が就任し, 自治化政策を推進. 11·5 外モンゴル自治をロシアと中国が承認する.

1914　5·1 中華民国約法公布. 5·9 インドネシアでオランダの社会民主労働党員スネーフリートが東インド社会民主同盟を結成. 7·3 シムラ会議で英領インドとチベット間の国境線を画定. 8·23 日本, ドイツに宣戦布告. 11·7 日本軍, 青島のドイツ軍要塞を占領.

1915　1·5 ガンディー, 南アフリカからボンベイに帰着. 1·18 日本, 対華 21 カ条要求を提出. 5·7 日本, 対華 21 カ条で最後通牒. 9·15 陳独秀, 上海で『青年雑誌』(のち『新青年』)創刊. 12·25 雲南で蔡鍔らが帝政反対の護国軍を組織. 第 3 革命開始.

1916　1 月 吉野作造,『中央公論』で民本主義を提唱する. 3·22 袁世凱, 帝政を断念する. 4·23 ティラク, インド自治連盟を結成. 6·17 バンドンでイスラーム同盟第 1 回全国大会. 10·16 フィリピンでジョーンズ法に基づき上下両院議会が発足する. 12·26–31 インドで会議派第 31 回大会とムスリム連盟第 9 回大会が開催される. ラクナウ協定成立.

1917　1·20 日本興業・朝鮮・台湾三銀行, 中国に借款供与(第 1 回西原借款). 4·15 ガンディー, ビハール州チェンバーランの藍小作労働争議を指導. 8·30 タイグエンのベトナム兵士の反乱. 9·10 孫文, 広州で軍政府樹立. 10·10 朝鮮で秘密結社光復団員, 各地で逮捕される. 10·20 イスラーム同盟第 2 回全国大会で「インドネシア独立闘争」を行うことを確認. 11·2 日米両国, 石井・ランシング協定を締結.

1918 2·22 ガンディー，アムダーワード繊維工場労働者のストライキを指導．3·22 ガンディー，グジャラートのケーダーで地税不払い運動を指導．4·5 日英陸戦隊，ウラジオストクに上陸．5·15 魯迅，「狂人日記」を『新青年』に発表．6月 対独参戦のため1300人のタイ将兵が欧州に出発．6·26 李東輝がハバロフスクで韓人社会党を結成(翌年4月，高麗共産党と改称)．7·8 インドでモンタギュー・チェルムズファド改革案が発表される．8·2 日本，シベリア出兵を宣言．8·24 中国，シベリア出兵を宣言．8月 呂運亨・金九ら上海で新韓青年党を結成．11·13 重光団員，大韓独立宣言書を採択(戊午独立宣言)．

1919 1·21 朝鮮の高宗が没し，毒殺説が流れる．1·24 独立請願のためのフィリピン第1次議会使節団が米国に到着．2·1 上海の新韓青年党，独立運動のため各国に使節団を派遣することを決定．2·8 在日朝鮮人留学生，独立宣言書を発表．3·1 ソウルのパゴダ公園で独立宣言書が発表される．三・一運動始まる．4·6 ガンディー，第1次サティヤーグラハ(真理の掌握)運動(非暴力運動)を開始．4·11 上海フランス租界地で大韓民国臨時政府樹立．4·15 日本軍，水原堤岩里で朝鮮人住民を監禁して大量銃殺・放火．5·4 北京の学生，山東返還などを求め示威運動．五・四運動開始．上海でもスト．6·28 中国，ヴェルサイユ講和条約調印を拒否．7·18 ソウル南山に朝鮮神宮建立．9·2 朝鮮の姜宇奎，斎藤実総督を襲撃し，未遂に終わる．12·23 インド統治法(モンタギュー・チェルムズファド改革)を実施．

1920 2·19 中華民国政府，外蒙の自治取消式典．3·12 尼港事件．5·23 インドネシアの東インド社会民主同盟が東インド共産主義者協会に改称．7·14 中国で直皖戦争．7·28 コミンテルン，第2回大会において，「民族・植民地についてのテーゼ」を決議．9·27 ソヴィエト・ロシアが第2次カラハン宣言．11·15 第1回国際連盟総会．日本，中国，シャムなどが原加盟国として参加．12·15 米暹(シャム)条約締結，シャムが関税自主権回復．

1921 1·30 台湾議会設置請願提出される．5·20 中独条約．両国が講和し，ドイツの在華特権が撤廃．6·22 コミンテルン第3回大会．7·11 モンゴル人民政府樹立．7·23 上海にて中国共産党創立大会．10·17 台湾文化協会設立．11·12 ワシントン会議開催．12·13 米英仏日による4カ国条約．日英同盟終了．

1922 2·6 ワシントン会議に出席した国で9カ国条約調印．2·11 太平洋委任統治諸島に関する日米条約．4·28 第1次奉直戦争．6·24 日本，シベリアから撤退宣言(北樺太は除く)．7·5 仏領インドシナ総督，関税最高税率引き上げ．11·21 ビルマ第1回立法評議会選挙で人民党が第1党に．12·13 ロシア，ウクライナ，ベロルシア，ザカフカースがソヴィエト連邦の結成を宣言．

1923 1·2 インド統治法がビルマにも適用され，ビルマは自治州となる．また，

イギリスはインドにて両頭制適用. 1·23 上海でラジオ放送開始. 5·6 中国で臨城事件. 7·1 朝鮮に戸籍令施行. 9·1 関東大震災. 10·5 いわゆる賄選により曹錕が大総統就任. 12·21 ネパールがイギリスから独立.

1924 1·20 広州で国民党第1回全国大会. 5·26 アメリカでいわゆる「排日移民法」制定. 5·31 中ソ協定締結. 6·19 広州でメルラン仏領インドシナ総督の暗殺未遂事件. 11·26 モンゴル人民共和国成立. 11·28 孫文が神戸でいわゆる「大アジア主義講演」.

1925 1·20 日ソ基本条約. 3·12 孫文, 北京で逝去. 3·19 日本で治安維持法成立. 3·29 日本で男子普通選挙法成立. 5·30 上海で租界警察がデモを弾圧し, 五・三〇運動が始まる. 6月 グエン・アイ・クオック(後のホー・チ・ミン), 広州でベトナム青年革命同志会結成. 7·1 広州に国民政府成立. 太平洋問題調査会(IPR)創立大会(ホノルル). 7·12 東京放送局(JOAK)本放送開始. 10·26 北京で関税特別会議.

1926 3·20 中山艦事件. 7·1 広州国民政府, 北伐開始. 9·13 外務省が南洋貿易会議を主宰. 10·20 ベトナムで立憲党が政治活動開始. 12·25 大正天皇没. 昭和に改元.

1927 3·14 日本で金融恐慌始まる. 3·24 南京事件. 4·12 上海で蔣介石による四・一二クーデター. 5·28 第1次山東出兵. 7·4 スカルノ, インドネシア国民同盟設立. 12·25 ベトナム国民党結成. 12·30 東京の上野—浅草間に地下鉄開通.

1928 5·3 第2次山東出兵(済南事件). 5·27 インドネシア国民同盟, インドネシア国民党に改称. 6·8 国民政府の北伐軍が北京入城. 張作霖, 北京から奉天に逃れ, 関東軍に爆殺される(6·4). 7·25 米中関税条約調印. 中国関税自主権回復へ. 10·1 ソ連, 第1次5カ年計画開始. 10·27 第2回インドネシア青年会議. 「青年の誓い」を採択.

1929 10·24 ウォール街で株価が大暴落. 世界恐慌が始まる.

1930 1·11 日本, 金輸出解禁. 1·21 ロンドン海軍軍縮会議開催. 2·3 ベトナム共産党結成. 3·12 ガンディー, 「塩の行進」を開始. 4·22 ロンドン海軍軍縮条約に調印. 4·25 統帥権干犯問題おこる. 5·11 中国, 中原大戦の開始. 5·30 中国の間島で朝鮮人武装蜂起. 10·27 台湾・能高郡(現在の南投県)霧社で抗日蜂起(12·26 終息). 12·16 中共軍に対する第1次包囲攻撃戦. 12·22 ビルマにおける農民大反乱(32年3月に終息).

1931 3·5 ガンディー・アーウィン協定. 不服従運動の停止. 9·18 柳条湖事件, 満洲事変勃発. 9·21 英, 金本位制を停止. 11·7 中華ソヴィエト共和国臨時中央政府(瑞金)樹立. 12·13 日本, 金輸出再禁止.

1932 1月 ガンディー, 不服従運動を再開. 1·7 米国務長官スティムソン, 満洲事変に関し不戦条約違反を不承認と声明. 1·28 上海で海軍陸戦隊, 中国軍と交戦開始. 5月に停戦(第1次上海事変). 3·1 満洲国, 溥儀を執政として建国宣言. 4·26 瑞金の中華ソヴィエト政府, 対日宣戦を布告. 5·15 五・一五事件. 6·24 シャム人民党, 絶対王政に反対しクーデ

ター．7·21 オタワで英帝国経済会議開催．9·15 日本，満洲国を承認．10·1 国際連盟，リットン報告書を日本政府に通達．12·10 シャム，恒久憲法制定．12·12 中ソ国交回復．

1933 1·30 ナチス，政権掌握．2·23 関東軍，中国の熱河省に侵攻開始．2·24 国際連盟，満洲国不承認などを可決．3·4 ローズヴェルト，米大統領に就任．3·27 日本，国際連盟脱退を通告．5·31 塘沽停戦協定，締結．6·12 ロンドンで世界経済会議開催．10·14 ドイツ，軍縮会議·国際連盟脱退を通告．

1934 2·19 蔣介石，新生活運動を提唱．3·23 アメリカ，タイディングス＝マクダフィー法成立．フィリピンに10年後の独立付与．7·15 中華ソヴィエト政府，「北上抗日宣言」発表．9·18 ソ連，国際連盟加入．10月 中共軍主力，瑞金を脱出し，長征開始．12·3 日本，ワシントン海軍軍縮条約破棄を決定．

1935 3·16 ドイツ，再軍備を宣言．6·10 梅津·何応欽協定締結．6·27 土肥原·秦徳純協定締結．7·25 第7回コミンテルン大会開催，人民戦線テーゼ採択．8·1 中国共産党，「抗日救国のために全同胞に告げる書」(八・一宣言)を公表．8·2 英国王，インド統治法裁可(37年4月1日施行)．10·3 イタリア，エチオピア侵攻．11·3 中国，幣制改革実施．11·15 フィリピン，コモンウェルス発足．11·25 日本，冀東防共自治委員会を設立．12·9 北京などで反日学生デモ．12·11 中国，宋哲元を委員長に冀察政務委員会を設置．

1936 1·15 日本，ロンドン軍縮会議を脱退．2·26 二・二六事件． 3·7 ドイツ，ラインラント進駐．3·12 モンゴル人民共和国とソ連，相互援助議定書を締結．5·5 満洲で朝鮮の祖国光復会結成．5·13 モンゴルの徳王，内蒙古自治政府を樹立．6·1 中国で全国各界救国連合会，国民政府に連共抗日を要求．8月 関東軍防疫部編成(41年，七三一部隊に改編)．11·25 日独防共協定調印．12·12 西安事件(–12·26)．

1937 4·1 ビルマで統治法施行，イギリス直轄領となる．7·7 盧溝橋事件．8·13 上海で日中両軍交戦(第2次上海事変)．8·21 国民党，ソ連と中ソ不可侵条約締結．9·23 第2次国共合作成立．10·1 朝鮮で「皇国臣民の誓詞」配付．11·20 国民政府，重慶への遷都宣布．11·22 関東軍，内蒙古に蒙疆連合委員会を結成．12·13 日本軍，南京占領，南京虐殺事件．12·14 北支那方面軍，北平(北京)に中華民国臨時政府を設立．

1938 1·16 日本，国民政府を対手にせずと声明(第1次近衛声明)．2·26 朝鮮で陸軍特別志願兵令，公布．3·28 中華民国維新政府，南京に成立．4·1 日本，国家総動員法公布．7·6 中国で国民参政会第1次大会開催．7·29 張鼓峰で日ソ両軍交戦．10·27 日本軍，武漢占領．11月 援蔣ビルマルート完成．11·3 日本，東亜新秩序建設を表明(第2次近衛声明)．12·16 興亜院設置．12·22 日本，日中国交調整の三原則を提示(第3次近衛声明)．

1939　3·11 中国,「国民精神総動員綱領」公布. 5·3 日本軍, 重慶を無差別爆撃. 5·12 ノモンハン事件発生(9·17 モスクワで停戦協定). 6·24 シャムが国号をタイに改称. 7·26 アメリカ, 日米通商航海条約破棄を通告. 8·23 独ソ不可侵条約締結. 9·1 ドイツ軍, ポーランド侵攻. 第2次世界大戦へ. 9·1 蒙古連合自治政府成立(主席·徳王). 12·26 朝鮮総督府,「朝鮮人の氏名に関する件」公布(「創氏改名」, 40年2月11日施行).

和田春樹　1938 年生．東京大学名誉教授，ロシア近現代史，現代朝鮮研究

後藤乾一　1943 年生．早稲田大学名誉教授，東南アジア近現代史，日本・アジア関係史論

木畑洋一　1946 年生．成城大学法学部教授，イギリス現代史，国際関係史

山室信一　1951 年生．京都大学人文科学研究所教授，近代日本政治史，法政思想連鎖史

趙 景 達　1954 年生．千葉大学文学部教授，朝鮮近代史，近代日朝関係(比較思想)史

中野 聡　1959 年生．一橋大学大学院社会学研究科教授，国際関係史(米比日関係史)

川島 真　1968 年生．東京大学大学院総合文化研究科准教授，東アジア国際関係史，中国近現代史

岩波現代全書 043
東アジア近現代通史(上)――19 世紀から現在まで

2014 年 9 月 18 日　第 1 刷発行

著　者　和田《わだ》春樹《はるき》　後藤《ごとう》乾一《けんいち》　木畑《きばた》洋一《よういち》
山室《やまむろ》信一《しんいち》　趙景達《チョギョンダル》　中野《なかの》聡《さとし》　川島《かわしま》真《しん》

発行者　岡本　厚

発行所　株式会社 岩波書店
〒101-8002 東京都千代田区一ツ橋 2-5-5
電話案内 03-5210-4000
http://www.iwanami.co.jp/

印刷・理想社　カバー・半七印刷　製本・三水舎

ISBN 978-4-00-029143-9　Printed in Japan

岩波現代全書発刊に際して

いまここに到来しつつあるのはいかなる時代なのか。新しい世界への転換が実感されながらも、情況は錯綜し多様化している。先人たちは、山積する同時代の難題に直面しつつ、解を求めて学術を頼りに知的格闘を続けてきた。その学術は、いま既存の制度や細分化した学界に安住し、社会との接点を見失ってはいないだろうか。メディアは、事実を探求し真実を伝えることよりも、時流にとらわれ通念に迎合する傾向を強めてはいないだろうか。

現在に立ち向かい、未来を生きぬくために、求められる学術の条件が三つある。第一に、現代社会の裾野と標高を見極めようとする真摯な探究心である。第二に、今日的課題に向き合い、人類が営々と蓄積してきた知的公共財を汲みとる構想力である。第三に、学術とメディアと社会の間を往還するしなやかな感性である。様々な分野で研究の最前線を行く知性を見出し、諸科学の構造解析力を出版活動に活かしていくことは、必ずや「知」の基盤強化に寄与することだろう。

岩波書店創業者の岩波茂雄は、創業二〇年目の一九三三年、「現代学術の普及」を旨に「岩波全書」を発刊した。学術は同時代の人々が投げかける生々しい問題群に向き合い、公論を交わし、積極的な提言をおこなうという任務を負っていた。人々もまた学術の成果を思考と行動の糧としていた。「岩波全書」の理念を継承し、学術の初志に立ちかえり、現代の諸問題を受けとめ、全分野の最新最良の成果を、好学の読書子に送り続けていきたい。その願いを込めて、創業百年の今年、ここに「岩波現代全書」を創刊する。

（二〇一三年六月）

岩波現代全書

001
ドゥルーズの哲学原理
國分功一郎
哲学史研究、精神科医ガタリとの共著、芸術論など、多様な顔をもつジル・ドゥルーズの方法と対象を精緻に分析し、その思想の核心と実践的意義を探る。
本体二二〇〇円

002
「幸せ」の経済学
橘木俊詔
〝成長〟で日本は幸せになれるのか？　「幸せになるには、まず成長」というこれまでの固定観念から脱却して、「幸せ」とは何かを論じる。
本体一七〇〇円

003
「シベリアに独立を！」
諸民族の祖国《パトリ》をとりもどす
田中克彦
シベリア生まれの知識人たちは、シベリアの富を自らの手に取り戻そうと解放運動を起こした。彼らの民族誌に描かれたシベリア像とは？
本体二二〇〇円

004
円周率が歩んだ道
上野健爾
古代ギリシアをはじめ、インド、中国、日本など各地で探究されてきた円周率。様々な文化のなかで数学が担った役割と歴史を解説。
本体二二〇〇円

005
日本人の心を解く
夢・神話・物語の深層へ
河合隼雄
河合俊雄 訳
本書は日本の神話や物語にある心の深層をめぐる講演をもとに、生前に英語で書きおろされた。日本人の心を深奥から考えるための必読の書。
本体一九〇〇円

定価は表示価格に消費税が加算されます（2014年9月現在）

岩波現代全書

006

原典でよむ
日本デモクラシー論集

堀　真清 編

福沢諭吉から日本弁護士連合会まで。珠玉の原典三三篇をよみときながら、日本の民主主義が到達した標高と裾野を示す。

本体二一〇〇円

007

GHQの検閲・諜報・宣伝工作

山本武利

占領期メディアを追ってきた著者が、丹念に資料を掘り起こし、占領下のGHQによる検閲のメカニズムと諜報・宣伝工作の実態に迫る。

本体二三〇〇円

008

脳と機械をつないでみたら
BMIから見えてきた

櫻井芳雄

念じるだけで機械を動かす!? この究極の身体代替システムの研究はどこまで進んだ？ 脳はどこまでわかった？ わたしたちへの影響は？

本体一九〇〇円

009

いまを生きるための政治学

山口二郎

困難な時代を生き抜き、人間の尊厳を守るために、いまこそ学ぼう！ 民主政治の実現に粉骨砕身してきた著者ならではの政治学入門。

本体二一〇〇円

010

ベルクソン哲学の遺言

前田英樹

アンリ・ベルクソンは、なぜ遺言状で死後出版を厳に禁じたのか。その哲学の歩みを丹念に追跡し、遺言状に込められた意味に迫る。

本体二一〇〇円

定価は表示価格に消費税が加算されます(2014年9月現在)

岩波現代全書

027

図説 人体イメージの変遷
西洋と日本 古代ギリシャから現代まで

坂井建雄

人体はどのように認識・表現されてきたのか。日欧でどう違うのか。古今東西の解剖図譜や芸術作品に描かれた人体から読み解こう。

本体二一〇〇円

028

9・30 世界を震撼させた日
インドネシア政変の真相と波紋

倉沢愛子

一九六五年一〇月一日未明、インドネシア政変で、大統領が交代。中国では文革が起き、アセアンが成立した。国内全土で虐殺、華僑迫害が拡大していく。

本体二三〇〇円

029

大平正芳
理念と外交

服部龍二

外交をライフワークとする政治家・大平正芳の理念と外交はどのようなものだったのか。その実像をたどり戦後日本政治を問い直す。

本体二三〇〇円

030

アジアの国家史
民族・地理・交流

岩崎育夫

頻繁に生じた国家の興亡の経験がアジアを形作ってきた。二三〇〇年のアジア史の大きな流れを捉えようとするユニークな入門書。

本体二三〇〇円

031

川端康成 魔界の文学

富岡幸一郎

川端の文学を現実と幻想を往還する小説の冒険として考察する。編年体で、時代状況や、三島由紀夫らとの交友などを多面的に論じ、新たな川端像を提示する。

本体二二〇〇円

定価は表示価格に消費税が加算されます(2014年9月現在)